中等职业教育市场营销专业创新型系列教材

网络营销实训教程

（第二版）

主　编　罗绍明

副主编　陈晓群　钟燕萍

科学出版社

北　京

内 容 简 介

本书采用“情商+智商”双线教育，以网络营销职业素养为基础，以职业素养案例引领章节，在强调职业素养培养的同时，加强岗位技能培养，依据网络营销的操作流程对各章节进行编排。本书内容包括网络营销概述、网络市场调查、网络环境分析、网络目标营销、网站推广策略、网络产品策略、网络服务策略、网络定价策略、网络分销策略、网络促销策略。本书突出实训教学方法，各项目设计有策划类实训与实操类实训。

本书可作为职业院校电子商务、网络营销、市场营销等专业的教学用书，也可作为在职网络营销人员岗位培训或自学用书。

图书在版编目（CIP）数据

网络营销实训教程/罗绍明主编. —2 版. —北京：科学出版社，2016.1（2024.1 修订）

（中等职业教育市场营销专业创新型系列教材）

ISBN 978-7-03-044998-6

Ⅰ.①网… Ⅱ.①罗… Ⅲ.①网络营销-中等专业学校-教材 Ⅳ.①F713.36

中国版本图书馆 CIP 数据核字（2015）第 130819 号

责任编辑：王 琳 / 责任校对：王万红

责任印制：吕春珉 / 封面设计：东方人华平面设计部

科学出版社出版

北京东黄城根北街 16 号

邮政编码：100717

http://www.sciencep.com

廊坊市都印印刷有限公司 印刷

科学出版社发行 各地新华书店经销

*

2010 年 7 月第 一 版 开本：787×1092 1/16

2016 年 1 月第 二 版 印张：14 3/4

2024 年 1 月第九次印刷 字数：350 000

定价：56.00 元

（如有印装质量问题，我社负责调换〈都印〉）

销售部电话 010-62136230 编辑部电话 010-62135397-2039

第二版前言

教育是国之大计、党之大计。本书紧紧围绕“培养什么人、怎样培养人、为谁培养人”这一教育根本问题，全面落实立德树人根本任务，强化学生素养教育，明确素养教育目标，将社会主义核心价值观的内容有机融入教学中，不断提升育人效果。

《网络营销实训教程》是根据《教育部办公厅关于组织开展中等职业教育改革创新示范教材遴选活动的通知》（教职成厅函〔2011〕41号）要求，经全国中等职业教育教材审定专家组评审、教材遴选工作领导小组审定的中等职业教育改革创新示范教材。本书是2021年广东省中职教育教学质量与教学改革工程立项项目“网络营销在线精品课程”以及广东省教育科学规划2023年度中小学教师教育科研能力提升计划项目“基于核心素养的网络营销实训教学体系的构建研究”的研究成果。本书的主要特点表现为以下几点。

1. 以落实立德树人为根本

本书以习近平新时代中国特色社会主义思想为指导，全面贯彻落实党的二十大精神，坚持立德树人根本任务，在网络营销基本理论部分以知识拓展的形式嵌入社会主义核心价值观的内容，把培育和践行社会主义核心价值观活动贯穿教育教学全过程。

2. 以培养网络营销职业素养为基础

职业素养已成为现代企业员工应具备的首要素质要求，职业素养培养的重要性已成为职业教育的共识，也是企业对职业教育的基本要求。本书以情智故事形式培育网络营销职业素养，强调培养学生刻苦钻研、顽强拼搏的学习精神，认真负责、恪尽职守的敬业精神，以德为本、诚实守信的诚信精神，与时俱进、积极进取的创新精神，坚定执着、迎难而上的奉献精神，顾全大局、团结协作的合作精神，站在顾客立场、多为顾客着想的服务精神。

3. 以培养营销岗位技能为核心

职业教育在强调职业素养培养的同时，还需加强岗位技能培养。本书依据网络营销的运作流程编排内容，包括网络营销概述、网络市场调查、网络环境分析、网络目标营销、网站推广策略、网络产品策略、网络服务策略、网络定价策略、网络分销策略、网络促销策略。本书突出实训教学方法，各项目设计有策划类实训与实操类实训。

策划类实训包括网络营销数据分析、网上调查问卷设计、网店推广文案设计、网络营销品牌标识图设计、网络营销创意广告语创作、软文营销文案设计、微信公众号文案设计、网络视频创意文案设计、网络促销文案设计、网络危机公关方案设计。

实操类实训包括网上购物操作、网络需求调查操作、搜索引擎关键字设置、网上开店操作、百度知道问答设计操作、网络平台运营操作、微信朋友圈内容设计操作、微信公众号图文编辑、网络视频拍摄与剪辑操作、微信视频号运营操作。

本书由汕头市鮀滨职业技术学校罗绍明任主编，仲恺农业工程学院陈晓群、惠州工程职业学院钟燕萍任副主编，参编老师有汕头市鮀滨职业技术学校方佳虹、郑永坤以及仲恺农业工程学院罗碧璇。其中，罗绍明修订第1～3章并统稿，钟燕萍修订第4、5章，陈晓群修订第6、7章，方佳虹修订第8章，郑永坤修订第9章，罗碧璇修订第10章。

本书在编写过程中，得到了广东宝奥现代物流投资有限公司的大力支持，在此表示衷心的感谢，同时参阅了大量文献与网站资料，在此对有关作者致以诚挚的感谢！

由于编者水平有限，本书中的不足之处在所难免，恳请读者批评指正并提出意见与建议。联系邮箱：2310325424@qq.com。

第一版前言

“网络营销实训教程”是职业学校电子商务与市场营销专业的必修课程。编者根据职业教育培养目标要求，结合职业学校学生的特点，突出以技能培训为核心的指导思想而组织编写了本书。

本书有几大主要特点。

1. 目标定位清晰，系统性强

本书是以国家职业资格“电子商务师”中的“电子商务员”（国家职业资格四级）考证对网络营销方面的知识与技能要求为基础而编写的，力求让学生既掌握网络营销的基础知识，又能进行网络营销的实践操作。因此，本书的目标定位就是培养学生掌握网络营销基础理论知识和网络营销的实践操作技能，让学生熟悉网络营销的运作流程，达到能相对独立地进行网络营销活动策划并具体实施网络营销方案的目标与要求。

为达到该目标，本书采用案例教学与项目实践教学相结合的方法，对每一个重要的知识点都结合一个当前的、典型的和原创性的网络营销案例，以方便教师教学和学生学习；在技能训练环节中，设计有清晰的指导性训练流程，突出技能训练内容的可操作性和目的性。

2. 编排顺序贴近企业实践，可操作性强

本书以企业的网络营销操作流程为基础进行各章节顺序的编排，系统地介绍了网络营销管理过程各环节所涉及的网络营销基础知识与基本方法，包括网络营销概述、网络调查设计、网络环境分析、网络目标营销、网站推广策略、网络产品策略、网络服务策略、网络定价策略、网络分销策略、网络促销策略等。

依据电子商务员考证对网络营销方面的技能要求，本书设置完备的实训操作项目，包括电子邮箱的注册与使用、搜索引擎的使用与登录、网上购物操作、网上开店操作、网站域名的注册操作、网络即时通信工具的使用、博客营销操作、邮件列表的订阅与创建、网络论坛信息的发布、网络广告的发布与交换等。这些项目要求学生在网络上独立地进行实训操作，实现培养实践操作技能的目标。

3. 编写形式创新，实用性强

本书的编写采用了模块化与分栏式教材编写模式，全书分为10章，每章包括7个分栏，分别是“目的要求”“重点难点”“案例导引”“基础知识”“小结”“实训”“练习”。其中，“目的要求”分栏，提纲挈领地提出了各章的学习目的与要求以及应培养的分析和操作技能；“重点难点”分栏，提示了各章节应重点注意和加强学习的知识点；“案例导引”分栏，设置一个与本章知识直接相关的网络营销案例，增强学生对网络营销理论知识的感性认识，激发学生学习的兴趣与积极性；“基础知识”分栏，系统讲授了本章应了解和掌握的网络营销基础理论知识；“小结”分栏，提炼了本章需要掌握的知识要点；“实训”分栏，主要介绍各个具体实训项目的目的要求与操作规程；“练习”分栏，设计了若干思考练习题，以巩固与加深对本章知识点的学习与理解。

本书由广东省汕头市鮀滨职业技术学校詹益得主任主审，由汕头市鮀滨职业技术学校罗绍明高级讲师任主编，由汕头市外语外贸职业技术学校许晓斌、佛山市顺德区陈登职业技术学校黄丽贤、汕头市鮀滨职业技术学校方佳虹任副主编，参编老师有佛山市高明区职业技术学校伍佩芳，汕头市鮀滨职业技术学校郑绪佳、黄妍薇，汕头市外语外贸职业技术学校张智荣等一线教师。

本书在编写过程中，参阅了大量文献与网站资料，在此对有关资料的著作者致以诚挚的感谢！

由于编者水平有限，书中的不足之处在所难免，恳请读者批评指正并提出意见与建议。联系邮箱：stluoming@163.com。

目　录

本书结构导图

运作流程
技能知识
实操训练
职业素养
第1章　网络营销概述
网上购物操作
勤奋学习
市场调查
第2章　网络市场调查
网络需求调查操作
严谨细致
环境分析
第3章　网络环境分析
搜索引擎关键字设置
刻苦钻研
目标定位
第4章　网络目标营销
网上开店操作
乐观向上
第5章　网站推广策略
百度知道问答设计操作
脚踏实地
第6章　网络产品策略
网络平台运营操作
差异经营
第7章　网络服务策略
微信朋友圈内容设计操作
倾情服务
营销策略
第8章　网络定价策略
微信公众号图文编辑
诚实守信
第9章　网络分销策略
网络视频拍摄与剪辑操作
坚韧不拔
第10章　网络促销策略
微信视频号运营操作
社会责任

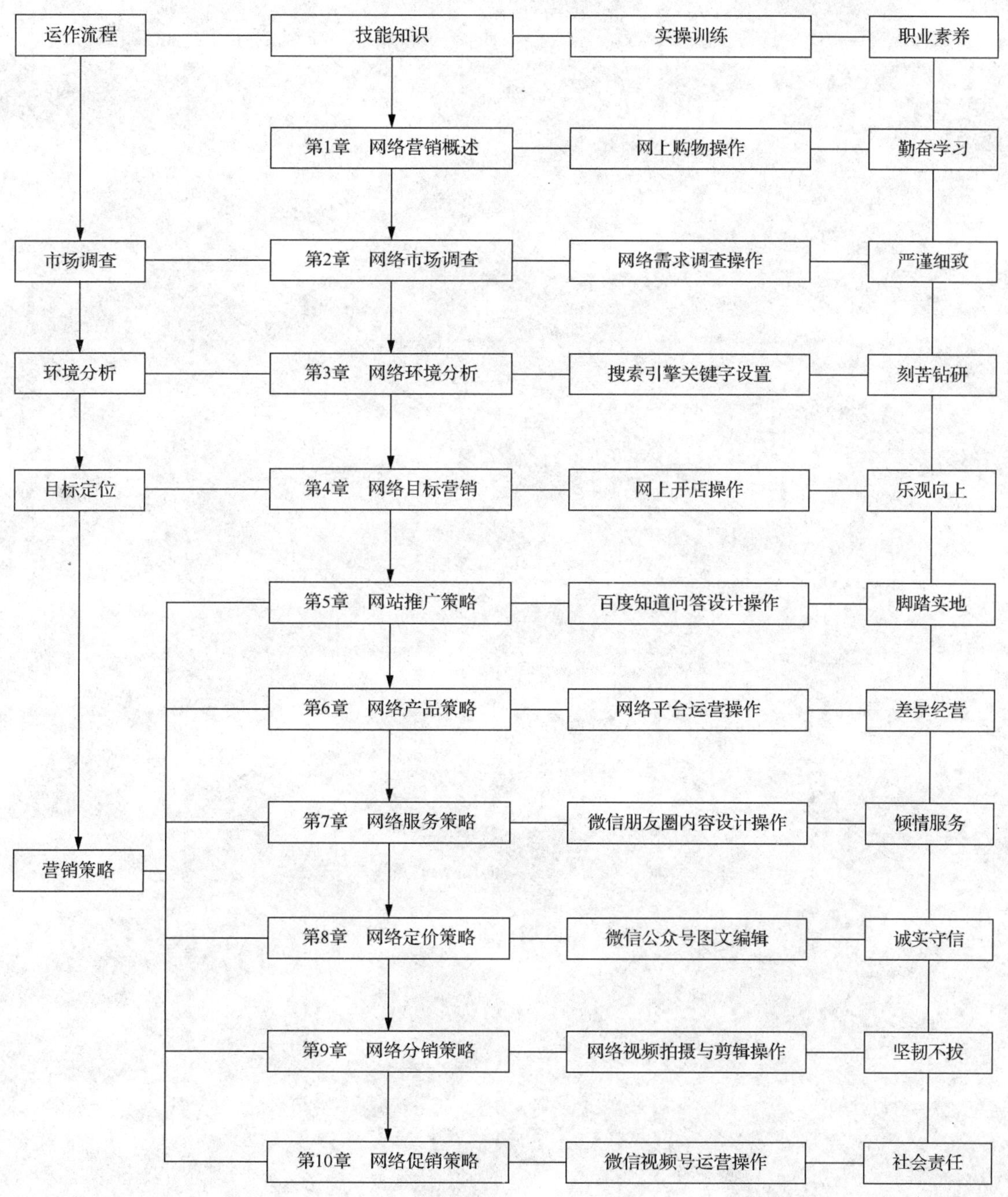

第 1 章

网络营销概述

➡ 目的要求

1. 知识目标

1）解释网络营销的概念。

2）理解网络营销的内涵。

3）理解网络营销活动的内容。

4）举例说明网络营销的模式。

5）理解网络营销的理论。

2. 技能目标

1）学会网上购物的操作方法。

2）能运用本章知识深入剖析现实案例。

3. 素养目标

勤奋学习，努力提升自己。

➡ 重点难点

1）网络营销的内涵。

2）网络营销的特征。

3）网络营销数据分析。

4）网上购物的操作。

■ 情智故事

初中辍学的“打工妹”，升任海底捞新 CEO

餐饮界的一大巨头海底捞在 2022 年 3 月伊始宣布了一项重大的人事任命，集团 CEO（chief executive officer，首席执行官）由张勇变为杨利娟，这一任命立刻引起了社会的广泛关注。作为海底捞新任 CEO，杨利娟真的是广大草根阶级学习的范本。没有良好出身的她，全靠自己的努力一步步走到今天。

一、勤奋，是杨利娟亮给张勇的第一张牌

1978 年，杨利娟出生于四川农村，因哥哥生意失败自小便背上了家庭的巨额债务，初中还没毕业便到一家小餐馆开启了打工之路。也是在这里，杨利娟认识了改变她一生的人——张勇。

勤奋是张勇对杨利娟的第一印象，为了把杨利娟从小餐馆挖走，张勇提出将她的工资由 120 元涨到 160 元，这对于当时极度缺钱的杨利娟来说是一个不小的诱惑。可面对这样的诱惑，杨利娟并没有马上离职，而是在一年后等小餐馆关闭了才踏入海底捞的大门，开启了每月 160 元的打工妹生活。

自进入海底捞后，杨利娟深刻体会到了夜以继日的辛苦，每天都是在小跑中度过，本以为增长的工资能慢慢缓解家庭的压力，但是天不遂人愿，债主上门收款让杨利娟的生活再次跌入谷底。

二、感恩，是杨利娟对海底捞最好的表达

面对债主的逼迫，杨利娟无能为力。在这样的时刻，张勇解了她的燃眉之急，帮她还清了 800 元的债务。当时她一个月的工资还不到 200 元，这一下就是欠了老板四个多月的工资。这一举动让杨利娟深受感动，于是，她决定要用自己的一生来守护海底捞。

1997 年，张勇首次将分店开到西安，那是海底捞第一家外省分店，杨利娟被安排负责筹备工作。在面对外人的搅局时，杨利娟坚决维护公司的利益，视自己的安危于不顾。这样的舍己精神让杨利娟直接从服务员升到了门店经理。

三、学习，是杨利娟改变命运的基石

从服务员升为门店经理，杨利娟深刻意识到自己在管理能力、市场拓展能力等方面的不足。在面对巨大的业绩压力时，她也曾多次想要放弃，但面对张勇的信任，她必须扛起这面大旗。于是，她不断学习提升自己，从最开始的自学计算机，写日记进行总结思考，提升学历等，不断地全方位给自己充电，最终，这个初中都没毕业的女孩实现了从管理一家门店到管理上百家门店的跨越，也成为张勇最信任的员工。

（资料来源：初中辍学的“打工妹”，21 年攒百亿身家，海底捞的新 CEO 有多神？[EB/OL].（2022-03-08）[2022-12-20]. https://www.163.com/dy/article/H1VFKEGT0552NMAF.html．有删改。）

[**情智点评**] 每一个人都希望自己能成功，能获得同事的认可、领导的肯定和社会的承认，实现自己的价值。这就需要我们不懈努力，埋头于自己的事业，在成就伟大功绩的同时，造就自己完美的人生。杨利娟是我们学习的榜样，初中辍学的她，通过自己的勤奋和努力一步步走到今天，成长为上市公司 CEO。

1.1 网络营销体系

1.1.1 网络营销的概念

网络营销是一种以互联网为媒介和平台，以全新的方式、方法和理念实施市场营销活动，使交易参与者（企业、团体、组织和个人）之间的交易活动更有效地实现的新型市场营销方

式。网络营销是在互联网上开展的营销活动，因此它具有以下特征（见表1-1）。

表1-1　网络营销的特征

特征	实践运用
跨时空	网络营销能够超越时间约束和空间限制进行信息传播和交换，因而使企业能有更多时间和更大空间开展营销活动，可以随时随地提供全球性营销服务
多媒体	互联网可以传输多种媒体信息，包括文字、声音、图像等，使为达成交易而进行的信息交换以多种形式存在，充分发挥营销人员的创造性和能动性
交互式	在网络营销活动中，企业与顾客始终保持着信息的双向沟通和交流。企业可以随时了解顾客的需求并有针对性地发送个性化信息，实现一对一的个性化传播；顾客可以直接将信息和要求传送给企业营销人员，从而由被动的承受对象和消极的信息接收者变为主动参与者和重要的信息源
人性化	网络营销是一对一的、理性的、消费者主导的营销，它具有非强迫性、循序渐进性，也是一种低成本与人性化的营销。它可以避免推销员强势推销的干扰，并通过信息提供与交互式交流，与消费者建立长期稳定的良好合作关系
成长性	互联网用户数量快速增长并遍及全球，使用者多属于年轻、收入水平较高、受教育程度较高的一族，这部分群体的购买力强且具有很强的市场影响力，因此网络买家是一个极具开发潜力的目标市场
整合性	网络营销可以完成从发布产品信息、收款到售后服务的全过程，这是一条全程的营销渠道。另外，企业可以借助互联网将不同的营销传播活动进行统一设计规划和协调实施，以统一的传播资讯向消费者传达信息，从而避免不同传播资讯的不一致性产生的消极影响
超前性	互联网是一种功能强大的营销工具，它同时兼备渠道、促销、电子交易、互动顾客服务以及市场调查分析与提供等多种功能，它所具备的一对一的营销能力，使定制营销和直复营销成为趋势
高效性	网络营销应用计算机存储信息，信息存储量大，可以方便消费者进行信息查询，所传送的信息数量和精确度也远远超过其他媒体，同时，它能够帮助企业适应市场需求，及时了解和满足顾客的需求，并及时更新产品陈列或调整产品价格
经济性	网络营销使交易双方通过互联网进行商品交换，代替了传统的面对面的交易方式。一方面，可以减少促销文本印刷费用、店面租金、水电费用、人工成本等；另一方面，可以减少由于多次交换带来的商品损耗
技术性	网络营销建立在互联网技术基础之上，这就要求企业必须有一定的技术投入与技术支持，必须改变企业的传统组织形态，提升信息管理部门的功能，引进懂得营销与计算机技术的复合型技能人才，这样才能增强企业的市场竞争优势

案例1-1

“粤贸全国，魅力广东”线上专区上线　电子商务助粤企开拓国内市场

2022年5月23日，“粤贸全国，魅力广东”线上专区启动仪式在广州举行。本次“粤贸全国”活动将进一步联动广东省内知名企业、线上线下优质商，支持广东企业积极开拓国内市场。目前已有超1万家广东企业加入“粤贸全国，魅力广东”线上专区。

记者获悉，5月23日到6月20日，全国消费者打开淘宝APP和支付宝APP，搜索“粤贸全国”，即可直达“粤贸全国，魅力广东”线上展销系列活动会场，逛粤货、买粤货。

当前，电子商务已成为数字经济和实体经济融合的重要端口，同时是企业成长和消费群体培育的重要沃土。淘宝是国内消费第一平台，双方共同设立线上“粤贸全国”专区，有助于形成广东企业线上线下联动开花、广货产业链上下游创新融合的良好势头。

“粤贸全国”专区将贯穿整个天猫“618”周期，助推广东商家在大促期间的销售。此外，为帮助受疫情影响的商家提振信心、拓展新生意，淘宝天猫在“618”期间提供多达25项商家扶持措施，涵盖了金融补贴、物流疏通、流量补贴、疫情特别举措、技术升级5个方面。

（资料来源：许宁宁．电子商务助粤企 开拓国内市场[N]．南方日报，2022-05-24（A11）.）

1.1.2 网络营销的内涵

1. 网络营销的本质：客户需求管理

网络营销管理者的工作就是要利用互联网刺激网上顾客对企业产品的需求，调整市场的需求水平、需求时间和需求特点，使产品供求之间相互协调，以实现企业的营销目标。因此，网络营销的本质是需求管理。

2. 网络营销的核心：网上商品交换、企业与客户之间的信息沟通

网络营销是市场营销的一种新型方式，实质上还是市场营销。营销的核心是商品交换，因此网络营销的核心也是商品交换，即通过企业与客户之间的信息沟通，实现网上商品交换，从而满足企业和客户的需要。

3. 网络营销的目的：实现企业利润的最大化

企业开展网络营销活动的最终目的就是要实现企业利润的最大化。企业在追求利润的同时，还应以维护和促进全社会的利益与发展为最高目标，企业开展网络营销活动务必诚信经营，不仅要满足消费者的需求与欲望，而且要有利于社会的整体利益和长远利益，要将消费者需求、社会利益和企业盈利三方面统一起来，求得三者利益的共同实现。

知识拓展 1-1

社会主义核心价值观

社会主义核心价值观，既体现了社会主义本质要求，继承了中华优秀传统文化，也吸收了世界文明有益成果，体现了时代精神，要在全社会牢固树立社会主义核心价值观。富强、民主、文明、和谐是国家层面的价值目标，自由、平等、公正、法治是社会层面

的价值取向，爱国、敬业、诚信、友善是公民个人层面的价值准则，这24个字是社会主义核心价值观的基本内容。

“富强、民主、文明、和谐”，是我国社会主义现代化国家的建设目标，是从国家层面对社会主义核心价值观基本理念的凝练，在社会主义核心价值观中居于最高层次，对其他层次的价值理念具有统领作用。

“自由、平等、公正、法治”，是对美好社会的生动表述，是从社会层面对社会主义核心价值观基本理念的凝练。它反映了中国特色社会主义的基本属性，是中国共产党矢志不渝、长期实践的核心价值理念。

“爱国、敬业、诚信、友善”，是公民基本道德规范，是从个人行为层面对社会主义核心价值观基本理念的凝练。它覆盖了社会道德生活的各个领域，是公民必须恪守的基本道德准则，也是评价公民道德行为选择的基本价值标准。

4. 网络营销的对象：网上市场或网上需求

市场是指在一定的时间和空间条件下，对某种或某类产品具有现实或潜在需求的消费者群。构成市场的3个要素为人口、购买力和购买欲望。网络营销的对象是网上市场，即网上现有顾客与网上潜在顾客（可能的购买者、有潜在购买兴趣和需求的人或组织）。

5. 网络营销的手段：网络整体营销

网络整体营销是企业为满足目标市场需求，通过互联网对网络营销手段的综合运用。它贯穿于产品生产之前到产品售出以后的全过程。

6. 网络营销的理论：以现代营销理论为依托

网络营销是建立在现代营销理论基础上的，利用互联网技术和功能开展营销活动的一种营销方式。它依据的是现代营销理论，包括市场营销理论、大市场营销理论、社会营销理论、绿色营销理论、关系营销理论、直复营销理论、整合营销理论、柔性营销理论等。

7. 网络营销技术基础：网络技术

网络营销是建立在互联网技术基础上，借助互联网完成的营销活动。因此，互联网技术是网络营销的基础，互联网在营销活动中广泛与深入的应用是网络营销产生和发展的前提。

1.1.3　网络营销的构成

网络营销活动的内容如表1-2所示。

表 1-2 网络营销活动的内容

活动项目	具体内容
网上市场调查分析	企业利用互联网对市场营销信息的收集、整理和分析的过程。企业可以通过搜索引擎、网上调查问卷等方式收集所需的市场信息
网络目标营销	在网络营销活动中，企业在对网上市场进行细分后，选择一个或几个细分市场作为自己的目标市场，专门研究其需求特点并针对其特点设计出适当的产品，确定适当的价格，选用适当的分销渠道和促销手段，开展有针对性的网络营销活动
营销网站推广策略	企业在建设好自己的营销网站后，必须通过多种推广手段进行企业网站的推广，提高企业及其网站的知名度，扩大企业及其网站的影响范围，争取更多的点击率和产品的销售量
网络产品和服务策略	企业应结合互联网的特点，尽量开发、展示、销售既能满足网上消费者的需求，又能适合网上经营的产品和服务，如数字化产品、信息服务等
网络产品价格策略	最重要的网络营销策略，也是最富有灵活性和艺术性的策略。企业应合理地制定网络产品或服务的价格，既保证消费者能接受，又保证能提高企业产品的销售和盈利能力
网络分销渠道选择	网络分销渠道，一方面要为消费者提供商品信息，让消费者进行选择；另一方面，在消费者选择商品后要能完成网上在线支付和配送。企业应合理选择分销渠道模式，充分发挥网络营销的优势
网络广告与网上促销	网络广告具有多媒体性、交互性、全球性等特征，是任何传统媒体都无法比拟的。网络促销使企业及其产品或服务的信息更明确，更能突出产品特点，更有效地促使网上目标顾客对企业及其产品或服务产生兴趣，建立好感和信任，进而产生购买行为
网络营销的管理与控制	在互联网上，对企业有利消息和不利消息的传播速度一样快，且都是在全世界范围传播，因此企业应加强对网络营销活动的管理与控制，控制好信息的内容、信息的安全等

1.1.4 网络营销的模式

网络营销模式包括网络营销业务模式和网络营销盈利模式。

1. 网络营销业务模式

网络营销业务模式是指企业开展网络营销活动的模式，即企业如何开展网络营销业务。网络营销业务模式包括以下 5 种。

（1）非网站营销模式

非网站营销模式是指企业没有建立自己的网站，只是利用互联网的服务功能来开展网络营销业务。例如，利用微信、微博、网络论坛等互联网渠道发布企业产品或服务的信息。这种业务模式属于初级的网络营销，企业无须投入太多，但也能开展很多的网络营销业务工作。

（2）网站宣传营销模式

网站宣传营销模式是指企业设有自己的网站，建立网站的目的主要是利用网站宣传企业的形象、企业的文化、企业的产品或服务的种类和价格以及联系方式等信息。这种业务模式投资少、建站快，但没有充分利用网站的优势，营销功能有限。

（3）门户网站营销模式

门户网站营销模式是指客户登录到这个网站，就可得到企业提供的所有服务。企业通过门户网站把内部管理信息系统与外部的客户及供应商联系起来，在更大范围内实现信息的整合与共享，如腾讯网（见图 1-1）。

图 1-1　门户网站营销模式

（4）网上交易营销模式

网上交易营销模式是指网站向网上消费者提供企业有关信息，实现信息的互联，同时可以在网站上进行商品交易，开展 B2C（business to customer，企业对消费者）模式的电子商务活动的营销模式。网上交易营销模式包括以下几种。

1）网上超市模式。网上超市模式是指网站经营各种商品，由网站经营者自己组织货源，并通过在线方式销售给最终消费者的营销模式。

2）网上专卖店模式。网上专卖店模式是指网站主要从事某一类目前在网上容易销售的商品的营销模式。

3）提供交易服务模式。提供交易服务模式是指网站主要提供一些特殊的交易或服务的营销模式，如网上证券、网上游戏服务等。

（5）交易中介营销模式

交易中介营销模式是指网站建立交易平台，让其他企业或个人到网站进行交易，收取中介服务费或服务器存储空间租用费等，开展 B2B（business to business，企业对企业）、C2C（customer to customer，消费者对消费者）等类型的电子商务活动的营销模式。交易中介营销模式包括以下几种。

1）网上商城营销模式。其指网站为每个进驻商场的企业提供网站空间或链接，存放企业的产品信息，网站本身并不组织货源和进行交易的营销模式。

2）网上拍卖营销模式。其指网站为拍卖双方提供拍卖交易平台，根据成交情况收取一定费用的营销模式。

3）提供网上信息服务模式。其指网站向客户提供信息服务的营销模式，如百城招聘网（见图 1-2）。

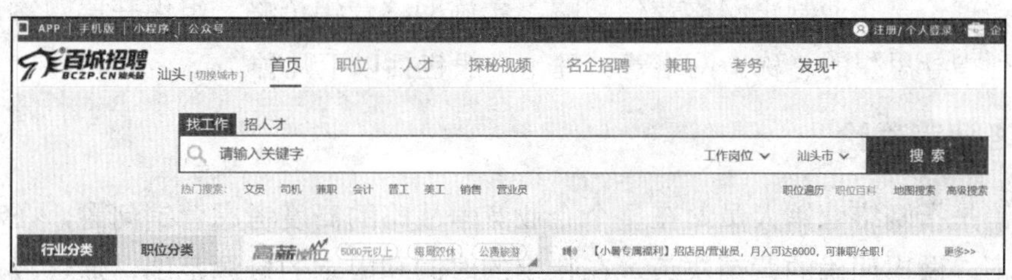

图 1-2　提供网上信息服务模式

2. 网络营销盈利模式

网络营销盈利模式是指网站是如何实现企业盈利的模式。企业可以选择的模式包括销售商品或服务模式、广告支持模式、信息订阅模式、交易费用模式等。

（1）销售商品或服务模式

销售商品或服务模式是指企业利用网站销售商品或提供服务，实现企业盈利的营销模式，如当当网。

（2）广告支持模式

广告支持模式是指企业利用网站取得广告收入，再利用所得收入加强网站建设的营销模式。

（3）信息订阅模式

信息订阅模式是指企业网站浏览者必须支付一定的信息订阅费用，才可查阅网站中的某些信息的营销模式，如中国期刊网（见图 1-3）。

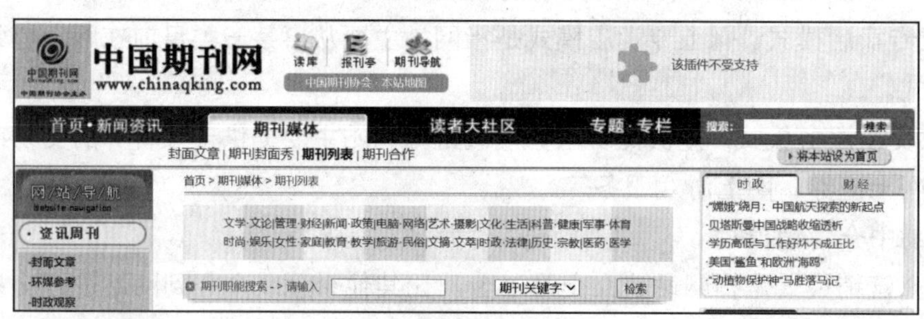

图 1-3　信息订阅模式

（4）交易费用模式

交易费用模式是指网站通过收取一定的费用来支持交易开展的营销模式。例如，证券经纪公司为投资者提供网上证券服务，投资者需要按交易的笔数和金额向网上证券经纪商支付佣金。

1.2　网络营销理论

网络营销理论是企业制定网络营销战略、实施网络营销策略、组织开展网络营销活动所遵循的一系列指导思想的总称。网络营销理论一般包括以下几种。

1.2.1　战略营销理论

战略营销是指网络营销人员站在整个企业竞争战略的高度考虑营销问题，在动态的市场与公司环境下，做出明确的营销决策，在特定的时间和限定的资源范围，通过战略性定位获得生存和可持续发展的竞争优势。

战略营销是站在企业竞争战略的高度进行网络营销战略的制定和网络营销方案的策划，是涉及企业总体发展的全方位的网络营销。它具有营销目标长期性、环境动态适应性、目标市场竞争性、资源利用协调性等特征（见表1-3）。

表1-3 战略营销的特征

特征	实践运用
营销目标长期性	企业网络营销战略的制定不能只考虑企业的眼前利益，应立足于企业的长远利益，做出对企业网络营销过程中的各项活动具有普遍的、全面指导意义的管理决策，充分体现战略的前瞻性和高度的全局性
环境动态适应性	企业所采取的一系列重大决策都必须考虑网络营销环境的动态变化和企业自身的条件，进行周密的策划，制定有效的战略计划，使企业的目标和资源与企业的外部环境之间保持一种切实可行的战略适应
目标市场竞争性	竞争是战略的本质，也是市场经济的现实。企业的战略要在分析竞争对手资源状况、发展前景的基础上，深思熟虑后做出选择。企业所有网络营销活动的全过程都必须以竞争作为基准，争夺市场、争夺顾客、阻止竞争者抢占企业的市场份额，从而确保企业在市场竞争环境中迅速扩张和成长
资源利用协调性	战略营销是一个体系，是一个系统。它要求网络营销所涉及的内部、外部资源必须具有高度的协同性，在联合销售、渠道共享、品牌共享、客户关系共享等多方面实现协同。只有这样，企业才能达到资源的最优利用，从而获得竞争优势

1.2.2 直复营销理论

网络营销是一种直复营销方式。直复是直接回复的意思，指企业与顾客之间的交互，顾客对企业的营销活动有一个明确且直接的回复，企业可以通过对这种明确回复的统计，做出对以往营销效果的评价。

直复营销是一种在任何地方可以度量的反应或达成交易，而使用一种或多种媒体相互作用的市场营销行为，即不通过营销中间商，直接由企业利用媒体回复顾客的营销活动。网络营销的直复营销属性包括交互沟通性、快捷回应、随处可得的营销服务和效果易于测量（见表1-4）。

表1-4 直复营销属性

属性	实践运用
交互沟通性	直复营销强调企业与目标顾客之间的双向信息沟通交流。网络营销就是利用互联网这个开放、自由的双向式的信息沟通渠道，实现企业与顾客之间直接的、一对一的信息交流与沟通
快捷回应	互联网可以使顾客方便地向企业提出建议和购买需求，企业可以通过网络营销获得顾客的意见反馈、合理建议、服务需求等信息，发现并改正企业营销活动中的不足，按照顾客的需求制定营销决策，使企业营销活动更具有针对性
随处可得的营销服务	互联网覆盖全球的特点和24小时持续运行的特性使顾客可以根据自己的情况任意安排上网获取信息的时间，可以在任何地点直接向企业发出需求信息和做出购买反应。企业可利用互联网自动提供全天候网上信息沟通，与顾客实现跨越空间、突破时间限制的双向沟通
效果易于测量	互联网作为最直接的沟通工具，为企业与顾客沟通提供了方便的交流工具和交易实现的平台。另外，利用数据库技术和网络技术，企业可以快捷地处理每一个顾客发来的订单和需求信息，网络营销的效果立即就可得到测量，从而使企业的营销决策更具有科学性

1.2.3 柔性营销理论

柔性营销是指企业在进行网络营销活动时必须树立尊重顾客感受与体会的指导思想，在提供物美价廉的产品和服务的同时，通过一系列人性化的营销活动让顾客能心甘情愿地主动接受企业的产品和服务。

在互联网上，交换双方的信息交流与沟通是自由、平等、开放和互动的，强调的是相互尊重的人性化的沟通。利用网络的互动性、开放性，顾客可以在网上主动搜索，寻找自己喜闻乐见、梦寐以求的产品或服务；企业也可以从顾客的心理需求出发，采取拉式营销策略（指企业以最终消费者为主要促销对象，通过网络广告、营业推广等直接面向消费者的强大促销攻势，把企业产品或服务介绍给最终市场的消费者，使之产生强烈的购买欲望，形成急切的市场需求，然后拉引网络中间商纷纷要求经销该种产品的策略）吸引顾客关注企业的产品和服务，从而有效地实现企业的营销目标。

1.2.4 合作营销理论

合作营销是指两个或两个以上的企业为达到资源的优势互补，增强市场的开拓、渗透与竞争能力，通过建立长期稳定的合作关系，联合起来共同开发和利用市场机会的营销行为。

合作营销的核心是建设性的伙伴关系，而这种伙伴关系的建立是以双方的核心能力的差异性或互补性为基础的。这种互补性使双方的合作产生协同效应，创造“1＋1＞2”的效应，从而实现合作双方的双赢。

一个企业可以根据实际的需要同产业链甚至产业链以外的多家企业建立合作营销关系，可以涉及不同的行业和地域，范围相当广泛。企业的合作包括与供应商、分销商、竞争者、网络媒体等的合作。

案例 1-2

生活成就抖音，抖音丰富生活

2020 年 9 月 15 日，抖音在上海举办第二届创作者大会，发布最新的创作者扶持计划，未来一年将投入价值 100 亿元的流量，帮助创作者在抖音创收 800 亿元。现场，北京字节跳动 CEO 张楠分享了她对于“抖音在做什么”以及“抖音是什么”等问题的思考。张楠表示，人是抖音的核心，抖音的功能和服务都应该以人为核心展开。

抖音是什么？张楠说：“抖音其实就是大家，由每一个人构成，所以抖音是有生命力的，抖音一直在成长。我曾经希望它是‘视频版的百科全书’，希望它成为‘一扇窗户’，但今天，是大家让抖音拥有了无限可能，它连接彼此，连接信息，连接服务。生活成就抖音，抖音丰富生活。我觉得用任何一个狭义的词来表达，都是在限制抖音的想象力，抖音就是抖音，作为抖音的负责人和抖音的团队，我们只需要保持我们的初心，以人为核心，帮助大家记录美好生活，和大家一起共创美好生活，这就是抖音不变的使命。”

（资料来源：抖音创作者大会：生活成就抖音，抖音丰富生活[EB/OL].（2020-09-15）[2022-12-20]. https://www.douyin.com/news/detail/:news:4f98023e-97e5-4b77-89ad-a70869ee12ef. 有删改。）

1.2.5 文化营销理论

文化营销是指企业将其文化运用于市场营销之中，用文化的方式来经营销售其产品，即企业有意识地构建其个性价值观并寻求与消费者相匹配的个性价值观，在营销过程中充分表达某些消费者的价值取向，从而引起价值共鸣，最终完成营销全过程。

文化营销的本质目的在于营建企业新型文化价值链，以文化亲和力将各种利益关系群体紧密维系在一体，发挥协同效应，以引起消费者的联想，产生美好的想象，激发消费者心底的情感，震撼其心灵，从而增强企业整体竞争优势。文化营销主要包括以消费者的个性文化需求为导向的市场营销观念、具有丰富多彩的文化品格的营销策略组合和以文化观念为前提的营销手段和营销服务。

1. 产品文化化

产品文化化是指通过对产品进行文化植入，赋予产品企业文化个性和精神内涵，增加顾客对产品的独有感知价值。在文化营销的视野中，产品不仅要满足消费者的物质使用需求，还需满足其文化精神的需求。企业对产品的包装、命名、品牌、造型等均需提升文化品位、文化气息与氛围，从而建立起产品与文化需求的联系。

2. 促销文化化

促销文化化，是指通过对促销进行文化包装，赋予促销的企业文化个性和精神内涵，增加顾客对产品的独有感知价值。在促销过程中文化起着十分重要的作用。在一定的促销方式中，塑造一个特定的文化氛围，向消费者传递文化特质的同时，突出企业产品的文化性能，以文化推动消费者对企业的认识，就能够使企业形象和产品在消费者心目中留下长久、深刻的印象。在促销活动中，搞好“主题行动”，使营销过程始终贯穿一条成功的主线。

案例 1-3

故宫口红真的真的来了

一则题为“故宫口红，真的真的来了”的消息于 2018 年 12 月 9 日在中国社交媒体上疯传，吸引超过 10 万次浏览。口红有 6 种颜色，每支售价 199 元，仅一晚订单就超过 1000 支。还有很多人表示有购买兴趣。

迅速成功的关键显然出于这个事实：口红由位于北京的本土公司生产，而非像多数化妆品那样从国外进口。每一种颜色的灵感都来自故宫的收藏品，这进一步增强了口红与民族文化的联系。比如最受欢迎的一款“郎窑红”灵感就来自中国古代陶瓷瓶。

很多中国消费者对新口红表露赞美之情：“很高兴看到中国风格做得这么好，太了不起了，且颜色很时尚，我兴奋地要去追随更多国产品牌。”还有人表示，真想去故宫买些礼物带到国外。

过去，很多中国网民就曾对外国奢侈品牌缺少中国审美表达过不满。现在，故宫博物院抓住了这一机会。创意资本的美国执行合伙人坦居伊·劳伦说："与西方奢侈品牌尝试诠释中国文化形成鲜明对比的是，今天的中国消费者看来会奖赏那些诠释民族文化的本土品牌。"

（资料来源：Ruonan Zheng，陈一译．故宫口红真的真的来了！然后它火了[EB/OL]．(2018-12-14) [2022-12-20]. http://travel.people.com.cn/n1/2018/1214/c41570-30466775.html．有删改。）

1.2.6 深度营销理论

深度营销是指建立在互联网基础上，以建立企业和顾客之间的深度沟通、认同为目标，从关心人的显性需求转向关心人的隐性需求的一种新型的、互动的、更加人性化的营销新模式、新观念。它要求让顾客参与企业的营销管理，给顾客提供无限的关怀，与顾客建立长期的合作伙伴关系，通过大量的人性化的沟通工作，使自己的产品品牌产生润物细无声的效果，保持顾客长久的品牌忠诚。

深度营销的核心就是要抓住"深"字做文章。

1．把企业深入地推销给顾客

在很多情况下，顾客不买企业的产品，其真正原因是不相信销售员对产品的介绍，或者不相信销售员本人或其所在的企业。对于新产品、新企业，尤其需要在最短的时间被公众了解，只有在了解的基础上才能产生信任。

在网络经济时代，首先，企业可以制作自己的网页，并以多媒体技术、声音、文字、图像等方式，将企业的成长经历、生产流程、企业文化、制度建设、技术力量、激励政策、经营理念、经营战略等全方位地展现给顾客，让顾客对企业了如指掌；其次，企业必须随时更新自己的网页，将企业的每一个变化展现在顾客的面前；最后，企业可以在网站上开辟 BBS（bulletin board system，公告板系统），派专人 24 小时维护，与顾客进行双向交流，倾听顾客对企业的意见和建议，从而获取顾客的信任感和亲和感。

2．将产品深入地推销给顾客

企业可以通过网络与顾客交朋友，了解顾客的喜悦和痛苦，然后进行情感营销，详细深入地介绍产品的功能、使用方法，并且追踪其使用后的效果。同时，企业可以通过网络随时回答顾客提出的问题，做到双向交流，深入沟通。只有这样，企业才能培养顾客的忠诚度，才能获得持续发展的动力。

3．深入地了解与关注顾客

企业可以充分利用网络技术带来的新机遇，通过微信、微博、论坛、直播等手段，与顾客从各方面展开深入的交流，更全面地了解顾客，并从中找到市场机会和企业工作需要改进的地方。同时，企业可以建立一个顾客信息数据库，用以管理数以万计的顾客资料，并了解、分析这些信息，从中找到机会。

4. 深入地了解和关注员工

企业通过对内部员工的深度营销，可以更好地了解和满足员工的需求，创造一种新型的企业高层与员工之间的和谐关系。这将有助于在全企业形成共识，促进员工对企业目标的更好理解，更有效地参与决策，更好地形成共同的价值观和良好的企业文化。最重要的是，使企业每位员工都有当家作主的感觉，人人都关心企业的发展，人人都对企业的发展负责。这种全员协同的团队精神正是知识经济时代必不可少的。

知识拓展 1-2

网络营销其他理论

网络营销实质上还是一种营销活动，除正文提到的几种理论外，还有以下几种常见的观念和理论。

1. 市场营销观念

市场营销观念是一种以消费者的需要与欲望为导向的经营哲学。它认为企业应从消费者需求出发，综合运用各种科学的市场营销策略，把商品和服务整体地销售给消费者，尽可能满足他们的需求，并最终实现企业自身的生存和发展目标。市场营销观念的特点是由四个互相关联的理念所反映出来，这四个理念分别是顾客导向、目标市场、整体营销和利益远景。

2. 社会营销观念

社会营销观念是一种以社会利益为导向的经营哲学。它认为企业应以维护和促进全社会的利益与发展为最高目标，企业的生产经营不仅要满足消费者的需要与欲望，而且要有利于社会的整体利益和长远利益，要将消费者需要、社会利益和企业盈利三大方面统一起来，求得三者利益的共同实现。

企业开展网络营销活动，必须树立社会营销观念，维持社会利益、消费者利益与企业利益三者之间的平衡。

3. 大市场营销观念

大市场营销观念是指企业为了成功进入某个特定市场或者在特定市场上经营，打破各种贸易壁垒，需要在策略上运用经济、心理、政治和公共关系等手段，以赢得若干参与者的合作与支持，即在实行贸易保护的条件下，企业的市场营销策略除了 4P 策略（产品策略、价格策略、渠道策略、促销策略），还要加上两个 P，即政治权力策略和公共关系策略。

网络营销是一种面向全球的市场营销活动，企业必须深入贯彻大市场营销观念，全面落实大市场营销策略。

4. 绿色营销观念

绿色化、低碳化是实现高质量发展的关键环节，企业营销过程中应倡导绿色消费，推动形成绿色低碳的生产方式和生活方式。绿色营销观念是指企业在整个营销过程中应充分体现环保意识和社会意识，向消费者提供科学的、无污染的、有利于节约资源和符合良好社会道德准则的商品和服务，并采用无污染或少污染的生产和销售方式，引导并满足消费者的有利于环境保护及身心健康的需求。绿色营销包括产品的绿色设计、绿色生产、绿色包装、绿色消费等。

5. 关系营销理论

关系营销理论是指为了实现企业的营销目标，保持企业有利的市场位置，使企业持续、稳定地增加利润，企业应积极主动地与顾客、中间商、供应商、营销中介等建立并保持一种长期、稳定、友好的合作关系，使有关各方都能实现各自的目标。

开展关系营销，加强企业与各方建立长期稳定的关系，可以建立各方的忠诚度，从而为企业带来长远利益，实现企业与各方的双赢。

实训训练

一、策划训练：网络营销数据分析

[实训目的]

1）培养学生网络营销数据分析的能力。
2）培养学生组织分工与团队合作能力。
3）培养学生整理分析资料与写作的能力。
4）培养学生计算机软件应用的能力。
5）培养学生积极讨论与口头表达的能力。

[实训要求]

1）能依据背景要求收集和分析网络营销数据。
2）能清晰地表达所收集到的网络营销数据。
3）能撰写出网络营销数据分析的实训报告。
4）能依据实训报告制作出实训的 PPT 课件。

[实训例讲]

下面以华莱士微博营销的数据分析（见表 1-5）为例，进行网络营销数据分析。

表 1-5 华莱士微博营销的数据分析

品牌	微博头像	粉丝数	关注数	有关营销推广的微博数据分析						
				序号	发布时间	标题	发文目的	点赞量	评论量	转发量
华莱士	华莱士官方微博 全鸡配汉堡，华莱士吃好！ 粉丝：7.4万	7.4 万	170	1	2021.11.1	华莱士 X 喵铃铛主题美食空降@美团外卖	推广外卖	13	18	1
				2	2021.9.28	灵魂拍档，天生一对！华莱士香酥炸鸡搭配	推广炸鸡配可乐	37	81	11
				3	2021.9.10	华莱士全国首播福利送不停！华莱士快手直播间我们不见不散	活动宣传	30	32	0

知识拓展 1-3

数据分析

数据分析是指运用适当的方法对收集来的大量第一手资料和第二手资料进行分析，以求最大化地开发数据资料的功能，发挥数据的作用，是为了提取有用信息和形成结论而对数据加以详细研究和概括总结的过程。数据分析的目的是把隐没在一大批看起来杂乱无章的数据中的信息集中、萃取和提炼出来，以找出所研究对象的内在规律，这对企业网络营销的开展非常重要，是网络营销学习的重要技能之一。

[实训练习]

1. 实训背景

福华科技有限公司主营笔记本式计算机，有着20多年计算机生产经验，公司为了制定更加有效的网络营销策略，决定对各计算机生产企业的网络营销数据进行分析，深入了解竞争对手的营销方式与手段，请你对比联想、华硕、神舟 3 家企业的微博账号，找出各自在近期发布的 3 篇微博文章，对其营销数据进行相应的分析（见表 1-6）。

表 1-6 微博营销的数据分析

品牌	微博头像	粉丝数	关注数	有关营销推广的微博数据分析						
联想				序号	发布时间	标题	发文目的	点赞量	评论量	转发量
				1						
				2						
				3						
华硕				序号	发布时间	标题	发文目的	点赞量	评论量	转发量
				1						
				2						
				3						
神舟				序号	发布时间	标题	发文目的	点赞量	评论量	转发量
				1						
				2						
				3						

2. 实训组织

1）组建实训小组。将教学班学生按每小组 6～8 人的标准划分成若干课题小组，每个小组指定或推选出一名小组长。

2）确定实训课题。每个小组根据网络营销数据分析的背景资料，收集相关微博文章，对其营销数据进行分析，并完成网络营销数据分析实训报告以及制作实训报告 PPT 课件。

3）实施实训操作。各小组长根据网络营销数据分析实训的要求，调配资源，明确各组员的任务，并督促大家有效地完成任务。

4）撰写实训报告。每个小组完成一份网络营销数据分析实训的实训报告，并制作成 PPT 课件，实训报告与 PPT 课件通过电子邮件或校园网提交给指导老师。

5）陈述实训心得。由各个小组推荐的发言人或小组长代表本小组，借助实训 PPT 课件陈述本小组的实训报告和实训心得。

6）评价实训效果。各个小组代表陈述后，指导老师点评该次网络营销数据分析实训的情况，并由全班同学无记名投票，评选出该次实训的获奖小组，给予表扬与奖励。

3．实训考核

实训成绩依据学生上课出勤、课堂讨论发言、实训报告的写作和实训报告 PPT 课件制作水平等进行评定。首先由各小组长对组内各成员进行成绩评定，成绩档次分为优秀、良好、中等、及格、不及格 5 档；然后由指导老师对小组提交的实训报告及实训报告 PPT 课件进行评分；最后按照以下公式进行加权计算，计算出每个学生的最终成绩。

个人最终成绩=小组长评定成绩×20%+指导老师评定成绩×80%

其中小组长评定组内成员成绩表见表 1-7，指导老师评定实训报告及实训报告 PPT 课件成绩表见表 1-8。

表 1-7　小组长评定组内成员成绩表

小组成员姓名	小组成员成绩/分				
	优秀（≥90）	良好（80～90）	中等（70～80）	及格（60～70）	不及格（<60）

表 1-8　指导老师评定实训报告及实训报告 PPT 课件成绩表

评价内容	分值	评分
网络营销数据分析的完整性	30	
网络营销数据分析的有效性	30	
实训报告的完整性与科学性	20	
实训报告 PPT 课件设计的质量	10	
实训报告表达效果	10	
总体评分	100	

二、实操训练：网络营销基础体验——网上购物操作

[实训要求]

1）学会注册购物网站的会员。

2）学会网上购物的操作流程。

3）学会撰写网上购物实训报告。

[实训规程]

1. 京东网站会员注册

1）登录京东网（http://www.jd.com），单击“免费注册”超链接（见图 1-4）。

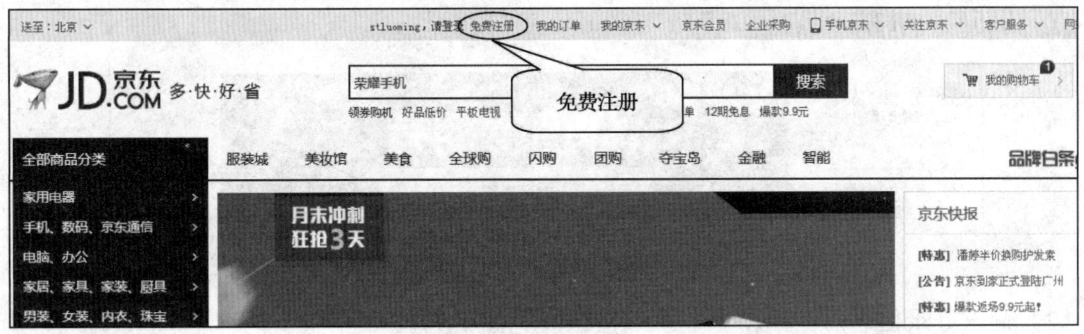

图 1-4　单击“免费注册”超链接

2）输入用户名、密码、验证手机、验证码等注册信息，单击“立即注册”按钮，即可注册京东会员（见图 1-5）。

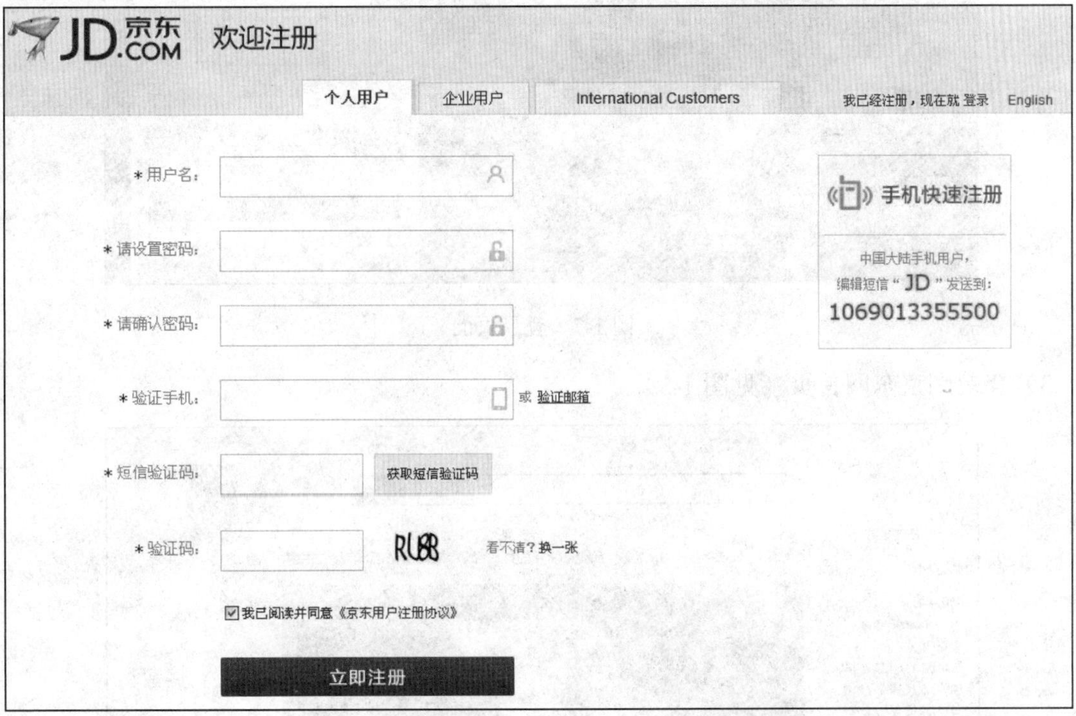

图 1-5　注册会员

2. 京东网登录

1）登录京东网，单击“你好，请登录”超链接（见图 1-6）。

图 1-6 单击“你好，请登录”超链接

2）输入登录信息后，单击“登录”按钮（见图 1-7）。

图 1-7 登录页面

3）登录到京东网首页（见图 1-8）。

图 1-8 登录到京东网首页

3. 购买商品操作

1）在主页搜索栏输入要搜索的商品，如“联想 插排”，显示搜索结果（见图 1-9）。

图 1-9 商品搜索结果页

2）选中某商品，查看商品详情，包括价格信息、优惠信息、品类选择（如大小、颜色、类型等），单击“加入购物车”按钮（见图 1-10）。

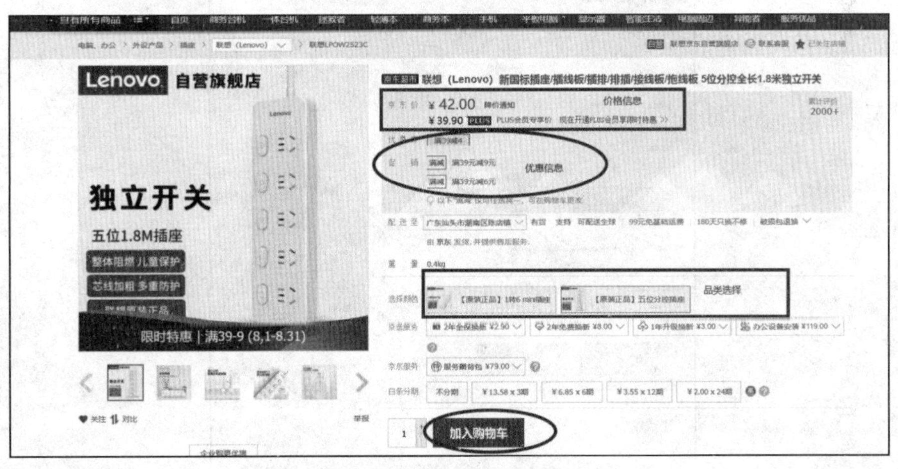

图 1-10 查看商品详情

3）如果还要继续购物，可继续搜索商品加入购物车；如果没有其他商品要选购，可以直接单击“去购物车结算”按钮（见图 1-11）。

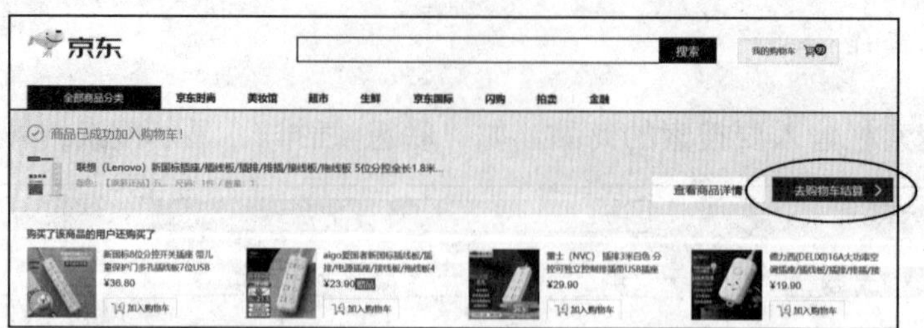

图 1-11　单击“去购物车结算”按钮

4）在购物车结算页面，选中要结算的商品，单击“去结算”按钮（见图 1-12）。

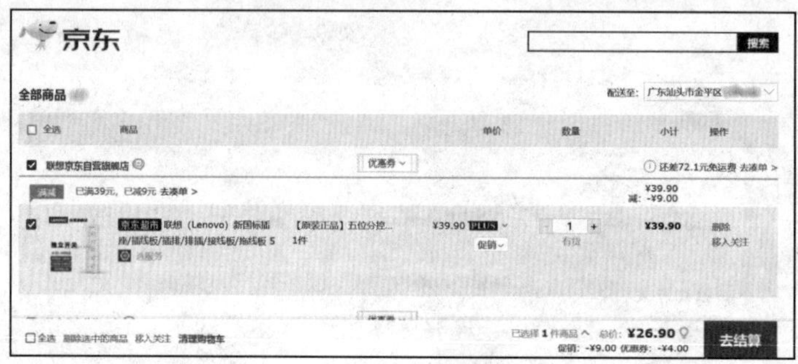

图 1-12　单击“去结算”按钮

5）在订单结算页面，输入收货人信息、支付方式、配送方式等订单信息，单击“提交订单”按钮（见图 1-13）。

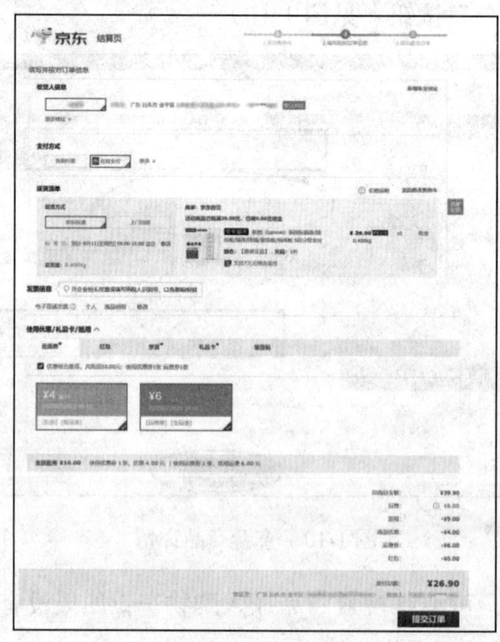

图 1-13　单击“提交订单”按钮

6）选择支付方式，如“微信支付”，单击“立即支付”按钮（见图 1-14）。

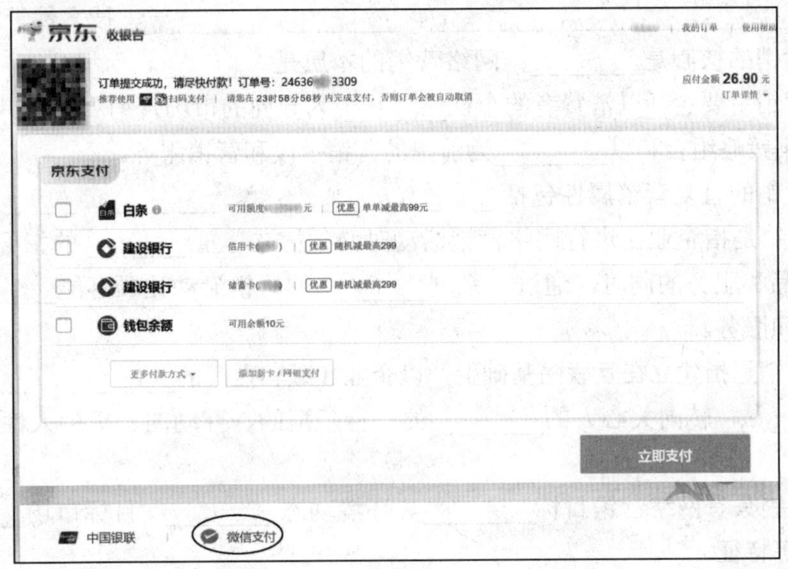

图 1-14　单击“立即支付”按钮

7）购物完成，等待快递公司配送（见图 1-15）。

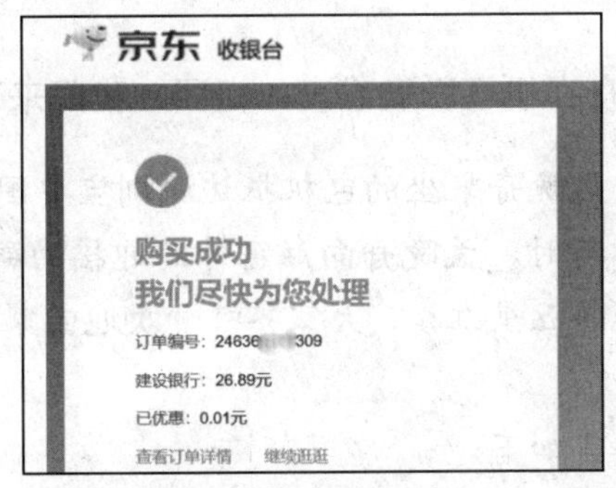

图 1-15　购物完成

[实训操作]

1）登录京东网，注册会员后，练习购物操作流程。

2）登录淘宝网，注册会员后，练习购物操作流程。

3）记录网上购物操作的各步骤，形成实训报告。

习　题

1. 网络营销是一种以________为媒介和平台，以________方式、方法和理念实施________，使交易参与者（企业、团体、组织和个人）之间的交易活动更有效地实现的新型市场营销方式。

2．网络营销是在互联网上开展的营销活动，因此，它具有________、________、________、________、________、________、________、________、________、技术性等特征。

3．网络营销的核心是________；网络营销的本质是________。

4．文化营销主要包括以消费者的个性________为导向的市场营销观念、具有丰富多彩的文化品格的营销策略组合和以________为前提的营销手段和营销服务。

5．网络营销的直复营销属性包括________、________、________、________。

6．柔性营销是指企业在进行网络营销活动时必须树立尊重________的指导思想，在提供________的产品和服务的同时，通过一系列________的营销活动让顾客能________地主动接受企业的产品和服务。

7．深度营销是指建立在互联网基础上，以企业和顾客之间的________、________为目标，从关心人的________转向关心人的________的一种新型的、互动的、更加人性化的营销新模式、新观念。

8．战略营销具有网络营销目标________、环境动态________、目标市场________、资源利用________等特征。

职场拓展

孟晚舟在机场发表感言：祖国，我回来了！

2021 年 9 月 25 日晚，孟晚舟乘坐的包机抵达深圳宝安国际机场。约 10 时 12 分，孟晚舟走出机舱。在飞机滑行时，孟晚舟向舷窗外的迎接的群众挥手致意，前来现场迎接她的各界人士挥舞着鲜艳的五星红旗，大家齐呼“欢迎回家”，工作人员向她献上一束玫瑰花。

孟晚舟在机场发表的感言如下：

经过 1000 多天的煎熬，我终于回到了祖国的怀抱。异国他乡的漫长等待，充满了挣扎和煎熬，但当我走下舷梯，双脚落地的那一刻，家乡的温度让我心潮澎湃，难以言表。祖国，我回来了！感谢伟大的祖国和人民，感谢党和政府的关怀，感谢所有关注和关心我的人。

作为一名普通的中国公民，遭遇这样的困境，滞留异国他乡三年，我无时无刻不感受到党、祖国还有人民的关爱与温暖。习主席关心我们每一位中国公民的安危，同样也把我的事情挂在心上，让我深受感动。我也感谢在这个过程中，所有相关部门对我的鼎力支持和帮助，他们坚定地维护了中国企业和中国公民的正当权益。

回首三年，我更加明白，个人命运、企业命运和国家的命运是十指相连，祖国是我们最坚强的后盾，只有祖国繁荣昌盛，企业才能稳健发展，人民才能幸福安康。作为一名普通的中国人，我以祖国为傲。作为一名奋斗的华为人，我以华为为傲。

艰难方显勇毅，磨砺始得玉成。所有的挫折与困难，感激与感动，坚守与担当，都将化作我们前进的动力和拼搏的勇气。我们坚决拥护以习近平同志为核心的党中央，忠于自己的国家，热爱自己的事业，在政府的管理规则下努力发展好企业，为国家、为社会多做贡献。

国庆即将来临，提前祝祖国母亲生日快乐！我想说，有五星红旗的地方，就有信念的灯塔。如果信念有颜色，那一定是中国红！

（资料来源：孟晚舟机场哽咽发表感言：祖国我回来了！[EB/OL].（2021-09-25）[2022-12-20]. https://i.ifeng.com/c/89pjYUZU81n.）

思考：该感言道出了怎样的人生哲理？

第2章

网络市场调查

➡ 目的要求

1. 知识目标

1）理解网络调查的概念和特点。

2）掌握网络调查的内容和方法。

3）掌握网络调查问卷的设计方法。

4）理解搜索引擎的构成和类型。

5）掌握搜索引擎查询词的选择方法。

6）掌握搜索引擎营销的方式和技巧。

2. 技能目标

1）掌握网络调查问卷的设计方法。

2）能运用本章知识深入剖析现实案例。

3. 素养目标

工作严谨细致，于细微之处见精神、见境界、见水平。

➡ 重点难点

1）网络调查问卷的设计。

2）搜索引擎查询词的选择。

3）搜索引擎的营销。

4）网络需求调查操作。

情智故事

为一个“到”字开研讨会

叶圣陶先生是江苏人，平常多说苏州话，在担任华北教科书编审委员会主任期间，国家正推广普通话。为了语言规范化，叶先生要求文章在收入课本前，需经北京籍老师朗读，以查验语句是否通顺。

一次，因为着急下班回家，北京籍李老师在为叶圣陶先生朗读文章时，读得很快。叶先生打断了他，指着课本上的一个句子问："这句话到底是读'东西掉到井里了'，还是'东西掉井里了'？"

见自己出错，李老师只好搪塞道："两种读法都一样。"叶圣陶先生又问："也就是说'到'字在这里是多余的？"李老师回答不上来，借故离开了。

为了得到准确答案，叶圣陶先生主动召开一次主题研讨会，确定"到"字的应用。对于叶先生的这个决定，编辑部议论纷纷，有人说："为了一个字开研讨会，值不值？"也有人质疑："是不是有点小题大做？"

见此情景，叶圣陶先生向大家解释："编辑尚且拿不准的句子，怎么能印发给学生呢？这虽然只是一个字的小事情，但关乎几百万中小学生，应该作为大事情来对待。"

听完叶圣陶先生的解释，编辑们分头寻找资料，有人查《辞海》，有人查文献。次日，研讨会召开得很成功，与会者踊跃发言，北京籍编辑还详细介绍了"到"字在句子中的意义。会议最后确定"到"字在这句话中有一定含义，不可删去。

（资料来源：学政，2022. 为一个字开会[J]. 演讲与口才（9）：45. 有删改。）

［情智点评］一个"到"字，很细小的存在，但对于这篇文章来说是极其重要的。叶圣陶先生这种认真思考、谨慎治学的态度受到大家的一致好评，这样对待工作细致谨慎的职业道德也是我们需要学习的。在网络市场调查中，调查人员务必严谨细致，谨慎对待每个调查数据，保证调查数据的准确无误。

2.1　网络调查设计

2.1.1　网络调查概述

1. 网络调查的概念

网络调查即网络市场调查，是指企业为了某个特定的营销决策，利用互联网技术与资源开展的收集整理市场营销信息，分析判断市场营销情况的网络营销活动。

企业可以通过各种网络市场调查的方式与方法，系统地收集大量有关网络营销的数据和资料，如实地反映企业网络营销方面的客观情况，从而为企业决策提供客观依据。

2. 网络调查的特点

（1）及时性和共享性

网络信息传播速度快，一方面网络调查的信息能被迅速地传递给连接上网的用户，另一方面企业能够及时快速地回收信息，同时可随时更换调查内容。

网络调查是开放的，任何网民都可以参与调查活动和查看调查结果，从而保证了网络调查信息的共享性。

（2）便捷性和低成本

在网络上进行调查，只需要有一台能上网的计算机。调查者在企业站点上发布电子调查问卷，由网民自愿填写，回收问卷后，即可利用统计分析软件进行整理分析，整个调查工作相当便捷。

网络调查无须派出调查人员，不受天气、距离等限制，无须印刷调查问卷，同时调查问卷收集、整理、处理工作等均可由计算机自动完成，成本相对低廉。

（3）交互性和充分性

通过网络调查，被调查者可以及时就问卷相关的问题提出自己的看法和建议，调查者也可以立即给予答复，并及时做出修改，这将大幅减少由于问卷设计的不合理而导致的调查结果偏差的问题。

（4）可靠性和客观性

网络调查的结果在很大程度上反映了消费者的消费心态和市场发展的趋势，其结果较为可靠和客观，原因如下。

1）网络调查回收的问卷数可以达到一定的规模。

2）网络调查问卷的填写是自愿的，答题相对认真、客观。

3）网络调查可以避免传统调查人为错误（如访问员缺乏经验技巧而出错）所导致的调查结果的偏差。

（5）无时空和地域限制

网络调查可以 24 小时在全球范围内进行，这与受地域和时间限制的传统调查有很大区别。

（6）可检验性和控制性

利用网络进行市场调查收集信息，可以有效地对采集信息的质量实施系统的检验和控制。

1）网络调查问卷可以附加全面规范的指标解释，有利于消除因对指标理解有误或调查员解释口径不一致而造成的调查偏差。

2）问卷的复核检验由计算机依据设定的检验条件和控制措施自动实施，可以有效地保证对调查问卷的 100%的复核检验，保证检验与控制的客观公正性。

3）通过对被调查者的身份验证技术可以有效地防止信息采集过程中的舞弊行为。

2.1.2 网络调查的内容与方法

1. 网络调查的内容

网络调查的内容如表 2-1 所示。

表 2-1 网络调查的内容

项目	具体内容
企业所服务的消费者的信息	① 消费者个人特征信息，如性别、年龄、文化程度、职业、收入等； ② 消费者需求状况信息，如价格定位、购买行为（购买能力、购买习惯、支付方式、送货方式等）、服务需要（服务要求、服务方式、服务内容等）、需求量（现实需求量、潜在需求量）、广告效果等
企业所营销的产品或服务的信息	产品或服务的供求状况、市场占有率、产品销售趋势、现有产品或服务的满意度与不足、客户对产品或服务需求的新变化等
企业所选择的目标市场的信息	产品或服务的市场容量、供求状况、企业开拓市场的能力、企业发展市场中存在的问题（资金、渠道、产品更新等方面）、竞争格局、竞争激烈程度等
企业所面对的竞争对手的信息	主要的竞争对手，竞争对手的市场份额和实力、竞争策略、网络营销战略的定位、竞争手段和发展潜力等
企业所处的营销环境的信息	① 宏观环境信息的调查，如政治法律环境、经济环境、自然环境、人口环境、科技环境、文化环境等； ② 微观环境信息的调查，如合作者、供应商、营销中介、社区公众等

2. 网络调查的方法

网络调查的方法如表 2-2 所示。

表 2-2 网络调查的方法

划分依据	种类	特点及适用环境
根据网络调查信息的来源划分	网络市场直接调查法	为某个特定目标在互联网上收集第一手资料（原始资料）
	网络市场间接调查法	在互联网上收集别人已加工整理过的信息资料（第二手资料）
根据网络调查信息收集的方法划分	网上问卷调查法	企业在互联网上发布网络调查问卷，客户通过网络填写调查问卷，最后企业回收问卷而获得调查信息
	网上讨论法	企业在网上发布调查项目，邀请访问者参与讨论并收集信息
	网上观察法	通过对网站的访问情况和网民的网上行为进行观察和监测，获得调查信息
	网上实验法	企业在网上通过产品销售实验的对比来取得市场第一手资料的调查方法。一般来说，改变产品品质、产品包装，调整产品价格，推出新产品，变动网络广告形式、内容等情况，都可以采用网上实验法来调查其效果
根据网络调查采用的技术划分	站点在线调查法	将网络调查问卷的 HTML（hypertext markup language，超文本标记语言）文件附加在一个或几个网络站点的 Web（万维网）网页上，由浏览这些站点的用户在此 Web 网页上自愿填写、回答调查问题
	电子邮件法	通过给被调查者发送电子邮件的形式将调查问卷发给一些特定的网上用户，由他们填写后以电子邮件的形式反馈给调查者
	随机 IP（Internet protocol，互联网协议）法	以产生一批随机 IP 地址作为抽样样本进行问卷调查
	视讯会议法	将分散在不同区域的被调查者通过互联网视讯会议虚拟地组织起来，在主持人的引导下讨论调查问题

2.1.3 网络调查问卷设计

1. 网络调查问卷设计的要求

1）问卷的问题能保证收集到满足调查目的所需的全部信息。

2）问卷中的每一个问题都是与调查目的相关的、必要的问题。

3）问题的设计和安排通俗易懂、合乎逻辑，被调查者能够做出回答。

4）问题的设计和安排便于对调查资料的整理、分析和研究。

5）问题设计不应有偏见、误导和诱导。

6）问题应是被调查者在记忆范围内能回答的。

7）避免引起被调查者反感的问题。

8）调查问卷中所有问题都应能够得到精确答案。

9）要公布保证个人信息不泄露的声明。

2. 网络调查问卷设计的程序

1）根据调查的目的和要求，确定所需的信息资料，并进行问题的设计与选择。

2）根据问题回答的难易程度或时间的先后顺序，确定问题的排列顺序。

3）调查问卷的测试、修改和定稿。在调查问卷实施之前，应先初选一些调查对象进行调查测试，根据问卷测试情况，进行问卷的修改、补充、完善，并定稿、采用。

3. 网络问卷调查的具体实施

网络调查问卷设计好之后，根据不同的数据收集方法进行具体实施，具体实施方法有E-mail（electronic mail，电子邮件）问卷法、交互式CATI（computer assisted telephone interview，计算机辅助电话调查）系统法和在线调查系统法（见表2-3）。

表2-3 网络问卷调查实施方法

方法种类	特点及适用环境
E-mail问卷法	一份简单的E-mail，按照已知的E-mail地址发出，被访问者回答完毕后，将问卷回复给调查机构，由专门的程序进行问卷准备，列出E-mail地址和收集数据
交互式CATI系统法	计算机辅助电话调查，是通过一套计算机系统实施的电话访问。CATI系统由硬件和软件两部分构成，其中硬件部分由主机、工作站、电话线构成；软件是专门编写的访问控制程序。CATI可以实现计算机自动拨号、问卷逻辑自动控制、即时录入、即时配额控制、问卷填写即时监督、访问结束即可获得原始数据等功能
在线调查系统法	一种基于网络为用户开放的调查系统。用户只需根据自己的意愿输入一些关键参数，系统将自动在网站上生成调查问卷，然后利用其调查发布系统、调查报告统计查询系统等，就可实现调查问卷的发布和调查结果的统计查询。例如，问卷星网，该网站提供了调查问卷的设计、市场调查平台等功能

2.2 搜索引擎营销

2.2.1 搜索引擎的构成和类型

1. 搜索引擎的构成

搜索引擎是一个对互联网上的各种信息资源进行搜索、整理，然后根据用户的查询要求

把结果反馈给用户的系统。它一般包括搜索、索引和查询 3 个部分。

1）搜索是指搜索引擎先建立一个网页地图，再使用网页抓取程序，根据网页地图来抓取网页储存到搜索数据库中，即搜索引擎会在互联网上自动搜集网页，根据 HTML 文档中包含的超链接，下载一个又一个的 Web 文档，并对下载后的网页进行分析，提取特征信息，从而建立一个详尽的文档数据库。

2）索引是指搜索引擎会利用索引技术将搜索结果编号排序、存储，为数据库建立各种索引库，以提高查询的效率。同时，搜索引擎也会利用一些相关技术将不好的网站去除。

3）查询是指搜索引擎提供给用户的检索服务，根据用户的请求，查询索引库，并对索引库返回的结果进行排序和输出。当使用者输入一个搜索词查询时，搜索引擎会用这个搜索词到搜索数据库中对比，并且经过一些相关度的运算之后，依照相关程度将网页进行排序，相关度高的排在前面。

2. 搜索引擎的类型

搜索引擎依其搜索内容的方式，大致可以分成 3 类（见表 2-4）。

表 2-4　搜索引擎类型

类型	特点
目录式搜索引擎	搜索引擎将互联网上的信息资源汇总整理，形成像图书馆目录一样的分类树形结构的目录，用户通过逐级浏览这些目录来寻找需要的网址或相关内容，如新浪搜索引擎等
全文式搜索引擎	搜索引擎将整个网站中的每一个网页都纳入搜索的范围，用户可以用逻辑组合方式输入各种关键词，搜索引擎会根据这些关键词寻找用户所需信息的网址，然后根据一定的顺序反馈给用户包含该关键词信息的所有网址和指向这些网址的链接
元搜索引擎	一种面向网页的全文检索方式，它将用户的查询请求同时向多个搜索引擎递交，将返回的结果进行重复排除、重新排序等处理后，作为自己的结果返回给用户

2.2.2 搜索引擎查询

搜索引擎查询是指搜索引擎的使用，即利用搜索引擎进行相关信息的搜索。

1. 搜索引擎查询的方法

（1）基本网页信息的搜索

用户只需在搜索框中输入要查找的字词，然后按 Enter 键，或者单击搜索框右侧的“搜索”按钮，搜索引擎就会返回用户想要的搜索结果（见图 2-1）。

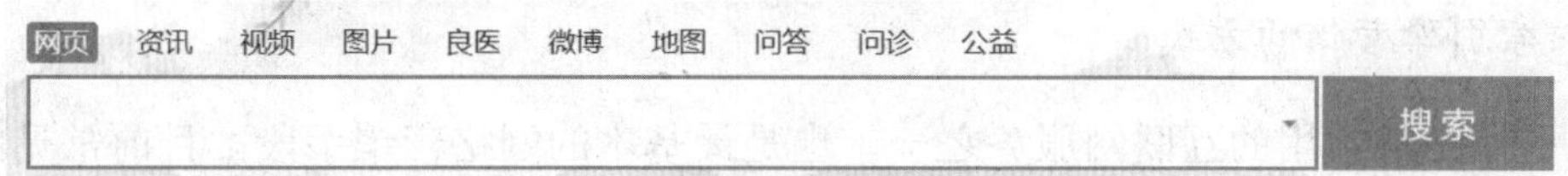

图 2-1　基本网页信息的搜索

（2）特定搜索结果的搜索

如果用户想要搜索特定的搜索结果，如新闻（资讯）、视频、图片、地图等，可以输入查询词后，单击搜索框上面相应的标签，搜索引擎就会返回相应类别的搜索结果（见图 2-2）。

图 2-2 特定搜索结果的搜索

2. 搜索引擎查询词的选择

选择最能说明用户所找信息的简要的查询词，搜索引擎才可以准确地返回用户想要的搜索结果。搜索引擎查询词选择的一般技巧如下。

（1）使用空格：搜索同时满足多个查询词条件的信息

与只用单个词进行搜索相比，使用多个词搜索，不同词语之间用一个空格隔开，可以得到更精确的结果。例如，查询小米社群营销的消息，如果只输入小米，会得到很多关于小米的搜索结果，很难找到想要的信息，但将小米、社群、营销之间用空格隔开，搜索结果中的第一条就是我们想要的。

注意，虽然搜索引擎可以自动地将不同的词语拆分后搜索，但是我们最好在不同词语之间输入空格，尤其是在查询词比较复杂时，这样得到的结果会更加准确。

（2）使用双引号：搜索精确的、不做拆字处理的搜索信息

当用户输入较长的查询词时，搜索引擎会依据查询字符串做拆字处理。若用户需要得到精确、不拆字的搜索结果，可在查询词前后加上双引号（中文双引号、英文双引号都可以）。例如，输入“广州电视塔旅游”，搜索结果将精确匹配“广州电视塔旅游”的信息。

（3）使用减号：搜索去除不希望看到的某些特定的词的网页信息

如果用户发现搜索结果中，有很多网页包含用户不希望看到的某些特定的词，用户可以使用减号去除这些网页。注意减号前面必须加空格。

（4）不区分大小写：搜索引擎不区分字母的大小写

搜索引擎会把所有的字母当作小写字母处理。例如，输入 huawei 或 HUAWEI 得到的结果是一样的。

2.2.3 搜索引擎营销方式及技巧

搜索引擎营销是指企业根据用户使用搜索引擎的方式，利用用户检索信息的机会，尽可能地将营销信息传递给目标用户的营销方式。

1. 搜索引擎营销的方式

搜索引擎是最常用的互联网服务之一，也是最基本的网络营销手段。目前常见的搜索引擎营销的方式包括以下几种（见表 2-5）。

表 2-5　搜索引擎营销的方式

类型	特点及适用环境
免费登录搜索引擎	最基本的、传统的营销网站推广手段，是指企业将网站的信息提交给免费登录的搜索引擎
付费登录搜索引擎	搜索引擎提供的固定的排名服务，一般是在收费登录的基础上开展的。因此，企业可以通过向搜索引擎网站缴纳一定费用取得被收录的资格
关键词检索	也称关键词广告，是指企业购买搜索引擎网站的某些关键词，在搜索引擎的搜索结果中发布广告的一种方式。它与一般网络广告的区别是关键词广告出现的位置不是固定在某些页面中，而是当用户检索到企业所购买的关键词时，关键词对应的企业网站的信息会出现在搜索结果页面的显著位置
关键词竞价排名	搜索引擎关键词广告的一种形式，是指由用户（通常为企业）为自己的网站或产品网页出资购买关键字排名，通过竞价排名服务，提供商发布到国内主流搜索引擎前列的一种服务。它是按照付费最高者排名靠前的原则，对购买了同一关键词的网站进行排名的一种方式

2. 搜索引擎营销的技巧

（1）选择好关键词

关键词也称关键字，是指产品或服务的具体名称，以及用户需要查询的信息内容。例如，有一个用户想在网上买鲜花，他将会在搜索框中输入关键词鲜花，寻找相关信息。选择一个好的关键词，意味着给网站带来极具针对性的访问。建议企业利用搜索引擎的相关搜索功能，选择更多关键词。只要在搜索引擎输入产品或服务名称进行检索，就可以在相关搜索中找到其他关键词。相关搜索是按用户输入关键词搜索的频率由高到低排列的，所以可以为网页选择这些关键词。

例如，一个网上卖鲜花的网站，除了选择关键词鲜花，还可以选择关键词鲜花速递、鲜花礼品、鲜花礼仪、鲜花快递、鲜花网站、鲜花商店、电子鲜花、鲜花礼品店、订购鲜花、订鲜花、鲜花专卖、鲜花网、鲜花定购、网上鲜花、网上订鲜花、礼品鲜花、生日鲜花、生日卡鲜花、网络鲜花、北京鲜花、重庆鲜花、上海鲜花、南京鲜花、海南鲜花、海口鲜花、吉林鲜花、广州鲜花、深圳鲜花等，这些关键词都是用户在各大搜索引擎中搜索过的，有些热门的关键词每天被检索几十次甚至几百次，有些冷门关键词虽然每天检索次数只有几次，但一样能带来客户，而且越是特别的关键词越能带来特别的客户，所以建议多选关键词。

搜索引擎对关键词的选择是有审核标准的，一般遵循以下两条最基本的准则。

1）所提交的关键词必须与自己的网站、产品或服务直接相关，即所指向的页面上有具体描述该关键词的信息，同时充分考虑浏览者使用"搜索词"的习惯。

2）标题及网页描述的文字必须针对关键词进行准确、通顺的编辑和撰写，清晰地描述所提交的关键词，侧重产品或服务的独特优势。标题及网页描述必须出现关键词，并在正文中重复出现，且出现足够多的关键词。

（2）搜索引擎优化

搜索引擎优化是一种利用搜索引擎的搜索规则来提高网站在有关搜索引擎内的自然排名的一种手段。搜索引擎优化要求企业对网站栏目结构和网站内容等基本要素进行优化设计，提高网站内容的质量，使其符合用户浏览习惯，在不损害用户体验的情况下提高搜索引擎自然检索结果中的排名，从而通过搜索引擎的自然检索获得尽可能多的潜在客户。

搜索引擎优化包括内部优化与外部优化。内部优化是关键，网站的内部优化包括 meta 标签优化、内部链接的优化、网站内容的高质量与持续更新以及定期再提交。

1）meta 标签优化。meta 标签是网页 HTML 文件里面的一些文件标签，包括标题标签（title tag）、描述性标签（description tag）等，为网页提供相关元信息（meta-information）。

网页的标题（title）用于告诉用户和搜索引擎这个网页的主要内容是什么。搜索引擎在判断一个网页内容权重时，标题是主要参考信息之一。标题务必要主题明确、简明精练，使用用户所熟知的语言来进行描述。

网页的描述（description）是对网页内容的精练概括。一个好的描述会帮助用户方便地从搜索结果中判断网页的内容是否和其需求相符，直接吸引用户点击。网页描述的长度应合理，不宜过长，也不宜过短。每个网页都应有描述，且应避免所有网页都使用同样的描述。

2）内部链接的优化。搜索引擎通过“蜘蛛”程序来抓取网页信息，追踪网页内容和通过网页的链接地址来寻找网页，抽取超链接地址。因此，网站建设时应确保导航中包含目录页面，也要确保每个子页面都有链接回到主页面和其他的重要页面。

3）网站内容的高质量与持续更新。网站内容的质量越高，被搜索引擎蜘蛛爬行的深度就会越深，被收录的机会也会越大，因此企业应提炼高质量的网站内容，突出内容的原创性、专业性、特殊性和有意义，且有规律地对网站内容进行更新，以持续吸引搜索引擎蜘蛛返回抓取。

4）定期再提交。提交网页给搜索引擎不是一劳永逸的，互联网不是静止的，分分秒秒都有新的网页的提交进入，如果企业发现自己的网页排位有后移之势，就必须再次提交信息。提交的频度以一季度一次为佳。在发现企业搜索排名出现急剧下降时可以适当提高提交的频度。企业在重新提交网页信息时，要更改企业网页标题、关键词和网页简述等。

实训训练

一、策划训练：网上调查问卷设计

[实训目的]

1）培养学生设计网上调查问卷的能力。

2）培养学生组织分工与团队合作能力。

3）培养学生整理分析资料与写作的能力。

4）培养学生计算机软件应用的能力。

5）培养学生积极讨论与口头表达的能力。

[实训要求]

1）能依据调查背景设计出一份合适的调查问卷。
2）能清晰地表达出网上调查问卷的内容。
3）能撰写出网上调查问卷设计的实训报告。
4）能依据实训报告制作出实训的 PPT 课件。

[实训例讲]

松果口服液广告效果调查问卷

尊敬的顾客:

您好!

我是××公司的调查人员。为了更好地满足您对松果口服液的需求，我公司正在进行一项有关松果口服液广告宣传效果的调查，您的回答对我们非常重要，恳请您参与我们的调查，以便我们在新的一年能提高和改进，更好地满足您的需求。谢谢!

1. 请问您的职业是（　　）
A. 机关公务员　B. 事业单位干部　C. 教科文卫人员　D. 公司职员
E. 企业管理人员　F. 企业工人　G. 个体经营者　H. 其他

2. 请问您的年龄是（　　）
A. 30 岁以下　B. 30～45 岁　C. 45～60 岁　D. 60 岁以上

3. 请问您的月收入是（　　）
A. 3000 元以下　B. 3000～6000 元　C. 6000～10000 元　D. 10000 元以上

4. 您购买过松果口服液吗（　　）
A. 没有购买过　B. 购买过一次　C. 购买过多次　D. 经常购买

5. 您购买松果口服液是自己喝，还是送人，抑或其他呢（　　）
A. 自己喝　B. 送人　C. 其他

6. 您购买松果口服液的价格是（　）
A. 40 元以下　B. 40～60 元　C. 60～80 元　D. 80 元以上

7. 您认为松果口服液的价格制定得（　　）
A. 太高　B. 较高　C. 合理　D. 较低

8. 您觉得松果口服液的口感能符合您的口味吗（　　）
A. 很符合　B. 较符合　C. 一般符合　D. 不符合

9. 您认为松果口服液的包装能否符合您的心意（　　）
A. 很符合　B. 较符合　C. 一般符合　D. 不符合

10. 您选择松果口服液的容量是多少（　　）
A. 20ml　B. 40ml　C. 60ml　D. 100ml

11. 您认为松果口服液对您的身体健康有帮助吗（　　）
A. 有　B. 没有　C. 不清楚

12. 您购买口服液饮料一般喜欢在什么地方（　　）
A. 网上购买　B. 商场超市　C. 专卖店　D. 其他

13. 您是否看过松果口服液的广告（ ）

A. 是　　B. 否

14. 您看过的松果口服液的广告是哪种形式（ ）

A. 电视广告　　B. 网络广告　　C. 印刷广告　　D. 灯箱广告

15. 您认为松果口服液的广告做得怎么样（ ）

A. 很好　　B. 较好　　C. 一般　　D. 不太好

16. 您认为哪种形式的广告做得最有吸引力（ ）

A. 电视广告　　B. 网络广告　　C. 印刷广告　　D. 灯箱广告

17. 您觉得松果口服液的销售人员的服务态度如何（ ）

A. 很好　　B. 较好　　C. 一般　　D. 不太好

18. 您认为松果口服液还应从哪些方面做出改进？

谢谢您的配合与支持！您提供的资料，我们决不对外公开！

××公司

2022 年 10 月

[实训练习]

1．实训背景

福华科技有限公司拟利用网络开展问卷调查，了解大学生笔记本式计算机消费的现状，调查的内容包括以下几点。

（1）行业市场环境调查内容

1）笔记本式计算机市场的容量及发展潜力；

2）大学及学院间不同消费层的消费状况；

3）学校教学、生活环境对该行业发展的影响；

4）当前笔记本式计算机种类、品牌及销售状况；

5）各大学各笔记本式计算机产品的经销网络状况。

（2）消费者调查内容

1）消费者对笔记本式计算机的使用情况与消费心理（必需品、偏爱、经济、便利、时尚等）；

2）消费者对笔记本式计算机各品牌的了解程度（包括功能特性、价格、质量保证等）；

3）消费者对品牌的意识、对福华品牌及竞争品牌的喜好程度及品牌忠诚度；

4）消费者消费能力、消费层次及消费结构；

5）消费者理想的笔记本式计算机描述（包括笔记本式计算机的颜色、外观、价格、功能、内存大小等方面的偏好与需求）。

（3）竞争者调查内容

1）主要竞争者的产品与品牌的优、劣势；

2）主要竞争者的营销方式与营销策略；

3）主要竞争者的市场概况；

4）本产品主要竞争者的经销网络状况。

试根据福华公司大学生笔记本式计算机消费现状调查的内容，设计一份合适的网上调查问卷。

2．实训组织

1）组建实训小组。将教学班学生按每小组 6～8 人的标准划分成若干课题小组，每个小组指定或推选出一名小组长。

2）确定实训课题。每个小组根据调查问卷设计的背景资料，设计出一份符合调查内容要求的网上调查问卷，并完成调查问卷设计实训报告以及制作实训报告 PPT 课件。

3）实施实训操作。各小组长根据调查问卷设计实训的要求，调配资源，明确各组员的任务，并督促大家有效地完成任务。

4）撰写实训报告。每个小组完成一份调查问卷设计实训的实训报告，并制作成 PPT 课件，实训报告与 PPT 课件通过电子邮件或校园网提交给指导老师。

5）陈述实训心得。由各个小组推荐的发言人或小组长代表本小组，借助实训 PPT 课件陈述本小组的实训报告和实训心得。

6）评价实训效果。各个小组代表陈述后，指导老师点评该次调查问卷设计实训的情况，并由全班同学无记名投票，评选出该次实训的获奖小组，给予表扬与奖励。

3．实训考核

实训成绩依据学生上课出勤、课堂讨论发言、实训报告的写作和实训报告 PPT 课件制作水平等进行评定。首先由各小组长对组内各成员进行成绩评定，成绩档次分为优秀、良好、中等、及格、不及格 5 档；然后由指导老师对小组提交的实训报告及实训报告 PPT 课件进行评分；最后按照以下公式进行加权计算，计算出每个学生的最终成绩。

个人最终成绩=小组长评定成绩×20%+指导老师评定成绩×80%

其中小组长评定组内成员成绩表见表 2-6，指导老师评定实训报告及实训报告 PPT 课件成绩表见表 2-7。

表 2-6　小组长评定组内成员成绩表

小组成员姓名	小组成员成绩/分				
	优秀（≥90）	良好（80～90）	中等（70～80）	及格（60～70）	不及格（<60）

表 2-7　指导老师评定实训报告及实训报告 PPT 课件成绩表

评价内容	分值	评分
网上调查问卷的完整性	30	
网上调查问卷的合理性	30	
实训报告的完整性与科学性	20	
实训报告 PPT 课件设计的质量	10	
实训报告表达效果	10	
总体评分	100	

二、实操训练：网络调查初阶——网络需求调查操作

[实训要求]

1）学会登录问卷星网。

2）学会网上调查问卷的设计操作。

3）学会撰写网络需求调查操作实训报告。

[实训规程]

1. 注册并登录问卷星

1）登录问卷星（https://www.wjx.cn/），单击“免费注册”按钮（见图 2-3）。

图 2-3 单击“免费注册”按钮

2）输入手机号、密码，并选中“我同意问卷星《用户服务协议》和《隐私条款》”复选框，单击“创建用户”按钮，则用户注册完成（见图 2-4）。

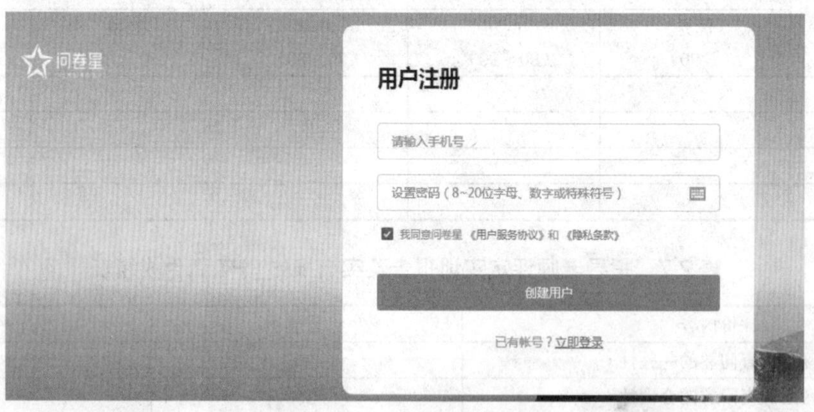

图 2-4 单击“创建用户”按钮

3）在问卷星网首页，单击“登录”按钮后，在登录界面，输入登录信息后，单击“登录”按钮，则完成问卷星网登录（见图 2-5）。

图 2-5　单击“登录”按钮

2. 创建问卷

1）在问卷星网登录页面，单击“创建问卷”按钮（见图 2-6）。

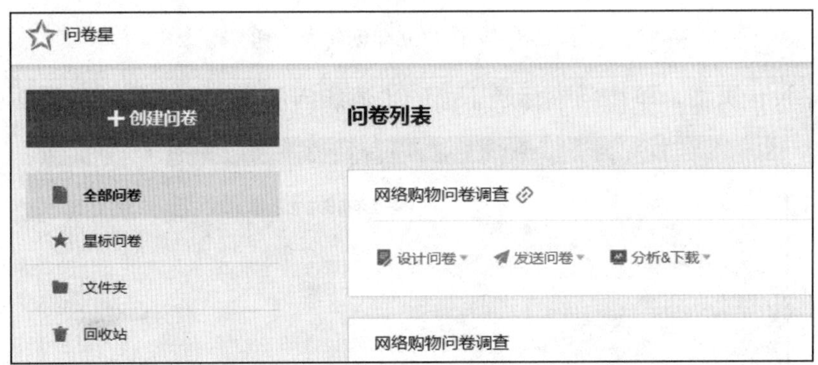

图 2-6　单击“创建问卷”按钮

2）在“创建问卷”页面，单击“调查”按钮，进入调查问卷创建（见图 2-7）。

图 2-7　单击“调查”按钮

3）问卷星提供多种问卷设计方式，包括从空白创建、复制模板问卷、文本导入、人工录入服务等。本例选择“从空白创建”，输入问卷的标题，如“中学生手机使用情况调查”，单击“立即创建”按钮，进入问卷设计页面（见图 2-8）。

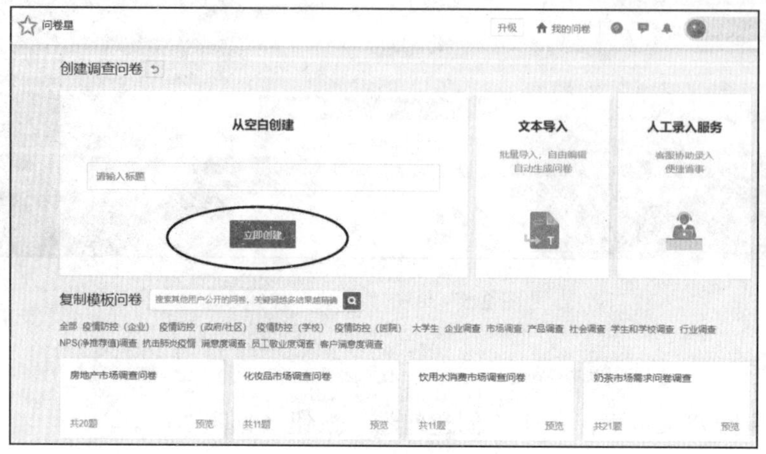

图 2-8　单击“立即创建”按钮

4）在问卷设计页面，单击问卷标题下面的“添加问卷说明”按钮（见图 2-9）。

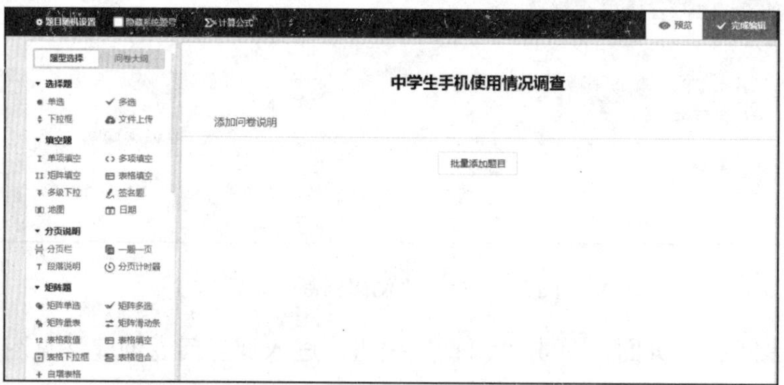

图 2-9　单击“添加问卷说明”按钮

5）编辑本问卷的说明，单击“确定”按钮（见图 2-10）。

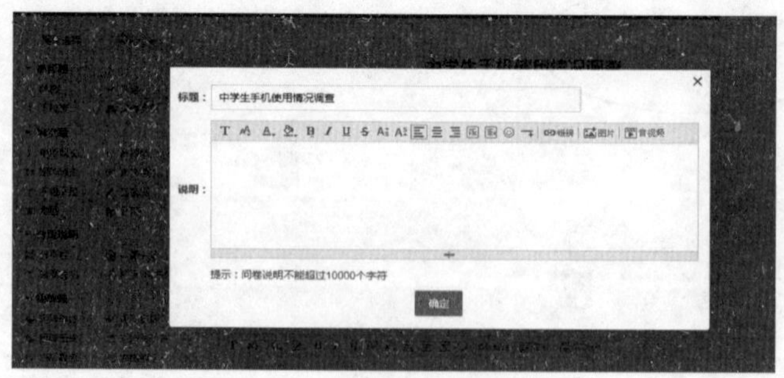

图 2-10　单击“确定”按钮

6）在问卷设计页面的左侧，提供了问卷题型选择，包括选择题、填空题、分页说明、矩阵题、评分题、高级题型、调研题型、个人信息等。如单击选择题型中的“单选”选项，可以进行单选题的编辑（见图 2-11）。

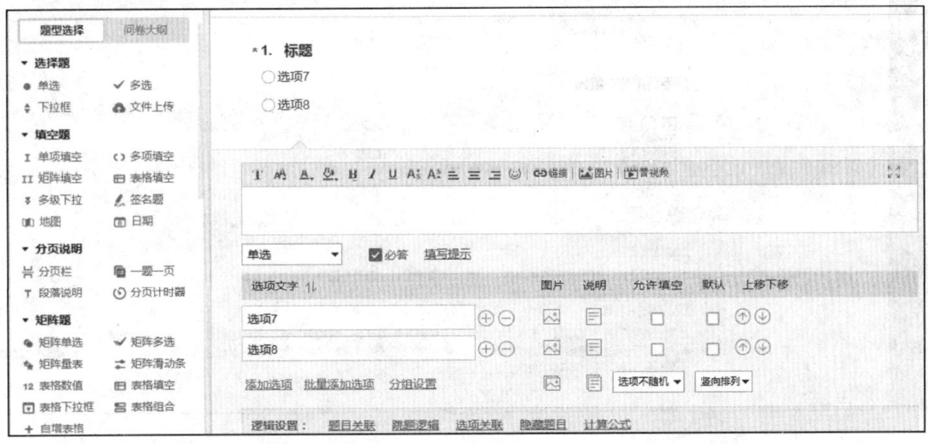

图 2-11　单选题的编辑

3. 发布问卷

1）问卷编辑完成后，单击右上角的“完成编辑”按钮，可进入发布问卷（见图 2-12）。

图 2-12　单击“完成编辑”按钮

2）在发布问卷页面，单击“发布此问卷”按钮（见图 2-13）。

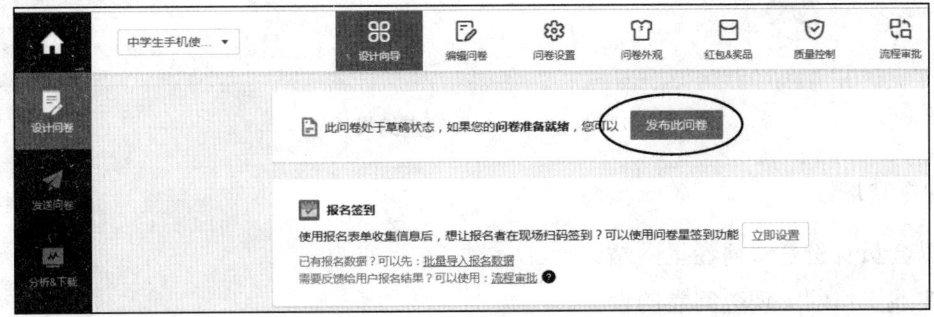

图 2-13　单击“发布此问卷”按钮

3）在“问卷链接与二维码”页面，可以根据实际需要，选择发布问卷的方式，如复制链接地址或二维码、微信发送等，让读者进行填写（见图 2-14）。

图 2-14　选择问卷发布方式

4. 查看调查结果

查看调查结果，应登录到“问卷星”网站主页，在“问卷列表”选项中找到需要查看调查结果的问卷，如“中学生手机使用情况调查”选项，在“分析&下载”下拉列表中，选择“统计&分析”，即可查看到相应调查的结果分析（见图 2-15）。

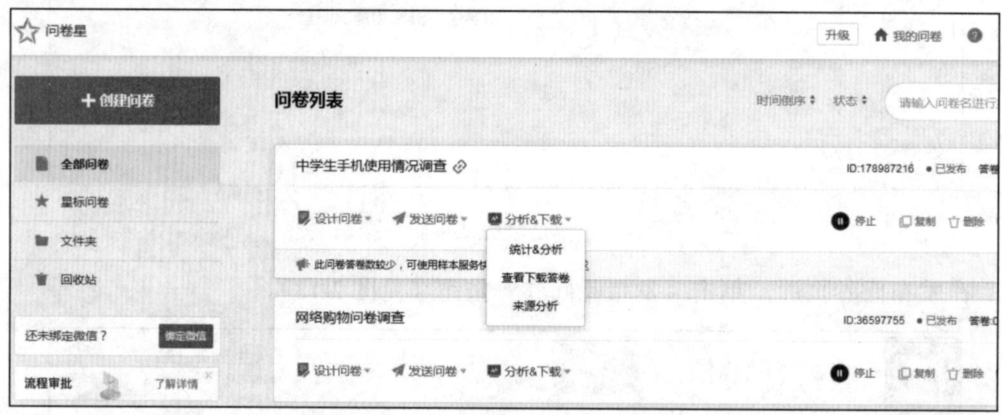

图 2-15　查看调查结果

[实训操作]

1）以会员身份登录问卷星网站。

2）实践操作网上调查问卷的设计。

3）记录网上调查问卷设计各步骤，形成实训报告。

习 题

一、填空题

1．根据网络调查信息收集的方法，网络调查可划分为________、________、________、________。

2．网络调查问卷设计好之后，可以根据不同的数据收集方法进行具体实施，具体实施方法有________、________、________。

3．搜索引擎依其搜索内容的方式，大致可以分成 3 类：________、________、________。

4．搜索引擎是最常用的互联网服务之一，也是最基本的网络营销手段。目前常见的搜索引擎营销方式包括________、________、________、________。

5．搜索引擎查询词的选择的一般技巧有________、________、________、________。

6．搜索引擎对关键词的选择是有审核标准的，一般遵循以下两条最基本的准则：________、________。

二、案例分析题

冠军运动用品公司是专业生产运动用品的中国制造商，品牌产品有运动鞋、运动服、运动水杯等，公司产品通过了 ISO 9001 产品质量认证，并通过了市技术监督局的检验。产品主要出口美国、加拿大、英国、德国、日本等 10 多个国家与地区。

冠军运动用品公司与国内外知名品牌运动公司建立了战略联盟，真正实现了现代企业的资源共享、分工合作、优势互补和高效运作。

冠军运动用品公司的产品核心关键词：冠军、运动用品、运动鞋、运动服、运动水杯。

冠军运动用品公司的产品相关关键词：冠军品牌、运动用品公司、运动鞋厂、运动服厂、运动水杯厂。

思考：

假设你是冠军运动用品公司的网络营销人员，公司高层要求开展网络营销业务——到百度进行搜索引擎推广注册，根据公司的有关材料拟定 2～3 条符合搜索引擎要求和公司产品推广的搜索引擎关键词（包括关键词、标题、网页描述等）。

职场拓展

武大靖让路

北京 2022 年冬奥会短道速滑男子 1000 米决赛中，有三名中国选手和一名外国选手争金。比赛还剩下 4 圈的时候，中国老将武大靖排名第一，他很有希望冲击个人在本届冬奥会的第 2 金，但很遗憾，裁判发现现场上有冰刀碎片，这是安全隐患，不得不暂停比赛。

比赛重新开始后，武大靖滑到后半程已经没有力气冲击金牌了，但他果断决定帮任子威卡住位置，并示意任子威冲上去，武大靖只说了一个字——走！任子威领会到意图后，快速冲了过去，最终，任子威第二个冲过终点，武大靖最后一个冲过终点。第一个冲过终点的匈牙利选手刘少林犯规了，任子威递补拿到金牌，为中国队再添宝贵一金。

这一场比赛，一波三折，险中求胜，这是运动员个人的胜利，也是整个团队的胜利。央视和《人民日报》都在第一时间盛赞“武大靖精神”，武大靖在体力不支时并没有选择放弃，而是去帮助队友，在关键时刻卡住对手，从而为任子威让路。他的一个“走”字叫人感动不已，让世人看到了中国短道速滑队的团队精神——你开疆拓土想让我不留遗憾，我跟在你身后为你保驾护航。

武大靖虽无缘奖牌，但他的一个“走”字意义重大，涵盖了太多的东西，这是一种团结互助的大精神，是一种无私的大情怀，是一种“功成不必在我，功成必定有我”的大境界。

（资料来源：中原剑客，2022．武大靖让路[J]．演讲与口才（8）：41．）

思考：该故事道出了怎样的人生哲理？

第3章 网络环境分析

➡ 目的要求

1. 知识目标

1）理解网络市场环境的概念。

2）分析网络营销的宏观与微观环境。

3）理解网络消费需求的特征。

4）网络购买行为分析的方法。

5）理解网络市场的特点。

6）网络营销战略规划和计划的方法。

2. 技能目标

1）掌握搜索引擎关键字的设置。

2）掌握网店推广文案的设计。

3. 素养目标

刻苦钻研，把小事做到极致。

➡ 重点难点

1）网络营销宏观环境。

2）网络消费需求的特征。

3）网络购买行为分析。

4）网络营销战略规划。

5）网店推广文案的设计。

情智故事

差了0.1厘米

著名书法家欧阳中石先生在首都师范大学担任书法博士生导师时，书法博士叶培贵是他的学生。有一次，欧阳先生把叶培贵叫到办公室对他说："这个字错了。"叶培贵仔细瞧了又瞧，说："老师，这个字并没有错呀。"欧阳先生神情严肃地说："错了就是错了，拿回去仔细对比临摹。"

叶培贵只好把"错字"拿回来，翻来覆去地对比临帖，依然没有发现哪里有错，便回去对欧阳先生说道："这个字看不出来哪里有错。老师，请问它到底错在哪里呢？"欧阳先生叹了一口气，从办公桌的一个抽屉里取出一把尺子，然后轻轻地把尺子放在"错字"的一个位置上测量，说："1.9 厘米。这里本该是 2 厘米才对，错了吧？拿回去重新临摹。"

叶培贵不服气地嘀咕着："不就是差了 0.1 厘米吗？肉眼根本看不出来。老师您教的是博士生，又不是幼儿园的小朋友。"欧阳先生听了这话，语重心长地对他说："你不要以为你是博士就什么都会，如果你这方面的本事还在幼儿园阶段，你就得从幼儿园阶段做起。凡是你的短板，你没有达到的能力，不管你是博士还是教授，你该从哪做起就得从哪做起，这才叫学，才能学到位。"

叶培贵听后无比惭愧。从此，他一直遵从欧阳先生的教诲，对于每个字的高低位置、长短关系等都进行深入细致的学习和研究，从不漏过任何一个细节，终于学有成效，成为当代著名的书法家。

（资料来源：阿莺，2022．差了 0.1 厘米[J]．演讲与口才（10）：39．有删改。）

［**情智点评**］一个字，应是一件非常普通的小事，却可以从中看出欧阳中石先生的严谨和严格。把一件微不足道的小事做到极致，就成了"专家"，这是网络营销人员应具备的品质。网络营销人员在营销工作中必须保持刻苦钻研的态度，深入市场调查，及时把握顾客的需求变化。

3.1 网络市场环境分析

网络市场环境是指影响企业网络营销活动开展的各种因素的总和。网络市场环境的分析是企业制定网络营销战略与策略的前提。根据市场环境对企业网络营销活动影响的直接程度，可将网络市场环境分为网络宏观环境和网络微观环境两大类。

3.1.1 网络宏观环境分析

网络宏观环境是指对企业网络营销活动影响较为间接的各种因素，包括网络人口环境、网络经济环境、网络文化环境、网络政治法律环境、网络科技环境等。

1. 网络人口环境

网络市场是指某种商品现有网络购买者与潜在网络购买者（可能的购买者、有潜在购买兴趣和需求的人或组织）需求的总和。它包括人口、购买力、购买欲望 3 个要素。由此可见，网络人口环境是企业开展网络营销活动直接和重要的因素之一。

（1）网民规模继续呈现持续增长的发展态势

CNNIC（中国互联网络信息中心）调查结果显示，截至 2023 年 6 月，我国网民规模达 10.79 亿人，较 2022 年 12 月增长 1109 万人，其中手机网民规模达到 10.76 亿人，网民中使用手机上网的比例达到 99.8%；互联网普及率达 76.4%，较 2022 年 12 月提升 0.8 个百分点。整体来说，我国网民规模呈现持续增长的发展态势（见图 3-1）。

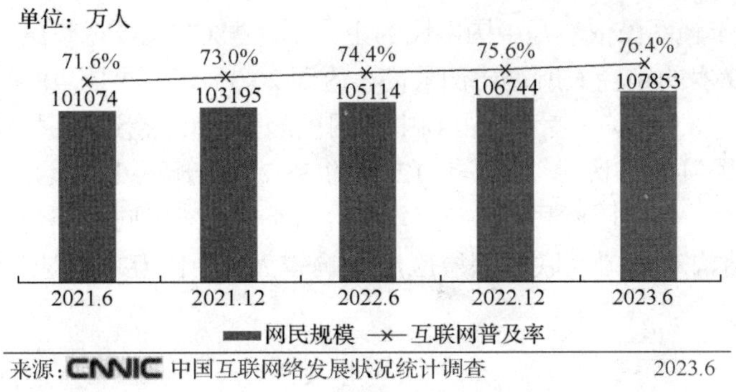

图 3-1　网民规模与互联网普及率

报告显示，网民的上网设备正在向手机端集中，手机成为拉动网民规模增长的主要因素（见图 3-2）。手机上网的快速普及，一方面推动了移动互联网领域持续不断的创新热潮，与互联网相关的大数据、云计算、人工智能等技术加速创新，更快、更好地融入网民生活发展全领域全过程，数字经济正在成为重组人们生产生活的要素资源；另一方面手机上网的发展为网络接入、终端获取受到限制的人群和地区提供了使用互联网的可能性，包括偏远农村地区居民、农村进城务工人员等。

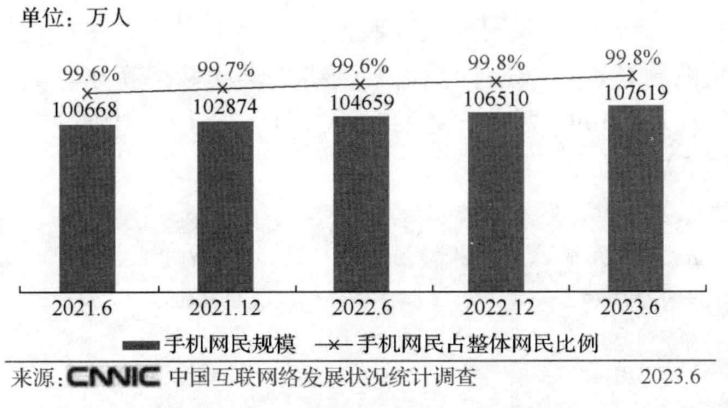

图 3-2　手机网民规模及其占网民比例

（2）网民结构的变化与发展

1）网民性别结构趋向均衡。CNNIC 调查结果显示，截至 2023 年 6 月，男性网民占 51.4%，女性网民占 48.6%，我国网民男女性别比例为 51.4∶48.6，这表明我国网民性别结构趋向均衡（见图 3-3）。

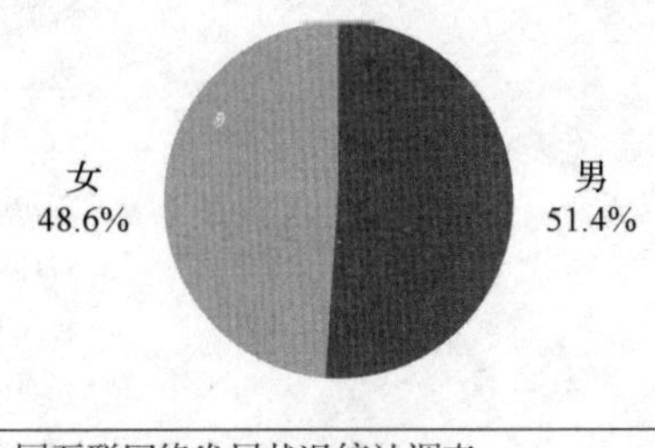

来源：CNNIC 中国互联网络发展状况统计调查　　2023.6

图 3-3　网民性别结构对比

2）网民年龄：年轻网民依然是中国网民的主力军。据CNNIC调查结果显示，截至2023年6月，网民中30～39岁的年轻人所占比例最高，达到20.3%，其次是40～49岁的网民（17.7%）和50～59岁的网民(16.9%)，三者合计占到中国网民的54.9%，超过网民总数的1/2(见图3-4)。其中，40～59岁网民群体占比由2022年12月的33.2%提升至34.6%，由此可见，年轻网民是网民中的活跃分子，是中国网民的主力军，互联网也进一步向中年群体渗透。与此相对应的是，网民的年龄结构对中国互联网深层应用影响较大，中国互联网应用呈现出以网络购物、娱乐为主的特点。

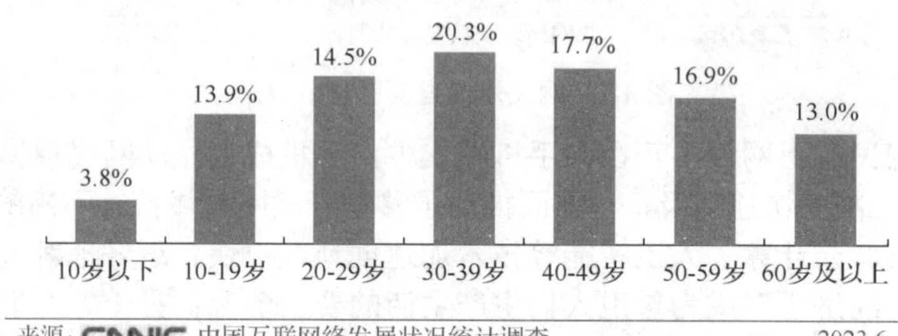

图3-4　网民年龄结构对比

报告显示，2023年上半年，我国个人互联网应用持续发展，多类应用用户规模获得较快增长，增长最快的是网约车、在线旅行预订、网络文学和网络音乐，其用户规模较2022年12月分别增长3491万人、3091万人、3592万人、4163万人，增长率分别为8.0%、7.3%、7.3%、6.1%（见图3-5）。

应用	2022.12 用户规模/万人	2022.12 网民使用率/%	2023.6 用户规模/万人	2023.6 网民使用率/%	增长率/%
即时通信	103807	97.2	104693	97.1	0.9
网络视频（含短视频）	103057	96.5	104437	96.8	1.3
短视频	101185	94.8	102639	95.2	1.4
网络支付	91144	85.4	94319	87.5	3.5
网络购物	84529	79.2	88410	82.0	4.6
搜索引擎	80166	75.1	84129	78.0	4.9
网络新闻	78325	73.4	78129	72.4	-0.3
网络直播	75065	70.3	76539	71.0	2.0
网络音乐	68420	64.1	72583	67.3	6.1
网络游戏	52168	48.9	54974	51.0	5.4
网络文学	49233	46.1	52825	49.0	7.3
网上外卖	52116	48.8	53488	49.6	2.6
线上办公	53962	50.6	50748	47.1	-6.0
网约车	43708	40.9	47199	43.8	8.0
在线旅行预订	42272	39.6	45363	42.1	7.3
互联网医疗	36254	34.0	36416	33.8	0.4
网络音频	31836	29.8	32081	29.7	0.8

图3-5　各类互联网应用用户规模和网民使用率

2. 网络经济环境

构成网络市场的第二个要素是购买力，而影响购买力的最直接的因素是网络经济环境。网络经济环境是指影响企业网络营销活动的外部经济因素，包括经济环境水平、经济发展阶段、国民经济增长速度、社会购买力水平等。

作为数字经济新业态的典型代表，网络零售继续保持较快增长，成为推动消费扩容的重要力量。CNNIC 调查结果显示，2023 年上半年，全国网上零售额达 7.16 万亿元，同比增长 13.1%。其中，实物商品网上零售额为 6.06 万亿元，增长 10.8%，占社会消费品零售总额比例为 26.6%。网络零售作为打通生产和消费、线上和线下、城市和乡村、国内和国际的关键环节，在构建新发展格局中不断发挥积极作用。CNNIC 调查结果显示，截至 2023 年 6 月，我国网络购物用户规模达 8.84 亿人，较 2022 年 12 月增长 3880 万人，占网民整体的 82.0%（见图 3-6）。

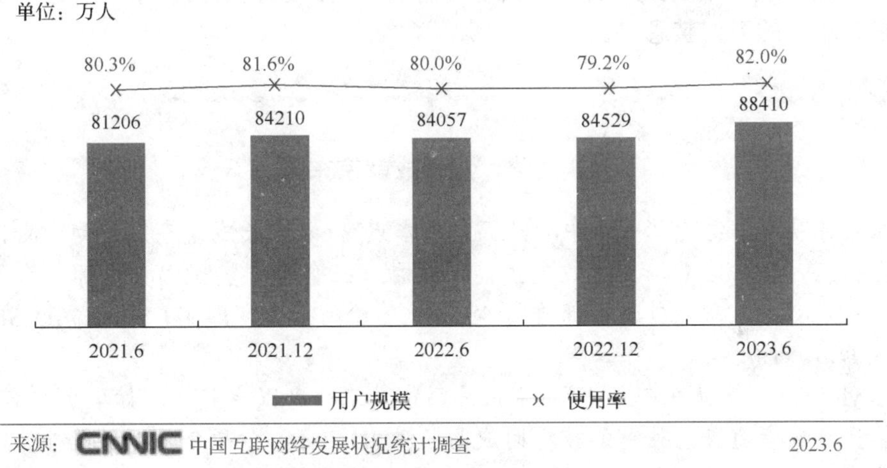

图 3-6　2021.6～2023.6 网络购物用户规模及使用率

3. 网络文化环境

网络文化环境是指影响网络营销活动的各种社会人文及文化因素。广义的社会文化是人类在社会历史发展过程中所创造的物质财富和精神财富的总和，通常仅指精神财富，包括知识、道德、礼仪、信仰、艺术、语言、风俗习惯等。

网络文化是一种不分国界、不分地区，建立在互联网基础上的亚文化。亚文化是指社会成员中某一群体共有的、与其他群体相区别的、对客观事物的主观认识而形成的群体文化。网络文化包括：①网络语言，指网络社会人群交往中形成的网络社会约定俗成的、自我确认的、互相认同的语言和文字；②网络礼仪，指网络社会行为准则与规范，即网络社会约定俗成的行为规范和准则（见表 3-1）。

表 3-1　网络礼仪规范

礼仪规范	规范内涵
自由与自律	无论是企业还是个人的网上行为都要在享受自由的同时注意自律
平等与尊重	所有网络参与者都在一个相对自由、平等的环境中生活，同时网络社会应该倡导人们之间的相互尊重与友好相处
礼貌与诚信	在网络社会中，应该注意遵循必要的礼仪与规范，使用礼貌语言与符号，并且做到讲求诚信，真诚待人
守德与守法	网络社会中应该遵守社会公德与法律法规

在文化自信和品牌升级的推动下，国产品牌网购消费热潮高涨，国产品牌广泛受到网购用户青睐。统计数据显示，支持国货、网购国产品牌的用户占网购整体用户的 65.4%。在该群体中，购买的国产品牌商品主要为运动服饰、美妆护肤、家用电器、手机数码等，购买比例分别为 57.5%、38.7%、37.7%和 36.2%。

网络虽然能够跨越时空，但是在短期内很难跨越原有现实社会的文化鸿沟。不同国家、不同地区、不同种族、不同民族的人们，各自有着不同的宗教信仰、不同的语言文字、不同的风俗习惯、不同的习俗禁忌等。

案例 3-1

4S 文化，成长成就京东人

京东人才观可总结为“一个中心，三个基本点”：以成长成就京东人为中心，通过重德重才选拔人、全心全意培养人、能上能下激励人三个标准实现中心目标。为了使京东人才观深入人心，京东在员工内部推行 4S 文化的价值理念，即 JD Style、JD Stage、JD Speed、JD Success。

JD Style——“寻觅京东范儿”。京东的每位员工都可以有范儿。如果是一名配送员，会因为单量高或者有自己独特的技巧而成为一种 JD Style；如果是一名管培生，只要能力突出，为公司做出贡献，也是一种 JD Style。无论是从京东的管理哲学，还是管理实践，都可以看出京东最看重的是人，只有充分发挥人的作用，才能达成目标。所以，京东在不断地寻找不同的范儿。

JD Stage——“京东大舞台”。所谓“大舞台”是指随着员工能力的提升，京东提供给员工的平台会越来越大。当 HR 发掘出各种范儿的员工后，会为他们提供更大的舞台，让他们有机会展现自己的能力。在京东，机会是给有能力的人，关键在于其能力的提升速度是否能跟上“新舞台”的节奏。

JD Speed——“京东式成长速度”。随着舞台的不断变换，员工的“功力”必然需要增强，所以京东会为员工匹配相应的培训项目，强化员工工作中的薄弱环节。尽管针对不同层级的员工，有不同的培训方式，但是都会让他们像京东的发展速度一样快速地成长。

JD Success——“在京东获得成功”。Success 是员工在京东收获的最后一个 S，即他可能做着平凡的工作，但在京东却能收获成功的事业，或者不一样的人生。

（资料来源：鲁克德，2019．京东人力资源管理纲要[M]．北京：华文出版社．）

知识拓展 3-1

推进文化自信自强，铸就社会主义文化新辉煌

全面建设社会主义现代化国家，必须坚持中国特色社会主义文化发展道路，增强文化自信，围绕举旗帜、聚民心、育新人、兴文化、展形象建设社会主义文化强国，发展面向现代化、面向世界、面向未来的、民族的、科学的、大众的社会主义文化，激发全民族文化创新创造活力，增强实现中华民族伟大复兴的精神力量。

我们要坚持马克思主义在意识形态领域指导地位的根本制度，坚持为人民服务、为社会主义服务，坚持百花齐放、百家争鸣，坚持创造性转化、创新性发展，以社会主义核心价值观为引领，发展社会主义先进文化，弘扬革命文化，传承中华优秀传统文化，满足人民日益增长的精神文化需求，巩固全党全国各族人民团结奋斗的共同思想基础，不断提升国家文化软实力和中华文化影响力。

广泛践行社会主义核心价值观，弘扬以伟大建党精神为源头的中国共产党人精神谱系，用好红色资源，深入开展社会主义核心价值观宣传教育，深化爱国主义、集体主义、社会主义教育，着力培养担当民族复兴大任的时代新人。推动理想信念教育常态化、制度化，持续抓好党史、新中国史、改革开放史、社会主义发展史宣传教育，引导人民知史爱党、知史爱国，不断坚定中国特色社会主义共同理想。坚持依法治国和以德治国相结合，把社会主义核心价值观融入法治建设、融入社会发展、融入日常生活。

4. 网络政治法律环境

网络政治法律环境是指对企业网络营销活动有一定影响的各种政治和法律方面的因素，包括一个国家的政治制度、政治局势、政府在发展电子商务和网络营销方面的方针政策等。企业开展网络营销活动，必须弘扬社会主义法治精神，了解并遵守国家的有关法律法规与政策，依法开展网络营销活动。

网上支付的实现、安全与否势必会成为影响网上购物的重要因素。可见，网络企业要加强网上交易安全保障工作，加强网上交易的宣传工作，更要加强网上交易诚信度的建设；同时国家要加强网络方面的法制建设，让那些不讲诚信的经营者在网络上的违法犯罪行为都受到法律的制裁。随着国家不断地净化和加强网络安全管理和建设，目前我国网上支付手段的使用已经较为普遍。CNNIC 调查结果显示，截至 2023 年 6 月，我国网络支付用户规模达 9.43 亿人，较 2022 年 12 月增长 3176 万人，占网民整体的 87.5%，在各项互联网应用中，其用户规模和使用率的排名均在前四（见图 3-7）。

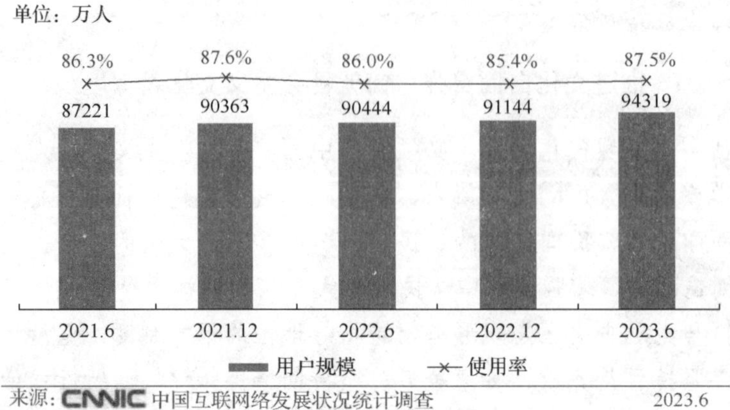

图 3-7　2021.6～2023.6 网络支付用户规模及使用率

知识拓展 3-2

坚持全面依法治国，推进法治中国建设

全面依法治国是国家治理的一场深刻革命，关系党执政兴国，关系人民幸福安康，关系党和国家长治久安。必须更好发挥法治固根本、稳预期、利长远的保障作用，在法治轨道上全面建设社会主义现代化国家。

我们要坚持走中国特色社会主义法治道路，建设中国特色社会主义法治体系、建设社会主义法治国家，围绕保障和促进社会公平正义，坚持依法治国、依法执政、依法行政共同推进，坚持法治国家、法治政府、法治社会一体建设，全面推进科学立法、严格执法、公正司法、全民守法，全面推进国家各方面工作法治化。要加快建设法治社会，弘扬社会主义法治精神，传承中华优秀传统法律文化，引导全体人民做社会主义法治的忠实崇尚者、自觉遵守者、坚定捍卫者。

5. 网络科技土环境

网络科技环境是指对网络营销活动产生影响的科学技术方面的因素。在影响企业网络营销活动的诸多因素中，科学技术因素是影响最直接、力度最大、变化最快的因素。

当前，互联网正从人与人连接的时代进入万物互联的时代，不断开创发展新局面。互联网创新发展与新工业革命正处于历史交汇期，互联网从消费领域向生产领域、从虚拟经济向实体经济快速延伸，制造业加速向数字化、网络化、智能化深度拓展，平台化设计、个性化定制、服务化延伸等新业态新模式不断涌现。工业互联网正在成为推动互联网、大数据、人工智能等新一代信息技术和实体经济融合发展的突破口。

2021 年 4 月 30 日，中共中央政治局召开会议，强调要引领产业优化升级，强化国家战略科技力量，积极发展工业互联网，加快产业数字化进程。我国工业互联网呈现出快速发展

的态势，各项工作稳步推进。工业和信息化部实施“5G+工业互联网”工程，推动 5G 与工业互联网融合叠加、互促共进。

“5G+工业互联网”是指利用以 5G 为代表的新一代信息通信技术，构建与工业经济深度融合的新型基础设施、应用模式和工业生态。通过 5G 技术对人、机、物、系统等的全面连接，构建起覆盖全产业链、全价值链的全新制造和服务体系，为工业乃至产业数字化、网络化、智能化发展提供了新实现途径，助力企业实现降本、提质、增效、绿色、安全发展。

知识拓展 3-3

科技是第一生产力

教育、科技、人才是全面建设社会主义现代化国家的基础性、战略性支撑。必须坚持科技是第一生产力、人才是第一资源、创新是第一动力，深入实施科教兴国战略、人才强国战略、创新驱动发展战略，开辟发展新领域新赛道，不断塑造发展新动能新优势。

我们要坚持教育优先发展、科技自立自强、人才引领驱动，加快建设教育强国、科技强国、人才强国，坚持为党育人、为国育才，全面提高人才自主培养质量，着力造就拔尖创新人才，聚天下英才而用之。

3.1.2　网络微观环境分析

网络微观环境是指与企业网络营销活动联系较为密切，并且作用比较直接的各种因素，包括顾客、供应商、营销中介、企业内部等。

1. 顾客

顾客是企业直接或最终的营销对象，是企业产品的消费者，是企业利润的源泉。企业网络营销活动的有效开展关键在于通过深入细致的消费者教育和企业形象的塑造，建立起顾客对网络营销企业和网络营销的信任感，增强网上购物的信心，提高对企业产品或服务的忠诚度。在企业网络营销中，应做好发现顾客、吸引顾客、满足顾客需求、与顾客建立稳定关系、留住顾客等服务措施。

2. 供应商

供应商是指向企业提供所需产品或服务等资源的企业和个人。供应商提供的资源在品种、规格、数量、质量上是否符合企业生产的要求，以及资源的价格、供应时间、供应商的信誉等都将直接影响企业的营销工作。因此，企业应加强与供应商的合作，建立长期稳定的合作关系，保证企业所需资源的及时供应。

3. 营销中介

营销中介是指协助企业推广、销售和分配产品给最终顾客的企业和个人。营销中介包括网络中间商、物流配送机构、营销服务机构、金融机构等。

4. 企业内部

企业内部是指对企业网络营销活动产生影响的各种企业内部的条件和因素。企业内部因素包括企业发展战略对网络营销的重视程度、网络营销所需资源的保障能力、企业组织结构的快速反应能力、企业各部门的协调配合能力，以及企业的人才资源和企业管理信息化、网络化水平等。

3.1.3 网络消费需求特征分析

网络营销管理的本质是消费需求管理。消费需求是指有能力购买并且愿意购买某个具体产品的欲望。消费需求是购买动机的基础，是购买行为的起点，是企业网络营销活动的出发点。

1. 个性消费的回归

消费者的需求没有完全一样的，但在工业化时代，批量化和标准化的生产方式使消费者的个性被淹没。网络经济时代，企业可以将每个消费者看成一个细分市场，个性化的消费必将成为消费的主流。

2. 消费的主动性增强

在网络营销情况下，消费者不再是产品广告信息的被动接受者，而是产品信息的积极寻求者。消费者可以在任何时间、任何网站上寻找自己所需的产品，其消费的主动性大大增强。

3. 对购物方便性的需求和对购物乐趣的追求并存

网上购物不仅能够完成实际的购物，增强了购物的方便性，更能得到许多信息，得到各种传统购物方式无法得到的乐趣。

4. 网络消费的层次性

在网络消费的初级阶段，消费者侧重于高层次需求的产品或服务（即精神产品的消费），如图书、娱乐、计算机软件等。到了网络消费的成熟阶段，消费者已完全掌握了网络消费的规律和操作，并对网络购物有了一定的信任感，这时消费者才会从精神产品的消费转为日用消费品的消费。

5. 网络消费的理性化

网上消费者可以选择的生产厂家和产品范围已不再局限于某个城市、某个专业市场或某个专卖店，他们可以对商品的价格进行广泛的横向比较，最后做出比较理智的决策。

6. 网络消费的超前性和可诱导性

网上消费者以年轻人居多，他们对新生事物反应灵敏，接受速度快，比较喜欢那些超前

的（先进的、时尚的）产品，但由于他们的消费观念还没有完全形成，也就比较容易被新的消费动向和商品介绍所吸引，被企业的营销行为所诱导。

7. 消费需求的差异性

网上消费者遍布全球，其国别、民族、信仰、生活习俗、风俗习惯等都存在很大的差异。因此，企业在整个产品生产经营过程中，从产品的构思、设计、制造到产品的包装、销售、配送等环节都应考虑到这些差异。

3.1.4 网络购买行为分析

人们的各种行为都有一定的动机，动机是引起行为的原动力，即内在驱动力。购买动机是指在商品购买消费活动中，使消费者产生购买行为的具体的内在驱动力。消费者有了购买动机，才会产生购买行为。

1. 网络购买因素分析

影响消费者网络购买行为的因素很多，除了市场营销学强调的文化因素、社会因素、个人因素和心理因素，还包括商品低价格、购物便捷性、购物安全性等（见表3-2）。

表3-2　网络购买因素分析

影响因素	影响因素构成内容
文化因素	民族传统、宗教信仰、风俗习惯、教育层次、价值观念等
社会因素	相关群体、社会阶层、家庭等
个人因素	个人的年龄、职业、收入、个性、生活方式等
心理因素	需求、动机、感觉、态度、学习等
商品低价格	商品价格是影响网上消费者购买的重要因素。网上购物具有极强的生命力，其重要原因是网上销售的商品价格普遍低廉
购物便捷性	便捷性是消费者选择网上购物的另一重要因素。一般来说，网上购物需要做到时间上的便捷（即网上购物不受时间限制）和获得商品的便捷（即快速的物流配送）
购物安全性	安全性是网上购物必须考虑的一个重要因素。在网上购物过程中，消费者一般是先付款后收货，这样势必会增大消费者购物的风险；另外，网上购物过程中信息传输的安全性以及个人账户信息是否会被泄漏等，都会影响网上购物

2. 网络购买过程分析

（1）确认需要

消费者的需求是购买行为的起点。网络营销者必须巧妙地设计好网络促销手段，吸引更多的消费者浏览网页，以诱导和激发其购买的需求。

（2）收集信息

为了使自己的购买行为更经济合理，消费者往往需要进行一系列积极寻找和搜集信息的活动。CNNIC调查结果显示，网络、电视和报刊是网民获取信息的主要途径，网民选择的比例分别为网络82.6%、电视64.5%、报刊57.9%。因此，网络是消费者获取信息的最主要途径，其次是大众化的电视，再次是纸质的报刊媒体，最后是广播。

（3）比较分析

消费者获得购买决策所需的各种信息后，还需要进行综合比较分析，一般来说，主要比较分析产品的功能、性能、样式、价格、售后服务等因素。

（4）购买决策

在经过比较分析之后，消费者就要从中选择出最终的购买对象，以便采取行动，实现购买意图。网上消费者要做出购买决策，一般需具备 3 个基本条件：①对企业有信任感；②对支付有信任感；③对产品有好感。

（5）购后评价

消费者在购买和使用商品后，常常会对自己的购买决策进行反省和评价，以决定今后的购买动向，并会影响消费者周围的一大批潜在消费者。营销学界有一个著名的等式为100−1=0，意思是即使 100 个顾客中有 99 个对企业的产品或服务表示满意，但只要有 1 个顾客持有否定态度，企业的美誉度就立即为零。

3.2　网络营销战略和计划

3.2.1　网络市场的特点

网络市场是指互联网上对某种商品的现实购买者与潜在购买者（有潜在兴趣、潜在需求、有可能购买这种商品的任何个人或组织）需求的总和。

网络市场的特点主要体现在以下 4 个方面（见表 3-3）。

表 3-3　网络市场的特点

特点	实践运用
全天候	网络市场可以使企业全天候地开展各种营销活动，发布产品信息，签订合同，进行商品交易和提供服务；用户也可以随时在网络上寻找自己所需要的信息和服务，购买自己所需的产品或服务
无店铺	网络市场上的虚拟商店，只是通过互联网作为它使用的媒体，而没有真实的店面、装饰、摆放的商品和服务人员等
零库存	网络市场的虚拟商店，可以在接到顾客订单后，再向制造厂家订货，而无须库存，它只需要在网页上开辟一个虚拟的购物平台并打出商品菜单即可
精简化	消费者可以在网络上自行查询所需的产品信息，根据自己的需求下订单，并可以参与产品的设计制造，这样可使企业的营销环节大为简化

3.2.2　网络营销战略规划

网络营销战略规划是企业以市场需求为导向，在对企业内外市场环境进行分析的基础上，对企业网络营销的任务、目标以及实现目标的方案、重点和措施做出总体的、长远的谋划，是企业对未来较长时期内网络营销活动运行和发展的总体规划。

1. 分析网络市场环境，明确网上市场地位

企业在进行网络营销战略规划之前，必须全面地分析企业所处的环境，通常采用 SWOT

分析方法进行分析。SWOT 分析法是一种常用的企业优劣势比较分析的方法，它是通过对企业内部环境中的相对优势（strength）与相对劣势（weakness），以及企业外部环境中的营销机会（opportunity）与环境威胁（threat）的分析，扬企业之长，避企业之短，寻找最佳营销决策方案的方法。

2. 规划网络营销任务，设定网络营销目标

企业网络营销的任务一般包括增加顾客、展示企业历史、促进公共关系或塑造企业形象等。企业可以根据本企业的特点，选择与企业生产经营环境发展变化、企业资源情况、核心竞争力等相符合的网络营销任务，据此再制定企业网络营销的具体目标。

3. 选择文化营销战略，提升网络营销理念

企业应选择一种能反映目标消费者需求的文化，利用该种文化积聚人气，且成为凝聚消费者的精神力量和精神支柱，在此基础上提炼出企业网络营销的理念，形成能与目标顾客达成共识、产生共鸣的文化标语，如 TCL 的“数字家园、快乐无限”等。

4. 规划网络营销主题，形成营销诉求风格

企业应根据网络营销战略任务和目标，在网络文化营销战略的规划下，规划出一定时期内的网络营销活动项目，并形成自己独特的诉求风格。网络营销诉求风格一般包括 3 种类型（见表 3-4）。

表 3-4 网络营销诉求风格

诉求风格	实践运用
理性诉求风格	企业坚持以理服人的指导思想。向顾客传递和沟通的是一种由不容置疑的证据支持的主张，所用的语言多为专业技术语言、事实语言和数据语言，一般以事实为基础，以介绍性文字为主
感性诉求风格	企业坚持以情动人的指导思想。向顾客传递与沟通的是一种良好的体验与感受，体现的是一种人性化的沟通与温情的关怀
综合诉求风格	一种既有情又有理，情理兼备的诉求风格

5. 预算网络营销能力，制订网络营销计划

企业在明确自己的网络市场地位、营销任务目标、营销具体项目后，就必须确定企业的人、财、物等方面的预算安排，同时制订出具体的、可操作的网络营销计划方案。

案例 3-2

秦陵博物院：互联网+中华文明

2017 年 6 月 16 日，秦始皇帝陵博物院（以下简称“秦陵博物院”）“互联网+智慧”服务平台正式上线并运行。该项目是秦陵博物院与腾讯公司首期合作项目，是“互联网+中华文明”——秦文化传播与创意工程一期的开篇之作。

在活动现场，同步上线全国首批博物馆小程序——兵马俑小助手，实现观众掌上收听博物馆自助语音服务；同时发布的“寻找兵马俑”互动游戏，融合腾讯优图技术，用AI（artificial intelligence，人工智能）实现秦俑与游客的面部比对，从而让游客寻找与自己最像的秦俑。

秦陵博物院下一步的计划为：通过软件技术提高工作效率；利用微博、微信、QQ等渠道与观众互动；利用平台资源拓宽传播渠道，让更多的人知道秦陵博物院。

（资料来源：何晓兵，何杨平，王雅丽，2020．网络营销：基础、策略与工具[M]．2版．北京：人民邮电出版社．）

3.2.3 网络营销计划制订

网络营销计划一般包括计划概要、营销现状、机会与问题分析、营销目标、营销策略、网络维护、经费预算、管理控制等内容（见表3-5）。

表3-5 网络营销计划

计划项目	计划内容
计划概要	对网络营销计划的主要内容进行简明扼要的综述
营销现状	简述当前网络营销所处的环境、企业营销资源、网上工作状况、现有的客户情况、潜在客户的情况等
机会与问题分析	分析企业网络营销可能存在的问题与机会，重点是对竞争对手进行分析评价
营销目标	企业网络营销任务的具体化，是网络营销各部门、各环节一定时期内应达到的具体目标。一般可以根据企业竞争对手的情况并结合企业的需要进行制定
营销策略	企业为了保证营销目标的实现而制定的各种具体的营销措施和采用的营销方法，包括网站推广策略、网络产品与服务策略、网络产品价格策略、网络分销渠道策略和网络促销策略等
网络维护	对企业网站收到的E-mail的回复、更新企业站点的内容、网上论坛或新闻组的监控等
经费预算	对网络营销活动各项目进行盈利或亏损的预测，形成以货币为主要计量单位，以表格形式表现的展示企业各种网络营销资源配置情况的费用收支计划。企业应制订一个可行的网络营销预算计划，保证各个项目对人、财、物资源的需求和协调配置
管理控制	企业通过对收集到的信息进行认真分析，控制和调整网络营销计划的执行过程，以保证整体网络营销目标的实现

实训训练

一、策划训练：网店推广文案设计

[实训目的]

1）培养学生设计网店推广文案的能力。
2）培养学生组织分工与团队合作能力。
3）培养学生整理分析资料与写作的能力。
4）培养学生计算机软件应用的能力。
5）培养学生积极讨论与口头表达的能力。

[实训要求]

1）能依据背景设计出一份有效的网店推广文案。

2）能清晰地表达出该网店推广文案的内容。

3）能撰写网店推广文案设计的实训报告。

4）能依据实训报告制作实训的PPT课件。

[实训例讲]

触手可及手机店推广文案

一、网店介绍

店铺名称：触手可及手机店

经营范围：各种品牌的时尚手机（店主精心挑选的高性价比手机）

经营方式：网上经营、虚拟店铺

货品来源：深圳市华强北电子市场手机实体店

二、网店定位

本店主推时下最具性价比和时尚的各种品牌手机，在保证商品质量的前提下，尽量让商品以市场最低价面向消费者，追求薄利多销。本店将顾客锁定为追求时尚、个性，崇尚完美的时尚潮人，致力于打造淘宝里品牌时尚达人的手机乐园。

三、网店经营宗旨及目标

依靠淘宝平台展示店铺，以C2C的经营模式，希望打造出时尚达人的手机乐园。以诚信的经营吸引客户，保证商品质量。以热情周到的服务提高顾客的回头率，努力成为淘宝平台上的佼佼者。

四、网店推广策略

本店初建不久，处于店铺的起步阶段，人气较少、信用较低，各种销售方式还不够成熟，难以吸引消费者的购买眼球，因此本店需不断地改进经营方式，提高店铺名气，塑造店铺良好口碑。

1. 参与淘客推广

淘客推广是专为淘宝卖家打造的，按成交计费的推广模式。淘客将卖家待推广商品的链接，在聊天室、论坛、博客或者个人网站等地方帮淘宝卖家推广，商品买家通过推广的链接进入，完成交易后，淘客就可拿到该卖家发布推广商品时承诺的一定比例的佣金。

2. 购买淘宝旺铺

旺铺是宣传推广的大本营，费用相对较低，每月几十元。有了旺铺，就可以凸显特色地装修店铺，让宣传效果发挥得淋漓尽致。

3. 淘宝直通车

淘宝直通车是为淘宝卖家定制的推广增值服务。只需为想推广的宝贝设定相应的竞价词，当竞价词被买家搜索到时，想推广的宝贝就会展现在淘宝搜索结果页面的右侧，当买家点击该宝贝链接时，系统将从淘宝卖家的预付款中按照竞价规则扣费。不点击不扣费，展示免费，让淘宝卖家方便地在淘宝上推广自己的宝贝。

4. 加入消费者保障服务

消费者保障服务是指经卖家申请，由淘宝在确认接受其申请后，针对其通过淘宝网电商平台与买家达成交易并经支付宝服务出售的商品，根据本协议及淘宝网其他公示规则的规定，卖家按其选择参加的消费者保障服务项目，向买家提供相应的售后服务。加入消费者保障服务的店铺的每一件商品后面都有醒目的标识，这个标识具有很好的广告宣传效果。

参加消费者保障服务之后，购买旺铺每月只需 30 元，而没有加入的店铺，每月则需 50 元。还有很多的淘宝活动仅限于参加消费者保障服务的用户，因此加入消费者保障服务不但可以起到宣传推广作用，还可获得更多的服务。

5. QQ 与微信推广

申请一个新的 QQ 号和微信号，将 QQ 和微信的签名、个人资料、空间等都设置成与自己网店相关的信息。每天至少加 5 个 QQ 群和微信群及 10 个以上的好友。每天加的好友和 QQ 群、微信群以聊天、网友的身份向他们推介自己的网店，以增加店铺的人气和销售量。

6. 个人空间推广

在自己的 QQ、微信等个人空间里推广自己的淘宝店铺，让网友在浏览自己的个人空间时，能看到店铺的推广，提高店铺的名气。

7. 各种博客和网站上推广

通过自建博客以及与其他博客外连来做店铺推广。可以根据自己的习惯有选择地在新浪、网易等网站建立博客，定期更新博客和维护博客，在博客内发布关于自己淘宝店铺的产品信息、活动预告信息等。也可与其他博主的博客建立网店的友情链接，进一步推广自己的店铺。另外，在国内的主流生活门户、信息类网站发布推广店铺的信息。由于这些都属于免费发布，而且可以每天发布，所以需坚持每天发布，并对信息进行评论，长久下来，店铺的知名度会大幅提高。

8. 顾客推广

顾客是店铺最好的宣传者。要服务好每一位顾客，用热情周到的服务争取回头客。有顾客访问时，要有礼貌，回话积极、谈话清晰。在交易结束后，主动与顾客联系，询问其是否收到商品、是否满意，用贴心的服务感动顾客，发展潜在的忠实买家。与顾客建立良好的关系，获取顾客的建议与意见，以改进服务，促进销量的增长。

[实训练习]

1. 实训背景

福华科技有限公司主营笔记本式计算机，企业有 20 多年计算机生产经验，产品质量上乘，现企业在京东网上开设福华计算机网店，请为该网店设计一份有特色的推广文案。

2. 实训组织

1）组建实训小组。将教学班学生按每小组 6～8 人的标准划分成若干课题小组，每个小组指定或推选出一名小组长。

2）确定实训课题。每个小组根据网店推广文案设计的背景资料，设计出一份有特色的网店推广文案，并完成网店推广文案设计实训报告以及制作实训报告 PPT 课件。

3）实施实训操作。各小组长根据网店推广文案设计实训的要求，调配资源，明确各组员的任务，并督促大家有效地完成任务。

4）撰写实训报告。每个小组完成一份网店推广文案设计实训的实训报告，并制作成 PPT 课件，实训报告与 PPT 课件通过电子邮件或校园网提交给指导老师。

5）陈述实训心得。由各个小组推荐的发言人或小组长代表本小组，借助实训 PPT 课件陈述本小组的实训报告和实训心得。

6）评价实训效果。各个小组代表陈述后，指导老师点评该次网店推广文案设计实训的情况，并由全班同学无记名投票，评选出该次实训的获奖小组，给予表扬与奖励。

3．实训考核

实训成绩依据学生上课出勤、课堂讨论发言、实训报告的写作和实训报告 PPT 课件制作水平等进行评定。首先由各小组长对组内各成员进行成绩评定，成绩档次分为优秀、良好、中等、及格、不及格 5 档；然后由指导老师对小组提交的实训报告及实训报告 PPT 课件进行评分；最后按照以下公式进行加权计算，计算出每个学生的最终成绩。

个人最终成绩=小组长评定成绩×20%+指导老师评定成绩×80%

其中小组长评定组内成员成绩表见表 3-6，指导老师评定实训报告及实训报告 PPT 课件成绩表见表 3-7。

表 3-6　小组长评定组内成员成绩表

小组成员姓名	小组成员成绩/分				
	优秀（≥90）	良好（80～90）	中等（70～80）	及格（60～70）	不及格（<60）

表 3-7　指导老师评定实训报告及实训报告 PPT 课件成绩表

评价内容	分值	评分
网店推广文案的完整性	30	
网店推广文案的特色性	30	
实训报告的完整性与科学性	20	
实训报告 PPT 课件设计的质量	10	
实训报告表达效果	10	
总体评分	100	

二、实操训练：网络消费环境体验——搜索引擎关键字设置

[实训要求]

1）学会搜索引擎查询的操作。

2）学会搜索引擎推广的操作。

3）学会撰写搜索引擎实训报告。

[实训规程]

1．百度搜索推广的操作

1）登录百度（http://www.baidu.com），在“更多”选项下，单击“营销推广”超链接（见图 3-8）。

图 3-8　单击“营销推广”超链接

2）在“百度营销”项目的“广告类型”选项下，单击“搜索广告”超链接（见图 3-9）。

图 3-9　单击“搜索广告”超链接

3）在搜索广告界面，单击“立即体验”按钮（见图 3-10）。

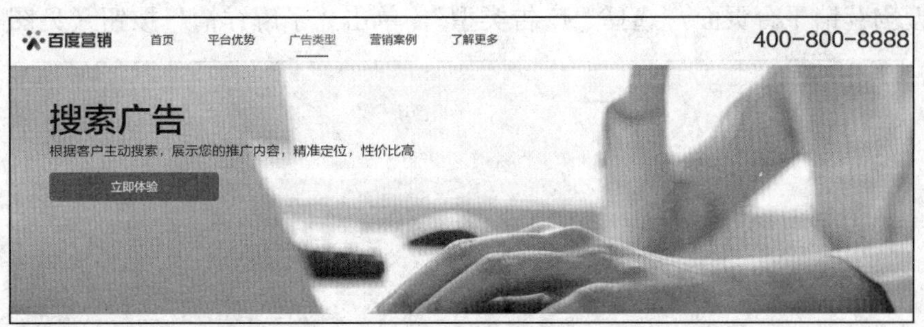

图 3-10　单击“立即体验”按钮

4）输入姓名、手机、公司名称、地区，单击“立即提交”按钮（见图 3-11）。

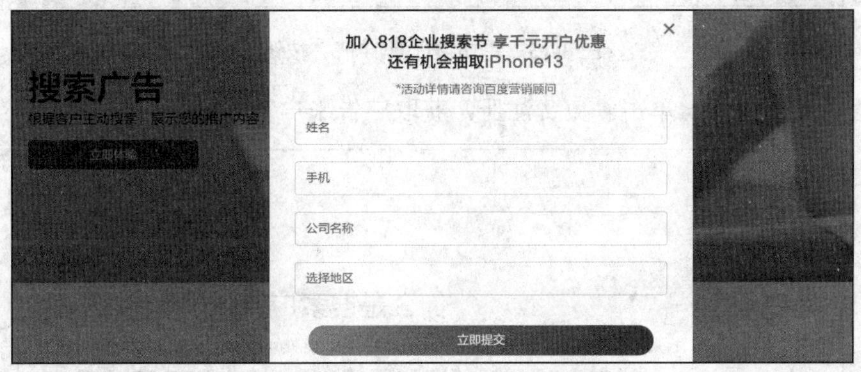

图 3-11　单击“立即提交”按钮

5）专业顾问提供网络营销咨询服务，签约付费，开通系统，启动推广。

2. 搜狗搜索推广的操作

1）登录搜狗（http://www.sogou.com），单击“企业推广”超链接（见图 3-12）。

图 3-12　单击“关于搜狗”超链接

2）在搜狗营销平台页面，选择“广告类型”，单击“了解详情”按钮（见图 3-13）。

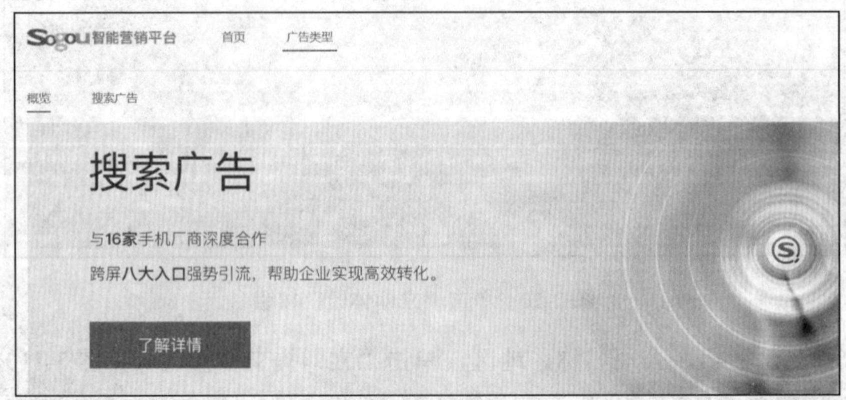

图 3-13　单击“了解详情”按钮

3）在搜索广告页面，单击“免费注册，获取广告账户”按钮（见图 3-14）。

图 3-14　单击“免费注册，获取广告账户”按钮

4）输入公司所在地、联系人姓名、公司名称、联系人手机，单击“免费开通”按钮（见图 3-15）。

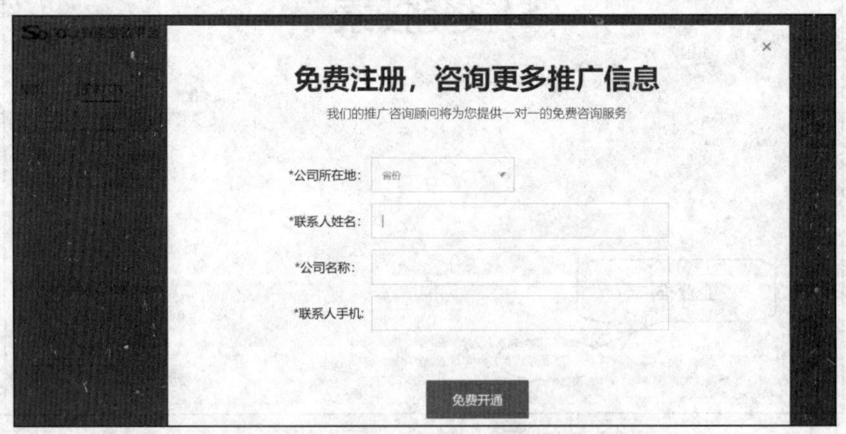

图 3-15　单击“免费开通”按钮

5）在线提交申请后，营销顾问将为用户提供咨询，签约付费，开通账号，启动推广。

[实训操作]

1）利用百度搜索有关网络营销的知识。

2）实践操作百度与搜狗搜索推广。

3）记录搜索引擎推广的各步骤，形成实训报告。

习　　题

1．根据市场环境对企业网络营销活动影响的直接程度，网络市场环境包括________和________两大类。

2．网络宏观环境包括________、________、________、________、网络科技环境。

3．网络礼仪是指网络社会行为准则与规范，即网络社会约定俗成的行为规范和准则，它表现为________、________、________、________。

4．网络消费需求的特征有个性消费的回归、________、________、________、________、网络消费的理性化、网络消费的超前性和可诱导性。

5．影响消费者网络购买行为的因素很多，除了市场营销学强调的文化因素、社会因素、个人因素和心理因素，还应包括________、________、________等。

6．网络市场的特点主要体现在4个方面：________、________、________、精简化。

7．网络营销战略规划是企业以________为导向，在对企业________的基础上，对企业网络营销的任务、目标以及实现目标的方案、重点和措施做出________、________谋划，是企业对未来较长时期内网络营销活动运行和发展的总体规划。

8．网络营销计划一般包括计划概要、________、________、________、________、网络维护、经费预算、管理控制等内容。

职场拓展

干好小事情，就是大事业

只要群众有事找上门，王其欣总是倾尽全力……说起山东省济南市莱芜区高庄法律服务所党支部书记、主任王其欣，当地群众直竖大拇指。

高庄街道辖2个社区和90个行政村，人口超10万人。虽然王其欣今年只有35岁，但从事法律服务和人民调解工作已有15年。

有一回，调解室内挤满了人。原来，高庄街道村民高某因工伤事故去世，一直未调解成功。家属最后找到了王其欣。

了解情况后，王其欣很快找到了矛盾焦点。他耐心地给家属讲法律、讲政策、讲情理，又对比法院判例和相邻村类似的案例，逐条逐项列明标准、计算赔偿数额，家属最终心平气顺，连连点头。经过20多天努力，双方达成和解。

“调解工作最重要的就在于让双方都满意。”王其欣说，其中信任是关键，作为调解员要善于倾听，设身处地为双方考虑，兼顾法理情，提出解决方案。“这是个良心活儿，看不见摸不着，靠的是嘴，用的是心。”他说，真心实意地帮群众办事，一定能获得群众信任。

“有时候事情并不大，但对群众来说，却是大事。所以，每调解一起纠纷，就能赢得一次群众的信任。”王其欣说。

近年来，王其欣成功调解各类矛盾纠纷3814件，经他调解成功的无一例反悔、无一例民转刑。

炎炎夏日，忙完一天的工作，王其欣驱车入村，开展普法工作。基层工作多年，他发现很多矛盾纠纷、信访案件是因为村民不太了解法律，基层普法势在必行。他第一次去村里上课时，早晨8点准时走进教室，却发现只来了两个人。王其欣有些不解：“普法是好事，为啥乡亲们不积极？”

“别误会。”村支书解释说，“村民这会儿都在忙着呢，没时间来听课，周末、阴雨天和农闲时候才有工夫。”

王其欣逐渐明白：要调动群众学法的积极性，不但时间、场合要“接地气”，内容和形式更要“量身定制”。他提出“678”普法调解服务工作方法，即利用周六、周日和8小时以外的时间给村民普法，专门讲群众关心的案例，既讲法律，又讲政策。

从普法小夜校、法律赶大集到田间地头法治课，群众喜闻乐见，普法效果也越来越好。他还联合庄户剧团编排了“法治小戏”，展演赡养、婚姻家庭等故事，公众号等新媒体也成了普法平台。

“摆张桌子，拉个条幅，发发材料，这不叫普法，需要根据群众需求制定普法菜单。”王其欣说，“通过普法工作，能让群众少走弯路，少受损失。”

近年来，王其欣开展义务普法讲座800余场，受益群众30余万人次。

“王主任！”有一次王其欣到村里办业务，刚走进东汶南村，就听见一声招呼。回头一看，只见一名他多年前帮助过的村民跑过来，非要塞给他一些面条，他连忙摆手，婉言谢绝。“群众对我们的认可，就是我们前行的动力。”王其欣说。近年来，王其欣还与莱芜区信访部门建立了新的工作方式，累计调处重大信访案件31件。“基层法律服务工作中，看起来解决的都是小事情，但我觉得这是一个大事业。”王其欣说。

（资料来源：王沛．山东济南莱芜区高庄法律服务所党支部书记王其欣：干好小事情，就是大事业（奋斗者正青春）[N]．人民日报，2022-07-22（06）.）

思考：该故事道出了怎样的人生哲理？

第 4 章

网络目标营销

目的要求

1. 知识目标

1）理解网络目标营销的概念。

2）掌握网上市场细分的方法。

3）理解网络目标营销策略运用的方法。

4）掌握网上市场定位策略运用的方法。

5）掌握定制营销的概念及其特点。

6）理解定制营销的决策内容。

7）理解数据库营销的概念。

8）列举数据库营销的方式及其运作过程。

2. 技能目标

1）会设计网络营销品牌标识图。

2）会网上开店操作。

3. 素养目标

培养积极思想，保持乐观心态。

重点难点

1）网上市场细分。

2）网上市场定位。

3）定制营销决策。

4）数据库营销。

5）网上开店操作。

情智故事

23 岁“抗癌女孩”孙莹：一个人的毕业典礼

这是一场特殊又温馨的毕业典礼，也是只属于一个人的毕业典礼。

特殊的地方，不仅在于毕业典礼的地点在医院病房里进行，而且被拨苏正冠的学生是一名癌症患者。她叫孙莹，23 岁，是美术学院油画专业的学生。

2021 年 6 月 23 日早上 5 点，孙莹就起床换上了学士服，她对这场毕业典礼期待已久。“孙莹同学，恭喜你完成大学课程，顺利毕业。”学校的领导为孙莹颁发学位证书，那一刻戴着口罩的孙莹眼睛笑得像月牙，6 年大学历程终于画上圆满的句号。

孙莹出生于 1997 年 7 月 1 日，那一天是香港回归的日子，于是父亲给她取名“莹”，谐音“迎”。她的家庭比较特殊：爸爸患有肺癌，妈妈患有子宫肌瘤。

2015 年 4 月 30 日，高考体检，原本健康的她被查出纵隔内有阴影。“没准儿是一个良性肿瘤。”全家人都这么想。但是高考结束后第二天，经过手术确诊，孙莹患的是霍奇金淋巴瘤，属于恶性肿瘤。

孙莹在上大学后一直瞒着老师和同学进行抗癌治疗，每个周末，她都一个人去医院放疗；病情稳定的时候，她还瞒着母亲偷偷出去代课，上了大学后孙莹从没有向家里要过生活费。

但病魔没有放弃折磨孙莹。2017 年 7 月，孙莹病情加重，被诊断为难治性霍奇金淋巴瘤，一侧肺的 3/4 都是肿瘤。她曾因为重症肺炎进了重症监护室，伴随心肺衰竭的症状，情况比肿瘤更加危急。

直到 2018 年 4 月，孙莹的身体撑不住了，她让妈妈去学校办理了休学，老师和同学才知道，这个经常周末去医院的女生原来一直在做化疗。

无数的关心涌入孙莹的手机里，学校和同学自发筹集了十几万元治疗费。孙莹很感动，她说，这些年自己不是没有想过放弃，但每当想起母亲，她就有了勇气。“好几次病危，离死神那么近都能抢救过来，我希望这个世界再多爱我一点儿，爸爸为了我已经放弃治疗，如果我再放弃，妈妈怎么办？”

2021 年已经是孙莹抗癌的第六个年头，6 年来，她一共经受了 50 多次化疗、20 多次放疗，5 次复发。支撑孙莹坚持抗癌 6 年最大的动力源于他的父亲。

当时孙莹的父亲已是肺癌晚期，一家三口都笼罩在癌症的阴影下。原本孙莹一家的经济全靠孙莹父亲开出租车维持，现在三人患病，高昂的医疗费几乎将这个家拖垮了。

那段时间，孙莹的妈妈刚刚做完子宫肌瘤手术，刀口还没长好，就奔波于医院照顾丈夫和女儿。孙莹的父亲看着心疼，生出了放弃治疗的念头：“别给我看了，已经看不好了，把钱都留给女儿，她是我们唯一的希望了。”

就这样，孙莹的父亲一边瞒着孙莹说自己病情控制住了，一边将孙莹推向了生的希望。半年后孙莹的父亲去世，悲痛的孙莹在抗癌日记里写道：“我的超级英雄辞别了这个世界，人间失色了好久好久，从此以后，我收起了自己的任性和懦弱，我变得独立又坚强。”

在这六年抗癌期间，孙莹一直保持乐观精神，手绘抗癌漫画《郑州抓药见闻》《精致女孩的日常》《化疗日记》，画中的孙莹有病情反复时的煎熬，有抗癌经历中的感动，更有面对疾病的勇气。“生命以痛吻我，我却报之以歌”的乐观精神，一度让这位普通的女孩多次登上热搜。

在当天的毕业典礼上，孙莹的毕业作品《童年的味道》还被学校收藏，她画的主题是麻花。这幅作品的创作初衷是为了纪念病故的爸爸，麻花是爸爸最喜欢吃的食物，这幅作品总能让她回想起一家三口在一起时的幸福生活。

（资料来源：新民周刊．23岁“抗癌女孩”孙莹毕业，孙父曾放弃自己治疗：把钱都留给女儿[EB/OL].（2021-06-25）[2022-05-10]．https://www.sohu.com/a/474080045_318740.）

[**情智点评**] 孙莹同学，高考结束第二天确诊患癌，六年抗癌期间，一直保持“生命以痛吻我，我却报之以歌”的乐观精神，手绘抗癌漫画，积极面对生活，顺利完成大学学业，可见积极乐观对一个人的成长的重要性。网络营销人员在工作和生活中，难免会遇到这样或那样的问题。穷途未必是绝路，绝处也可逢生。要培养并保持积极乐观心态，对人生充满信心，这样才能走出绝望和消沉，迎来真正的成功。

4.1　网络目标营销概述

4.1.1　网络目标营销的概念

网络目标营销是指在网络营销活动中，企业在对网上市场进行细分后，选择一个或几个细分市场作为自己的目标市场，专门研究其需求特点并针对需求特点设计出适当的产品，确定适当的价格，选用适当的分销渠道和促销手段，开展有针对性的网络营销活动。

网络目标营销的开展一般需要经历以下4个阶段。

1）在网络市场调研和预测的基础上，按一定的标准进行网上市场细分。

2）选择对本企业最有吸引力的细分市场作为自己的网络营销目标市场。

3）确定自己的产品在该市场上的竞争地位，在目标顾客心目中树立起独特的产品形象，即做好网上市场定位工作。

4）根据目标市场特点、市场定位要求，制定出合适的有效的网络营销组合策略。

4.1.2　网上市场细分

网上市场细分是指企业在调查研究的基础上，根据网上消费者在需求、购买动机及其购买行为方面的差异，把整个网上市场划分为若干个具有某种相似特征的消费者群体。市场细分后的每一类消费者群体，称为子市场或细分市场。

网上市场细分的方法主要有地理细分、人口细分、心理细分和行为细分。

1. 地理细分

地理细分是依据地理因素细分市场的方法，即以消费者所处的地理位置以及其他地理因素为依据，对网上整体市场进行细分的方法。

虽然网络突破了常规地理区域的限制，但处于不同地理区域的人们，在需求上还是有较大的差异，并不会因为网络的存在和发展而统一。因此，对于区域性特征明显的产品和服务，应采取地理细分方法进行网上市场的细分。

2. 人口细分

人口细分是依据人口因素细分市场的方法，即企业按照人口统计因素，如年龄、性别、语言、收入、职业、受教育程度、家庭规模等，对网上市场进行细分的方法。

在网络营销活动中，人口细分是网上市场细分最常用的方法。典型的有按使用语言的不同设计发布不同语言的网站信息，按性别因素设置男性、女性用品网站或类别。

3. 心理细分

心理细分是依据消费者的心理因素细分市场的方法，即按照消费者的生活方式、个性等心理因素对网上市场进行细分的方法。

消费者的生活方式是影响消费者需求和欲望的一个重要因素。进行网络营销活动时，企业可以通过市场调研，收集消费者的生活方式资料，包括以下几个方面：①活动方面，如消费者从事的工作、业余消遣、休假、购物、体育等活动的模式；②兴趣方面，如消费者对家庭、服装式样、食品、娱乐的兴趣；③意见方面，如消费者对社会、政治、经济、文化教育、环境保护等问题的态度。根据消费者的生活方式和个性特征，制定有针对性的网络营销策略。

4. 行为细分

行为细分是依据消费者购买行为因素细分市场的方法，即企业根据消费者购买或使用某种产品的时机、消费者所追求的利益、使用者的情况、消费者对某种产品的使用频率、消费者对品牌的忠诚度、消费者对产品的态度等行为因素进行网上市场的细分的方法。

4.1.3 网上目标市场

网上目标市场也称网上目标消费者群、网上顾客群，是指企业为了实现其预期的战略目标而选定的作为网络营销对象的目标顾客群，即企业试图通过满足其需求实现网络营销目标的消费者群。

1. 评价网上目标市场是否有效的标准

网上目标市场评价标准如表 4-1 所示。

表 4-1　网上目标市场评价标准

标准名称	标准内涵
可衡量性	企业可大致判定该市场的规模和购买力的大小
可进入性	细分后的市场，企业能有效地进入并为之服务
可到达性	企业具有足够的资源和能力针对该子市场实施营销计划
可获利性	该子市场有足够的规模，使企业获取预期的利润

案例 4-1

褚橙——一颗互联网的橙子

本来生活网的创立者均曾经是《南方周末》、《南方都市报》、《新京报》、网易等媒体的创业者。媒体人转型仍深谙媒体之道。本来生活网曾主导了“回家吃饭”等热门社会话题，“褚橙”则是本来生活网更上一层的阶梯。

本来生活网运作“褚橙”有三大关键点：①褚橙是褚时健种的冰糖橙。人生总有起落，精神终可传承。这句话在网上传播非常广泛。然后用一些数字来概括褚时健：85 年跌宕人生，75 岁再次创业，耕耘十载，结出 24000 万累累橙果。②个性化包装，把包装作为核心传播的素材，并且包装上带着 Logo（标识），图文被转发，Logo 一目了然。③十大青年励志微视频。几番营销过后，本来生活网已经在全国 100 个城市拥有注册用户几百万，均是收入较高、素质高的文化界、白领人士和家庭用户，年龄层在 28～35 岁，女性占 55%。

（资料来源：微梦雨，2017. 电商品牌成功 5 大案例[EB/OL].（2017-05-08）[2022-12-20]. https://www.xuexila.com/chuangye/yingxiao/cehua/3273063.html. 有删改。）

2. 网上目标市场营销策略

网上目标市场营销策略一般包括无差异目标市场营销策略、差异性目标市场营销策略、集中性目标市场营销策略和个性化目标市场营销策略（见表 4-2）。

表 4-2　网上目标市场营销策略

策略种类	策略内涵	适用条件	举例说明
无差异目标市场营销策略	企业将整个网上市场作为自己的目标市场，面对所有的细分市场只推出一种产品并只实施一套营销组合策略	注重消费者需求的相似性，而忽略消费者需求的差异性，一般不进行网上市场的细分。该种策略适用于那些市场需求差异在各方面都表现不大的产品或服务	腾讯公司 QQ（网上聊天）产品的营销策略就近似为无差异性营销策略
差异性目标市场营销策略	企业在网上市场细分的基础上，选择两个以上的细分市场作为网上目标市场，针对不同细分市场的消费者需求，分别设计和实施不同的营销策略	考虑了消费者需求的差异性，有利于满足不同消费者的需求，也有利于企业开拓网上市场。该种策略适用于那些市场需求差异比较大，需要小批量、多品种生产的产品或服务	当当网，销售各种类型的图书，满足各个目标市场的图书需求

续表

策略种类	策略内涵	适用条件	举例说明
集中性目标市场营销策略	企业集中力量进入某一细分市场，针对该细分市场设计一套营销组合策略，实行专业化生产经营的营销策略	为了在一个较小的或很小的细分市场取得较高的，甚至是支配地位的市场占有率，而不是追求在整个市场或较大市场上占有较小的市场份额。该种策略适用于那些资源力量有限的中小企业	八佰拜时尚礼品网，专注于向用户提供一流的时尚、精美、独特的礼品服务
个性化目标市场营销策略	企业将每一个网上消费者都看作一个单独的目标市场，根据每一个消费者的特定需求制定个性化的网络营销组合策略	包括个性化产品设计、个性化定价、个性化分销、个性化沟通等。每个消费者都有强烈的个性需求，个性化目标市场营销策略正是为了满足此种不同的需求	DELL 公司的个性化（定制）计算机产品的销售业务

4.1.4　网上市场定位

网上市场定位是指企业根据竞争产品在网上市场所处的位置，针对消费者或用户对该种产品某种特性或属性的重视程度，强有力地塑造出本企业产品与其他企业产品不同的、给人印象鲜明的个性或形象，并把这种形象生动地传递给顾客，从而使该产品在市场上有一个确定的、适当的位置。

产品进行有效定位后，可以使消费者产生深刻的、独特的印象和好感，对该产品和品牌形成习惯性的购买，从而使企业的市场不断巩固和发展。网上产品市场定位的步骤如下。

1. 确定企业产品在目标市场的竞争优势

调查研究影响网上市场定位的因素，确定企业产品在目标市场的竞争优势。

2. 选择产品的竞争优势，确定产品的市场定位策略

企业通过与竞争对手在产品、促销、成本、服务等方面的对比分析，了解自己的优势与劣势，从而明确自己产品的竞争优势，进而选择最有代表性的、消费者最需要的优势，进行恰当的市场定位。常用的市场定位策略如表 4-3 所示。

表 4-3　常用的市场定位策略

策略种类	实践运用	举例说明
针锋相对式定位策略	企业把产品或服务定位在与竞争对手相似或相同的位置上，同竞争对手争夺同一细分市场	360 搜索引擎与百度搜索引擎的市场定位
填空补缺式定位策略	企业把产品或服务定位在尚未被竞争对手占领且被许多消费者重视的位置	考试专用图书网站采取专门营销各种考试用书
另辟蹊径式定位策略	企业意识到很难与同行竞争对手相抗衡，也没有填补市场空白的机会或能力时，根据自己的条件，通过营销创新，在目标市场上树立起一种明显区别于竞争对手的新产品或新服务的策略	原 3721 网站的网络实名搜索（中文上网）采取的策略
改头换面式定位策略	企业最初选择的定位策略不科学、不合理，营销效果不明显，继续实施下去将很难获得市场地位时，经系统分析后，及时采取更换品牌、更换包装、改变广告诉求点等一系列措施重新定位的策略	原 8848 网站，1999～2002 年主要定位于网上超市经营。2003 年 8848 网站将业务重点转向建立中国第一个专业购物搜索引擎——8848 购物引擎，服务于中小商户的网上商店

3. 准确传播企业的市场定位信息

企业网上市场定位的最终目的是要在目标市场塑造一种富有个性的独特形象，因此，企业在进行定位决策后，必须大力开展网上、网下的广告宣传，把企业的定位信息准确地传播给网上目标市场。例如，搜索引擎的百度、网上购物的京东、中文电子邮件的 163、网上图书销售的当当网等就是准确地传播网上市场定位信息的典型案例。

4.2 定 制 营 销

4.2.1 定制营销的特点

定制营销是指企业在大规模生产的基础上，进行市场极限细分，将每一位顾客都视为一个单独的细分市场，根据每一个人的特定需求设计市场营销组合策略，以满足每一位顾客的特定需求。如 DELL 计算机自选配置（见图 4-1），DELL 公司根据市场的特点，专门定制出不同类型和性能的计算机。

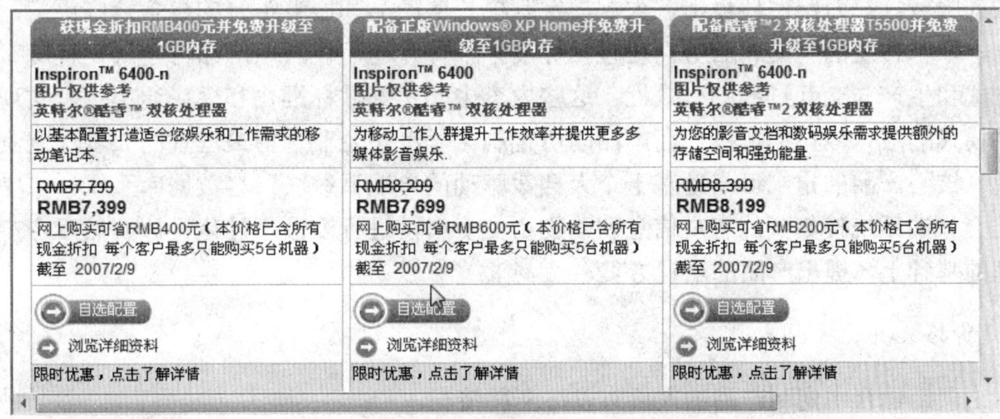

图 4-1　DELL 计算机自选配置

定制营销的特点如表 4-4 所示。

表 4-4　定制营销的特点

特点	实践运用
零库存生产	定制营销是将每一位顾客都视为一个单独的细分市场，根据每一个人的特定需求来组织生产，这表明它将不再按照以市场预测为基础制定的生产计划组织生产，而是完全按订单组织生产，最终实现零库存的管理目标
大规模生产	定制营销建立在大规模生产的基础上，是在充分了解消费者需求差异、消费潜力、购买习惯和态度等因素基础上，根据不同的标准将消费者分为若干大类，为每一个目标市场提供适销对路的产品和服务项目。同时，运用先进的营销策划和网络等技术，建设一条反应快速、灵活多变的流水线以实现大规模的流水线生产

续表

特点	实践运用
数据库营销	定制营销通常需要以顾客数据库作为营销工具。企业将自己与顾客发生的每一次联系都记录下来，包括顾客购买的数量、价格、采购的条件、特定的需求、业余爱好、家庭成员的名字、生日等信息。这样，企业就会知道自己的新产品开发出来之后会有哪些顾客购买，自己的老顾客目前会有哪些新的需求，从而制定出更具针对性的营销策略，更好地服务老顾客、维系老顾客，与顾客建立紧密的联系
细分极限化	在定制营销中，市场细分已经达到了极限，每一位顾客就是一个子市场，企业要根据每一个人的特定需要来确定自己的营销组合策略
顾客参与性	企业在定制营销时，为确保顾客的满意度，需要顾客的参与。在这种营销方式下，顾客直接向企业提出自己的要求，并且同技术人员一起合作，共同设计产品的蓝图。当顾客得到产品时，也可以直接向企业反映自己的满意程度和提出建议

4.2.2 定制营销决策

定制营销决策是指确定基于大规模定制模式下的网络营销组合策略。

1. *产品定制化*

大规模定制模式下网络营销产品策略的核心任务是设计互联网特定环境下的核心产品以及相关的服务。在万维网环境下，大规模定制模式的产品和服务组合的概念范围更广，内涵更丰富，除了传统的产品和服务，还包括标准零部件、通用模块、产品可定制化程度、产品配置方式和生产与交互过程的有效性。这些内容中，零部件标准化和模块通用化是实现大规模定制模式的成本效益的关键，而产品的可定制化程度是企业选择最适宜的大规模定制模式的前提。核心产品的定制可借助基于个人档案驱动的自动系统（顾客数据库系统）来完成，企业结合分销系统搜集到的客户信息和购物历史资料，进行产品个性化设计，然后在产品数据管理的基础上，提出产品的配置方案。

2. *价格差异化*

网络营销组合中定制产品的定价有以下两种情况。

1）当定制产品是由许多标准零部件或通用模块配置而成时，意味着最终的定制产品与原有的核心的标准产品存在着或多或少的相似性，企业可以参照原有的核心的标准产品定价。例如，若某个顾客定制的服装只是与原有的标准型服装的颜色或布料有所不同，就可以参照原有的标准型服装确定定制服装的价格。

2）如果配置出来的产品的个性化、特殊性特征明显，产品之间的差异性很大，产品间的可比性不强，可采用一对一的差异化定价，根据定制产品所包含的定制化零部件的种类、功能及数量采用在线方式计算最终价格。

不管哪种方式，企业在线计算价格时，都必须事先向顾客甚至竞争对手公开标准零部件和通用功能模块的价格，以方便顾客比较和选择。除了在线计算定制产品的价格，采用网络特定价格机制（如拍卖、需求集合、指定价格等），通过显著的定制价格差异，也可以使每个客户均感到满意。

3. 渠道个性化

网络营销组合的渠道策略主要是解决后勤执行系统的个性化设计问题。富有个性化的后勤和运输方式是最直接，也是最能被顾客感受到的利益。企业可以通过提供不同的货款支付方式、配送方式和流通加工方式（如重新组织产品的包装）实现渠道个性化，最大化地实现客户对产品或服务的期望。

4. 促销多样化

由于定制产品的复杂性以及客户在自主配置过程中所起的特殊作用，网络营销组合的促销与传统产品的促销有所不同，主要表现为需要增加大量的信息交流工作，要向客户解释生产和消费的规则，提供所必需的产品配置知识。对于一般的信息，如标准零部件或通用模块的功能、价格等，可选择大众传播意义下的推式在线促销手段，如宣传标语、插播广告等。而对于个性化的信息，涉及与客户一对一的通信，需要与客户进行单独对话交流，可采用实时交互通信、售后服务、咨询服务、抱怨管理以及其他特定的拉式营销策略。在设计个性化交互媒介和渠道时，可采用 BBS 或 E-mail 等方式，能够让顾客自主选择所偏好的交互频度和递送时间，以及决定是匿名还是署名等。

5. 过程自主化

网络营销组合中的过程包括所有与定制产品和服务相关的交互活动，它分为两个阶段：一个是后端过程，包括订单处理、库存和运输、广告宣传、网络通信等；另一个是前端过程，包括网站导航、特殊配置和网络定制等。

为了确保客户网络交互过程的顺利进行，必须可靠地实现 Web 设计。Web 设计是过程设计的主要内容，是大规模定制成功的关键要素。Web 界面是大规模定制价值链中与客户接触的第一个环节，基于 Web 的配置过程和接口是整个大规模定制服务过程的重要组成部分，它决定了客户是否有能力完成必要的配置任务，也直接影响客户对定制产品质量的全面感受，并最终影响客户的购买行为。

进行 Web 设计一方面要进行网站内容的个性化设计，为客户提供个性化的网络内容模块；另一方面要进行导航过程和交互的个性化设计，使客户能够方便地将网站的外观和交互过程调整为自己偏好和需要的形式，从而有效地实现在线交互过程，保证客户能够借助自动化系统实现定制产品的准确配置。

4.2.3 定制营销实施的关键点

大规模定制营销是信息时代和现代消费观念下产生的一种新型营销模式。要想充分利用网络技术的优势、最大限度地提升大规模定制生产的实施效益，企业除了要制定和实施科学合理的定制营销策略，还必须进一步搞好信息化建设，不断学习、借鉴、推广和应用先进的生产管理技术等。

1. 反应速度快

采用定制营销，在签订购销合同的时候，交货日期基本上就固定了，购销合同的签订日期就是设计生产周期的起点。这里面的时间概念很强，要求企业必须做到3个快速。

首先，设计工作要求快速准确。企业必须在最短的时间内完成设计方案，而且要具备根据客户需求快速修改的能力。其次，采购工作要求快速准确。这不仅要求企业积攒大量有效的供应商资源，而且要建立高效的供应链管理系统，提高企业与供应商的反应能力。最后，加工体系要求灵活快速。只有灵活快速的生产反应体系才可以在客户规定的时间内按客户的要求完成生产任务。

2. 大批量生产

现代定制营销是企业在大规模生产的基础上，根据个人的特定需求进行市场营销组合，以较低的成本满足每位顾客的特定需求，它是大规模和定制相结合的产物。现代大规模的定制营销应当符合降低成本、提高企业效益的基本要求，一味追求满足消费者个性需求，而不考虑企业自身利益的做法是行不通的。从表象上看，定制生产和大规模生产是很难共同存在的，但制造业、信息业的迅速发展使定制营销中的大批量生产成为可能，如戴尔公司每年生产数百万台个人计算机，每台都是根据客户的具体要求组装的。

3. 生产柔性化

柔性化生产是指企业采用灵活的生产组织形式，根据市场需求的变化，及时、快速地调整生产，依靠严密细致的管理，通过防止过量生产、消除浪费等措施，实现企业利润的最大化。个性化的柔性生产线使不同地区、不同国家、不同要求的消费者都可以得到符合自己个性化需要的产品，这是实现定制营销的重要前提条件。目前在信息网络技术的推动下，产品柔性生产正从制造领域向设计、物流、销售等领域延伸，实现从产品决策、产品设计、生产到销售的整个生产过程的自动化和智能化。

4. 企业信息化

企业信息化是实现柔性化生产、进行定制营销的必要条件。企业信息化的应用使计算机和网络技术融入了企业的生产制造过程之中，通过将一些可重新编程、可重新组合、可连续更换的生产系统结合成为一个新型的、信息密集的制造系统，实现同一产品的不同型号组件的不同转换。同时，随着网络技术的普遍应用，产品市场得以无限扩展，从而使企业能直接面对更大范围内的顾客，即对于产品的可选择性而言，顾客数量的极大扩展可使某类产品的可选择性大大提高，因而企业对某类产品的所有类型的个性化制造的成本可极大降低。

5. 现代化管理

要实现“一大（大规模生产）”、“二化（生产柔性化、企业信息化）”以及定制营销的高速度，就必须要有高水平的现代化管理作为强有力的支撑。在产品设计系统、模具制造系统

以及生产、配送、支付、服务等方面都必须环环相扣，不能有一丝偏差，如客户所需要的产品具有明显的个性化要求，设计人员就必须有针对性地进行设计，模具就要重新制作，生产线则需要重新调试，配送系统必须及时选送合适的原料，服务系统则要清楚各种机型的配置，等等。因此，定制营销的有效实现要求企业必须形成一整套现代化的管理体系，实现管理思想的现代化、管理方法的科学化、管理组织的合理化和管理手段的信息化。

4.3 数据库营销

数据库营销（database marketing service，DMS）是在信息技术、互联网与数据库技术发展后逐渐兴起和成熟的一种市场营销推广手段，在企业市场营销行为中具备广阔的发展前景。它不仅是一种营销方法、工具、技术和平台，更重要的是一种企业经营理念，它改变了企业的市场营销模式与服务模式，从本质上讲，它改变了企业营销的基本价值观。

4.3.1 数据库营销的概念

数据库是指有关个体消费者、潜在顾客或持观望态度的消费者的一些易于理解的数据的集合。数据库营销是指企业收集和积累消费者的大量信息，并将这些信息处理后预测消费者有多大可能去购买某种产品，以及利用这些信息给产品以精确定位，有针对性地设计营销信息，以达到说服消费者购买产品的目的。

开展数据库营销能使企业在最佳时间以最佳方式，把信息发送给需要这些信息的最合适消费者群体，增加每个单位营销费用的反应率，降低取得每个订单的成本，开拓市场并建立增加企业利润的可预测性的模型，再利用这个模型来对与顾客的询问、顾客的希望及顾客的疑问有关的详尽的最新信息的计算机数据库系统进行实时的管理，以使企业能够区分出高反应率的顾客，从而达到建立一种稳定的、长期顾客关系的目标。

4.3.2 数据库营销的作用

1）可以帮助企业准确找到目标消费者群体。通过实施数据库营销，企业能够收集和积累到消费者的大量信息，经过对这些信息加工处理后可预测出消费者有多大可能去购买某种产品，从而帮助企业准确了解用户信息，精确地确定企业的目标消费群体。

2）帮助企业在最合适的时机以最合适的产品满足顾客需求，降低营销成本，提高营销效率。运用数据库营销能够准确找出企业产品的目标消费者，企业就可以避免使用昂贵的广告宣传费用开展促销活动，从而可降低营销成本，同时使企业促销工作具有针对性，从而提高企业营销效率。

3）可以为营销和开发新产品提供准确的信息，帮助营销者结合最新信息和结果制定出新策略，使消费者成为企业产品的长期忠实用户。现在越来越多的企业投资建立数据库，以便能够记录顾客的最新反馈，利用企业最新成果分析并做出针对性强的稳定消费者群体的计划。

4）运用数据库与消费者建立紧密关系，企业可使消费者不再转向其竞争者，同时使企业间的竞争更加隐秘，避免公开对抗。运用数据库经常与消费者保持双向沟通和联系，可以维持和增强与消费者的感情纽带，从而增强抵抗外部竞争的能力。

4.3.3 数据库营销的方式

企业开展数据库营销的方式包括电子刊物发送、市场销售推广、公关活动邀请、数据库调研等（见表 4-5）。

表 4-5 数据库营销方式

营销方式	实践运用
电子刊物发送	企业利用现有的数据库营销系统，定期向客户发送电子刊物，使企业的最新动态、定位和理念、行业趋势、技术、产品、服务等成果信息及时有效地传递给目标客户
市场销售推广	企业将自身的新产品、新服务通过广告、活动、信息、通知等电子直邮形式传达给市场目标消费者
公关活动邀请	企业利用营销数据库，从中寻找符合条件的高级人士、特定人士、目标客户，并邀请其参与企业特定的市场公关活动、推广活动、促销活动等，用较低成本、较低难度完成人员邀请，并提升相关活动的档次与水平
数据库调研	企业利用数据库资料针对目标客户、潜在用户进行消费需求、竞争状况等调研。通常采用的方式有两种：一种是利用企业名录数据库、客户人员数据库，甄别目标研究对象，通过电子邮件、在线座谈等形式进行调研；另一种是通过专业网站发布的形式，进行全域研究，然后筛选特定群体进行相关研究

4.3.4 数据库营销的运作

一般来讲，数据库营销需经历数据采集、数据存储、数据处理、寻找理想消费者、使用数据、完善数据库 6 个基本过程（见表 4-6）。

表 4-6 数据库营销运作过程

运作过程	运作内容
数据采集	数据库中的数据一方面可以通过市场调查消费者消费记录以及促销活动的记录来获取；另一方面可以利用公共记录的数据，如将人口统计数据、医院婴儿出生记录、患者记录卡、银行担保卡、信用卡记录等有选择性地录入数据库
数据存储	将收集的数据，以消费者为基本单元，逐一输入数据库系统，建立起消费者数据库
数据处理	运用先进统计技术，利用计算机把不同的数据综合为有条理的数据，然后在各种强有力的软件支持下，产生出产品开发部门、营销部门、公共关系部门等所需要的有价值的数据
寻找理想消费者	根据使用频率最多的消费者的共同特点，用计算机勾画出某产品的消费者模型，以此作为营销目标消费者群体
使用数据	数据库数据可以用于决定购物优惠券该送给哪些顾客；开发什么样的新产品；根据消费者特性，如何制作广告比较有效；根据消费记录判定消费者消费档次和品牌忠诚度，等等。例如，特殊身材的消费者数据库不仅对服装厂有用，而且对于食品厂、家具厂等都很有用
完善数据库	随着从以产品开发为中心的消费者俱乐部、优惠券的反馈、抽奖销售活动记录及其他促销活动收集来的信息的不断增加和完善，数据不断得到更新，从而及时反映出消费者需求的变化和发展趋势，数据库能适应企业经营需要

实训训练

一、策划训练：网络营销品牌标识图设计

[实训目的]

1）培养学生设计品牌标识图的能力。

2）培养学生组织分工与团队合作能力。

3）培养学生整理分析资料与写作的能力。

4）培养学生计算机软件应用的能力。

5）培养学生积极讨论与口头表达的能力。

[实训要求]

1）能依据背景设计出一张有创意的品牌标识图。

2）能清晰地表达出品牌标识图的设计意图。

3）能撰写出品牌标识图设计的实训报告。

4）能依据实训报告制作出实训的 PPT 课件。

[实训例讲]

海尔品牌新标识

海尔品牌新标识由中英文（汉语拼音）组成（见图 4-2），中文“海尔”，英文“Haier”，作为标识，与国际接轨，与原来的标识相比，新的标识延续了海尔 20 年发展形成的品牌文化，同时，新的设计更加强调了时代感。

图 4-2　海尔品牌新标识

英文标识每笔的笔画比以前更简洁，共 9 画，“a” 减少了一个弯，表示海尔人认准目标不回头；“r” 减少了一个分支，表示海尔人向上、向前决心不动摇。英文标识设计的核心是速度。因为在信息化时代，组织的速度、个人的速度都要求更快。英文标识的风格是简约、活力、向上。英文标识整体结构简约，显示出海尔组织结构更加扁平化；每个人更加充满活力，对全球市场有更快的反应速度。

汉字标识是中国传统的书法字体，它的设计核心是动态与平衡；风格是变中有稳。两个书法字体的海尔，每一笔都蕴含着勃勃生机，视觉上有强烈的飞翔动感，充满了活力，寓意海尔人为了实现创世界名牌的目标，不拘一格，勇于创新。在“海尔”这两个字中都有一个笔画是在整个字体中起平衡作用，“海”字中的一横，“尔”字中的一竖，“横平竖直”，使整个字体在动感中又有平衡，寓意变中有稳，企业无论如何变化都是为了稳步发展。

[实训练习]

1．实训背景

福华科技有限公司主营笔记本式计算机，企业有着 20 多年计算机生产经验，产品质量上乘，为有效地开拓网络市场，同时有效树立企业及其产品的形象，公司决定为福华品牌征集一个有创意的标识。标识创作要求能体现企业产品的特点，能体现公司团结奋进、积极向上、顾客至上的经营宗旨。请为该公司设计一个有创意的品牌标识，并详细地写出设计的意图。

2．实训组织

1）组建实训小组。将教学班学生按每小组 6～8 人的标准划分成若干课题小组，每个小组指定或推选出一名小组长。

2）确定实训课题。每个小组根据品牌标识图设计的背景资料，设计出一个有创意的品牌标识，并完成品牌标识图设计实训报告以及制作实训报告 PPT 课件。

3）实施实训操作。各小组长根据品牌标识图设计实训的要求，调配资源，明确各组员的任务，并督促大家有效地完成任务。

4）撰写实训报告。每个小组完成一份品牌标识图设计实训的实训报告，并制作成 PPT 课件，实训报告与 PPT 课件通过电子邮件或校园网提交给指导老师。

5）陈述实训心得。由各个小组推荐的发言人或小组长代表本小组，借助实训 PPT 课件陈述本小组的实训报告和实训心得。

6）评价实训效果。各个小组代表陈述后，指导老师点评该次品牌标识图设计实训的情况，并由全班同学无记名投票，评选出该次实训的获奖小组，给予表扬与奖励。

3．实训考核

实训成绩依据学生上课出勤、课堂讨论发言、实训报告的写作和实训报告 PPT 课件制作水平等进行评定。首先由各小组长对组内各成员进行成绩评定，成绩档次分为优秀、良好、中等、及格、不及格 5 档；然后由指导老师对小组提交的实训报告及实训报告 PPT 课件进行评分；最后按照以下公式进行加权计算，计算出每个学生的最终成绩。

个人最终成绩=小组长评定成绩×20%+指导老师评定成绩×80%

其中小组长评定组内成员成绩表见表 4-7，指导老师评定实训报告及实训报告 PPT 课件成绩表见表 4-8。

表 4-7　小组长评定组内成员成绩表

小组成员姓名	小组成员成绩/分				
	优秀（≥90）	良好（80～90）	中等（70～80）	及格（60～70）	不及格（<60）

表4-8　指导老师评定实训报告及实训报告PPT课件成绩表

评价内容	分值	评分
品牌标识图的合理性	30	
品牌标识图的创意性	30	
实训报告的完整性与科学性	20	
实训报告PPT课件设计的质量	10	
实训报告表达效果	10	
总体评分	100	

二、实操训练：网络目标营销初阶——网上开店操作

[实训要求]

1）学会网上开店的操作。

2）学会卖家认证的操作。

3）撰写网上开店实训报告。

[实训规程]

1. 注册电子邮箱

注册淘宝网会员需要用到电子邮箱，淘宝网后台需要发一封邮件进行验证。因此建议开通淘宝网店铺专用电子邮箱。

1）登录网易 https://www.163.com/，单击“注册免费邮箱”按钮（见图4-3）。

图4-3　单击“注册免费邮箱”按钮

2）填写邮箱地址、密码、手机号码，并选中“同意《服务条款》、《隐私政策》和《儿童隐私政策》”复选框，单击“立即注册”按钮，则完成免费邮箱注册（见图4-4）。

图 4-4　单击“立即注册”按钮

2. 注册淘宝网会员

1）登录淘宝网，单击“免费注册”按钮（见图 4-5）。

图 4-5　单击“免费注册”按钮

2）选择注册方式，单击“点击进入”按钮（见图 4-6）。

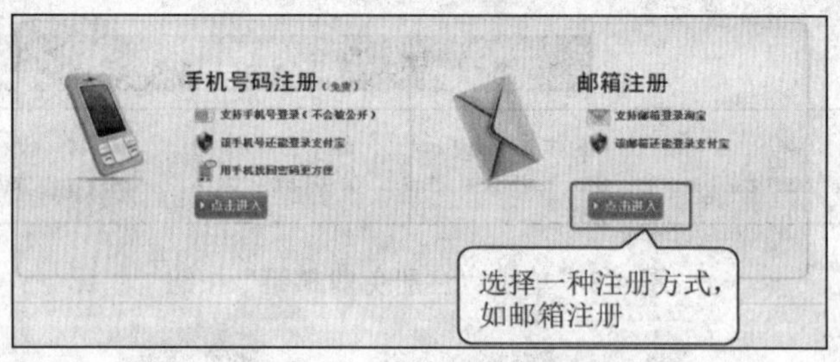

图 4-6　选择注册方式

3）输入注册信息，单击“同意以下服务条款，提交注册信息”按钮（见图 4-7）。

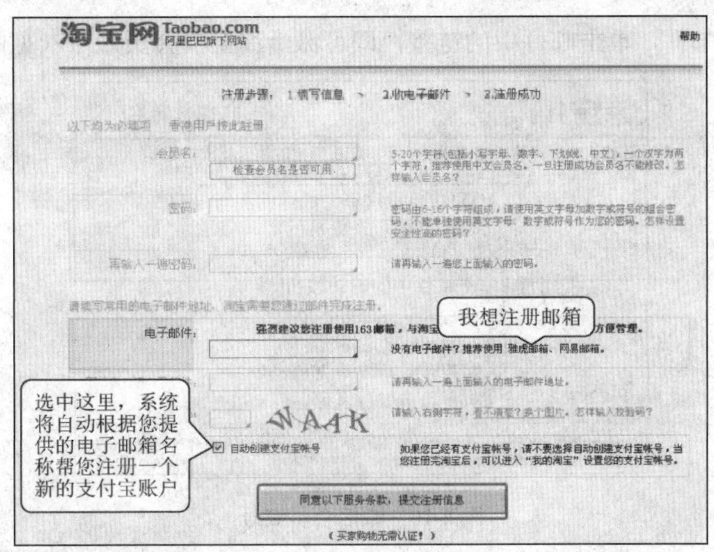

图 4-7　输入注册信息

4）激活电子邮件，单击邮件地址（见图 4-8）。

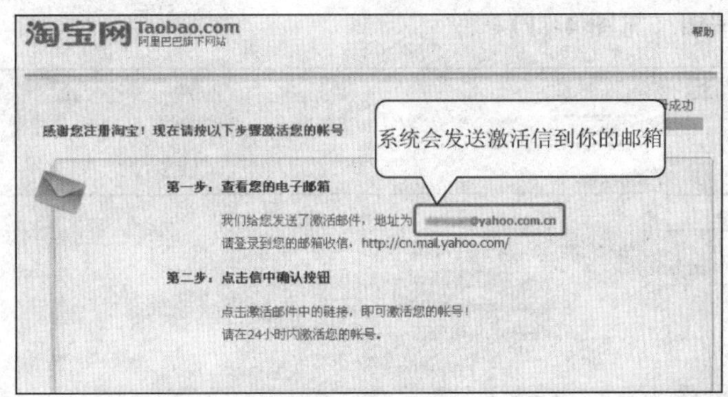

图 4-8　激活电子邮件

5）收到淘宝发送的激活邮件，邮件标题应为“亲爱的×××，完成最后一步，您的注册就成功了！”（见图 4-9）。

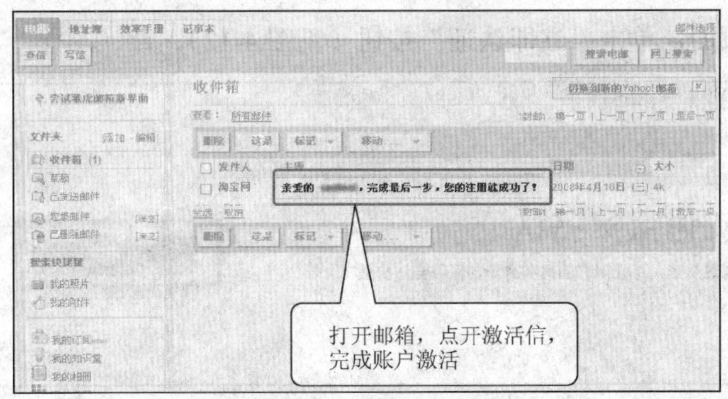

图 4-9　收到激活邮件

6）打开这封邮件，单击邮件中的链接，即可激活淘宝网会员账号（见图 4-10）。

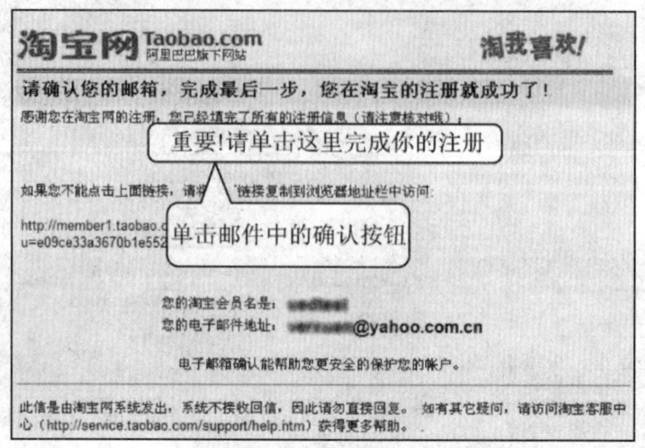

图 4-10　激活会员账号

3. 支付宝实名认证

1）打开 www.alipay.com，登录支付宝账户，在“账户设置”选项卡的“基本信息”选项，单击“立即认证”按钮（见图 4-11）。

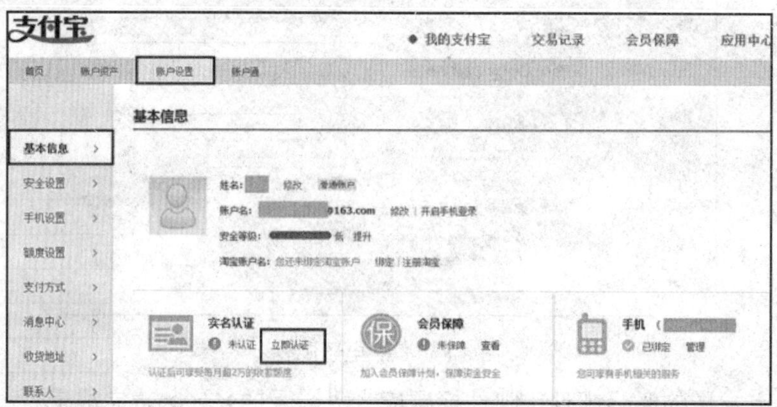

图 4-11　单击“立即认证”按钮

2）进入认证页面，单击“立即认证”按钮（见图 4-12）。

图 4-12　单击“立即认证”按钮

3）输入姓名、身份证号码等信息，进行身份信息验证（见图 4-13）。

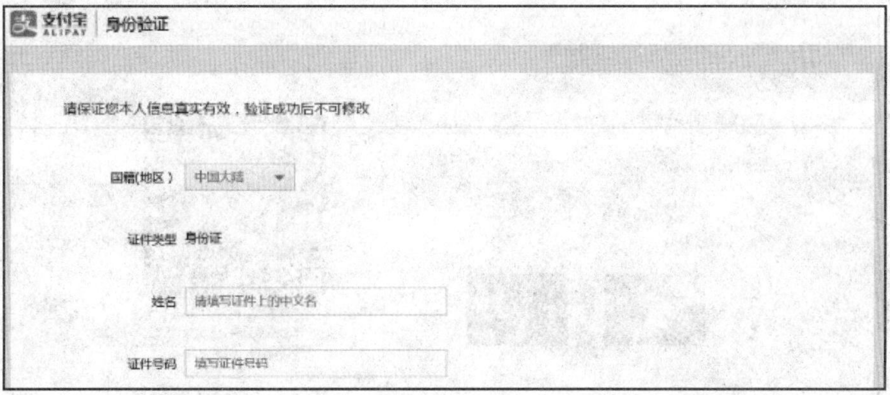

图 4-13　验证身份信息

4）身份信息确认成功后，系统提示是否需要继续使用快捷“银行卡验证”或“扫脸验证”方式进行验证（见图 4-14）。

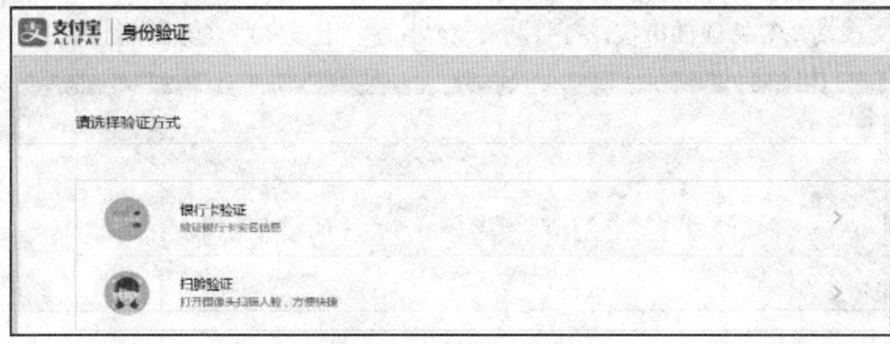

图 4-14　选择验证方式

5）填写本人银行卡信息，进行银行卡验证，验证后单击“下一步”按钮（见图 4-15）。

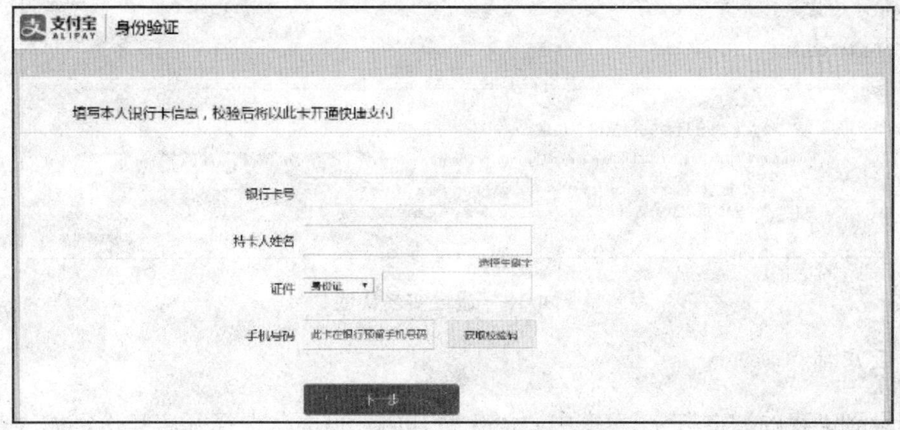

图 4-15　银行卡验证

6）上传身份证正反面照片后，单击“确定提交”按钮（见图 4-16）。

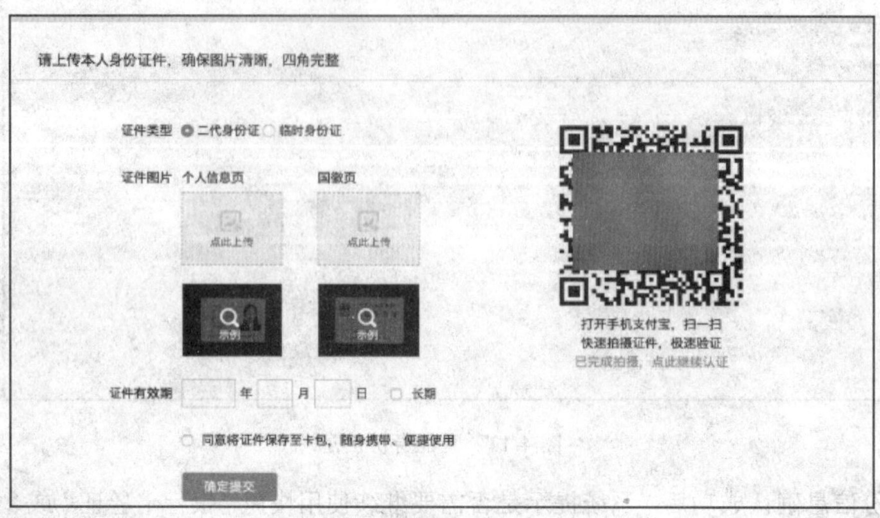

图 4-16 上传身份证正反面照片

7）提交成功，等待证件审核，证件将在 24 小时内审核完成（见图 4-17）。

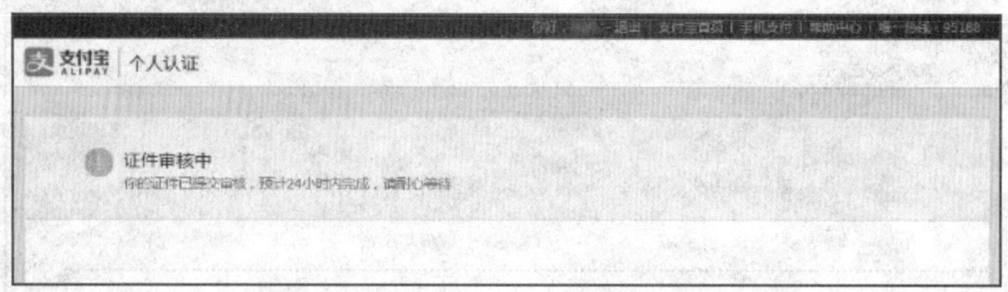

图 4-17 等待证件审核

8）审核通过，即通过支付宝实名认证（见图 4-18）。

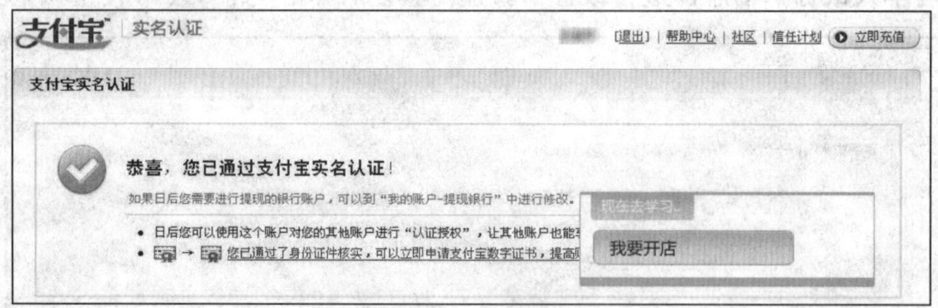

图 4-18 通过实名认证

4. 开设店铺

1）登录到“我的淘宝”，在卖家中心“免费开店”页面，选择开店身份，如“普通商家”（见图 4-19）。

图 4-19　选择开店身份

2）选择店铺主体类型，如“个人商家”，需提供个人身份证、已实名认证的个人支付宝（见图 4-20）。

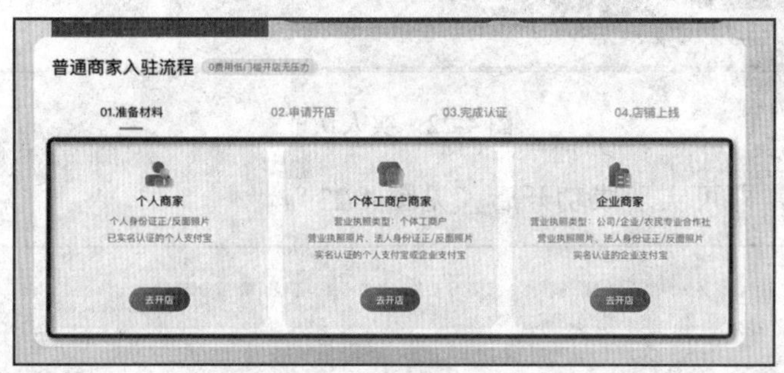

图 4-20　选择店铺主体类型

3）登记主体信息，如个人商家需登记个人证件图、经营地址、姓名、证件号等信息后，单击“确认提交”按钮（见图 4-21）。

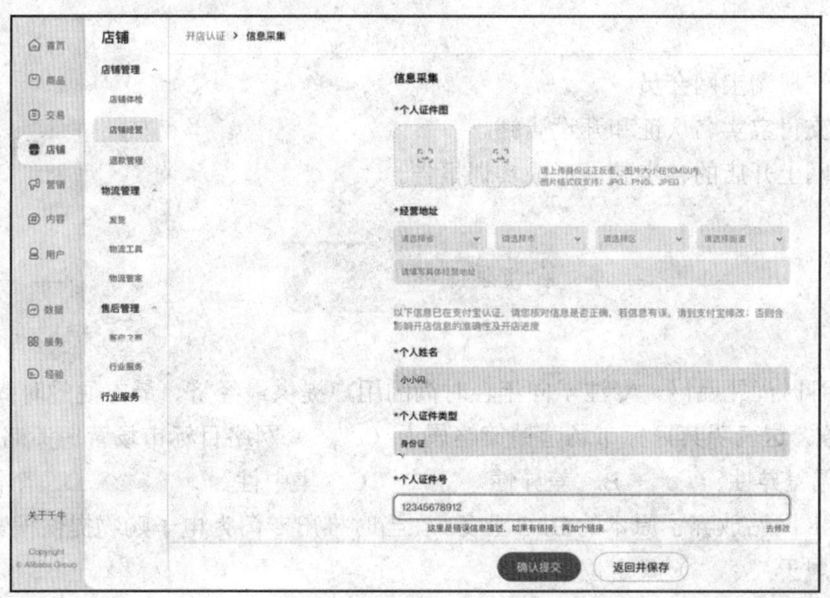

图 4-21　登记主体信息

4）实人认证。个人开店，信息登记的证件持有人需要刷脸进行实人认证（见图 4-22）。

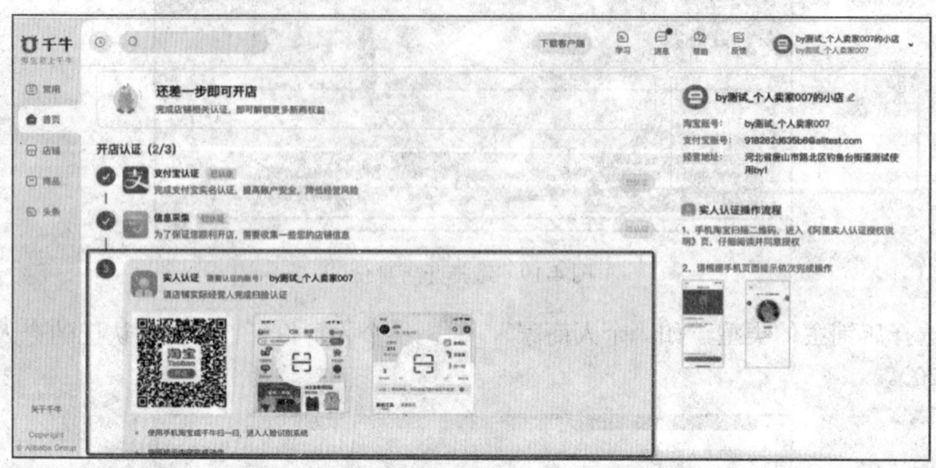

图 4-22　实人认证

5）认证完成后，即可实现成功开店（见图 4-23）。

图 4-23　成功开店

[实训操作]

1）练习注册淘宝网会员。

2）练习支付宝实名认证和开设店铺。

3）记录网上开店的各步骤，形成实训报告。

习　　题

一、选择题

1．八佰拜时尚礼品网，专注于向年轻时尚的用户提供最经济、最方便的时尚、精美、独特的礼品服务。这表明其目标市场营销策略属于（　　）网络目标市场营销策略。

A．无差异性　　B．差异性　　C．集中性　　D．个性化

2．原 8848 网站放弃了原本的 B2C 业务，在当时推出专门为电子购物提供搜索服务的“购物搜索”，这属于（　　）式定位策略。

A．填空补缺　　B．针锋相对　　C．另辟蹊径　　D．改头换面

3．在看到 8848 网站购物搜索的发展前景很好后，中商网站当时也把自己定位为专门从事搜索购物的网站，中商网站的定位策略属于（　　）式定位策略。

A．填空补缺　　B．针锋相对　　C．另辟蹊径　　D．改头换面

4．搜索引擎市场竞争相当激烈，原 3721 网站为避开当时搜索引擎市场竞争，采取网络实名搜索方式开展搜索引擎业务，该网站的定位策略属于（　　）式定位策略。

A．填空补缺　　B．针锋相对　　C．另辟蹊径　　D．改头换面

5．全美国有 100 多家网站是专门开发残疾人产品和服务市场的网站，这属于（　　）网络市场细分策略。

A．人口细分　　B．地理细分　　C．行为细分　　D．心理细分

二、填空题

1．网上市场细分是指企业在________的基础上，根据网上消费者在________、购买动机及其购买行为方面的差异，把整个网上市场划分为若干个具有某种________的消费者群体。

2．评价网上目标市场是否有效的标准有________、________、________、________。

3．定制营销是指企业在________的基础上，进行________，将________都视为一个单独的细分市场，根据________设计市场营销组合策略，以满足每一位顾客的特定需求。

4．定制营销的特点有零库存生产、________、________、________、________。

5．数据库营销是指企业收集和________消费者的大量信息，并将这些信息处理后________消费者有多大可能去购买某种产品，以及利用这些信息给产品以________，________地设计营销信息，以达到说服消费者购买产品的目的。

职场拓展

国家功勋的“无我”精神

1958 年，黄旭华接到一个电话，电话里只说去北京出差，其他什么也没说。黄旭华从上海启程，到了北京他才知道，国家要搞核潜艇。核潜艇什么样？他没见过，至于内部结构更是一无所知。没有模型、没有图纸，一切都要自己摸索。没有计算机来计算海量数据，就抄起算盘和计算尺手工计算。没有先进装备控制核潜艇的总重和稳性，就拿起磅秤来称。在没有名字的孤岛上，他们用最“土”的办法“啃”下一道道尖端的技术难关。1988 年 4 月 29 日，我国进行核潜艇首次深潜试验，数百米深的深潜充满危险，任何一处问题都可能导致艇毁人亡，但为了增强参试人员的信心，64 岁的黄旭华作为总设计师，亲自随核潜艇下水。

这次深潜试验，黄旭华的眼底、耳朵和牙龈都因承受压力过大而渗出了血。在试验成功后，他兴奋地写下：“花甲痴翁，志探龙宫。惊涛骇浪，乐在其中！”一心扑在事业上的黄旭华，30 年没回过老家探亲，弟弟妹妹都误解他不要家了，忘记了父母的养育之恩。父母都不知道他在哪里，干什么工作。父亲去世，他都未能见上最后一面。

1995 年已经 102 岁的母亲在家里不小心摔了一跤，黄旭华闻讯从千里之外赶回老家。当确认是多年未见的儿子后，母亲的泪水夺眶而出。谈起父母，黄旭华说："有人问我怎样理解'忠孝不能两全'，我总是这样告诉他们，'对国家的忠，就是对父母最大的孝'。"

名藏于九地之下，声动于九天之上！在惊涛骇浪的孤岛上，他埋下头，甘心做沉默的砥柱！这是黄旭华的"无我"精神。正如深海中的潜艇，无声，但有无穷的力量。具有"无我"精神，"忘我"精神，就会懂得把"我"放在什么位置，就知道胸怀天下、勇担重任，舍掉个人世俗欲望，将"小我"化为"无我"状态，完全融入时代与民族发展的洪流中去，于沉默中创造出一番惊天伟业。

作为普通人，我们应立足于自己的岗位，敢挑重担不惧困难、勇敢担当不计得失。有了这样的精神，才有可能在平凡的岗位上干出不平凡的事业，成就自己的人生。

（资料来源：西山居士，2022．国家功勋的"无我"精神[J]．演讲与口才（7）：44-45.）

思考：该故事道出了怎样的人生哲理？

第 5 章

网站推广策略

目的要求

1. 知识目标

1）掌握网站域名的命名格式和设计。

2）掌握网站域名保护的方法与策略。

3）掌握网站的形象设计和页面设计。

4）分辨网站导航类型和信息内容的方法。

5）掌握网站推广的策略。

6）掌握网站的病毒性营销策略。

7）掌握微博与微信营销的方法。

2. 技能目标

1）会创作网络营销创意广告语。

2）会设计操作百度知道问答。

3. 素养目标

一分耕耘，一分收获。唯有脚踏实地、务实肯干才能成功。

重点难点

1）网站域名的命名和设计。

2）网站形象和页面设计。

3）网站病毒性营销策略。

4）网站域名的注册。

5）网络营销创意广告语创作。

情智故事

脚踏实地，是成长路上最大的智慧

上大二那年，晓文开始写小说。几个要好的同学纷纷劝阻晓文，觉得晓文文笔一般，偶尔写写东西还会用错成语，怎么能写小说呢。

事实证明，晓文确实不是一个有天赋的人。平时脑海中有很多想法，可真正动手写时才发现，晓文连开篇的第一句话都写不好。好不容易磨出了几万字的作品，向多个杂志投稿都石沉大海。后来转战文学网站，投出数十篇稿子，不是被拒稿就是没回应。这让晓文心灰意冷，一度认为自己是在浪费时间，根本不适合写作。

偶然一次机会，晓文向一位前辈请教自己的疑惑，前辈这样回答晓文："没有人天生就会写作，即便是天才，也得学会积累。"

这句话点醒了晓文。于是他开始每天坚持读书，把看到的好句子摘抄下来，琢磨遣词造句的方法。每看完一部小说，他都会在纸上认真梳理出人物、情节这些要素。半年的时间，他就用掉了200多张A4纸。

有一次，晓文打算写一本有关美食的小说。为了让小说贴近生活，晓文天天看菜谱，对各种菜系也都一一研究记录。在动笔写正文前，晓文花费了两个多月的时间来拟订全书的大纲。写完后投稿，晓文很快就收到了编辑的回复，直接签约发表。后来的3年时间，晓文完成了400多万字的写作，还成功加入市级作家协会。

晓文很庆幸当初没有半途而废。原来，所有向上生长的盛景，都离不开日复一日地向下扎根。曾看过这样一句话："成功之所以那么难，是因为它在考验一个人到底能付出多少坚持的决心。"

（资料来源：佚名．脚踏实地，是成长路上最大的智慧[EB/OL]．(2021-04-06) [2022-05-12]. https://www.cqcb.com/manxinwen/manxinwen/2021-04-06/3957912_pc.html．）

[情智点评] 世界上没有白费的努力，也没有白来的成功。你积蓄了多少能量，日后才能爆发多大的力量。哪怕眼下成长的速度慢一点，在日积月累之下也能得到岁月的馈赠。脚踏实地才是成长路上最大的智慧。作为网络营销人员，我们要有勤恳踏实的职业素养，一步一个脚印，认真做好每项工作。

5.1 网站域名策略

5.1.1 域名的概念与命名

1．域名的概念

域名是互联网上识别和定位计算机的层次结构式的字符标识，与该计算机的互联网协议（IP）地址相对应。

网站有了域名，人们在上网时，只要在计算机中输入域名，就可被DNS（domain name system，域名系统）解析为相应的IP地址，并登录到该域名的网站。

知识拓展 5-1

域名、中文域名与 CN 域名

中文域名是含有中文的新一代域名，同英文域名一样，是互联网上的门牌号码。中文域名在技术上符合 2003 年 3 月 IETF（互联网工程任务组织）发布的多语种域名国际标准。中文域名属于互联网上的基础服务，注册后可以对外提供 WWW（world wide web，万维网）、E-mail、FTP（file transfer protocol，文件传输协议）等应用服务。

中文域名至少需要含有一个中文文字，如天度网络.com。你可以选择中文、字母（A～Z，a～z，大小写等价）、数字（0～9）或符号（-）命名你的中文域名，但不超过 20 个字符。目前有“.CN”“.中国”“.公司”“.网络”四种类型的中文域名供你注册。

CN 域名在“.”之前最长可以注册 63 个英文字母，命名可使用的字符包括字母（A～Z，a～z，大小写等价）、数字（0～9）、连字符（-），不区分大小写。

中文域名和 CN 域名属于域名体系，中文域名是符合国际标准的一种域名体系，使用上和英文域名近似，作为域名的一种，可以通过 DNS 解析，支持虚拟主机、电子邮件等服务。

注册中文域名的意义如下。

1）中国人自己的域名，使用方便，便于记忆。

2）中文域名的域名资源丰富，可以获得满意的域名，注册一个“中文.中国”域名，自动获得“中文.cn”。

3）注册一个简体中文域名，自动获赠繁体中文，域名注册手续简便、快捷。

4）显著的标识作用，体现自身的价值和定位。

5）全中文服务，保障用户知情权。

6）适用中国法律，全面保障用户利益。

7）保障国家域名系统的安全。

2. 域名的命名

域名的命名是按层次进行的，从高级到低级按层次授权进行。

（1）域名的格式

1）四级域名.三级域名.二级域名.一级域名。

2）主机名.机构名.网络名.最高层域名。例如，中国一汽的域名地址为 www.faw.com.cn。

（2）域名的构成

1）一级域名也称最高层域名，为国家或地区的代码，由两个字母组成，如中国为 cn、中国香港为 hk、日本为 jp。

2）二级域名也称网络名，为网站所属网络的性质，如.com 代表商业机构、.edu 代表教育机构、.gov 代表政府机构。

3）三级域名，也称机构名，一般表示主机所属的域或单位，如 .baidu 表示百度、.cnnic 表示中国互联网络信息中心。

4）四级域名也称主机名，一般是根据需要由网络管理员自行定义的主机名称，如联想营销网站域名 www.shop.lenovo.com 中的.shop。

（3）域名注册的注意事项

1）域名不区分大小写字母。

2）域名在互联网中是唯一的。

3）域名中只能包含英文字母（26 个）、数字（0～9）和“-”（英文中的连字符号）。

4）子域名的长度限制在 20 个字符以内。

知识拓展 5-2

域名列表

一级域名见表 5-1。

表 5-1 一级域名

域名	代表	域名	代表	域名	代表
cn	中国	gb	英国	kr	韩国
ge	德国	hk	中国香港	tw	中国台湾
fr	法国	jp	日本	us	美国

二级域名见表 5-2。

表 5-2 二级域名

域名	代表	域名	代表
com	商业机构	firm	企业或公司域名
edu	教育机构	store	商业企业域名
gov	政府部门	web	与 WWW 活动有关单位的域名
int	国际机构	arts	文化和艺术单位域名
mil	军事网点	rec	文娱活动单位的域名
net	网络机构	info	提供信息服务的单位的域名
org	非营利组织	nom	个体或个人域名

5.1.2 域名的设计与保护

域名是企业在互联网上的名称，是企业的“网上商标”，企业必须设计一个富有寓意、易读易记、具有较高知名度的域名，这对企业来说是一项重要的无形资产。

1. 域名的设计

1）域名应与企业的名称、品牌、商标或其他相关业务联系在一起。例如，海尔公司的域名为 www.haier.com，TCL 公司的域名为 www.TCL.com。

2）域名要易读、易记、易识别和易传播。例如，www.TCL.com、www.163.com 等。

3）域名要有一定的内涵和寓意。例如，www.TCL.com 中的 TCL 为 The Creative Life 3 个英文单词首字母的缩写，意为创意感动生活。

4）域名要符合相关法律法规。域名的注册必须符合《互联网域名管理办法》规定，不得含有下列内容。

① 反对宪法所确定的基本原则的。

② 危害国家安全，泄露国家秘密，颠覆国家政权，破坏国家统一的。

③ 损害国家荣誉和利益的。

④ 煽动民族仇恨、民族歧视，破坏民族团结的。

⑤ 破坏国家宗教政策，宣扬邪教和封建迷信的。

⑥ 散布谣言，扰乱社会秩序，破坏社会稳定的。

⑦ 散布淫秽、色情、赌博、暴力、凶杀、恐怖或者教唆犯罪的。

⑧ 侮辱或者诽谤他人，侵害他人合法权益的。

⑨ 含有法律、行政法规禁止的其他内容的。

5）域名必须要避免文化的冲突。同一文字在不同国家的解释不一定相同，因此企业的域名必须要注意不同国家文化上的差异，避免产生文化冲突。

2. 域名的保护

域名是企业重要的无形资产，必须予以保护。域名应及时注册，才能得到国家法律法规的保护。

（1）域名（包括中文域名）要及时注册

一个域名只能由一家企业或个人注册。该企业或个人可以拥有与企业名称、品牌、商标等相关的多个不同的域名，但富有战略眼光的企业应该把企业或品牌的名称及时注册成域名，以防止被别人抢注，以有效地保护好企业未来的权益。

（2）申请多个相近似的域名

企业最好同时申请多个相近似的域名，以避免企业的域名与其他单位的域名相混淆，从而避免企业的形象受损。例如，www.163.com 为网易网站，www.163.net 为 163 电子邮箱。

知识拓展 5-3

中国互联网络域名体系

1）我国互联网络域名体系中各级域名可以由字母（A～Z，a～z，大小写等价）、数字（0～9）、连字符（-）或汉字组成，各级域名之间用实点（.）连接，中文域名的各级域名之间用实点或中文句号（。）连接。

2）我国互联网络域名体系在顶级域名“CN”之外暂设“中国”、“公司”和“网络”3个中文顶级域名。

3）顶级域名CN之下，设置“类别域名”和“行政区域名”两类英文二级域名。

① 设置“类别域名”7个，分别为ac——适用于科研机构；com——适用于工、商、金融等企业；edu——适用于中国的教育机构；gov——适用于中国的政府机构；mil——适用于中国的国防机构；net——适用于提供互联网络服务的机构；org——适用于非营利性组织。

② 设置“行政区域名”34个，适用于我国的各省、自治区、直辖市、特别行政区的组织，分别为BJ：北京市；SH：上海市；TJ：天津市；CQ：重庆市；HE：河北省；SX：山西省；NM：内蒙古自治区；LN：辽宁省；JL：吉林省；HL：黑龙江省；JS：江苏省；ZJ：浙江省；AH：安徽省；FJ：福建省；JX：江西省；SD：山东省；HA：河南省；HB：湖北省；HN：湖南省；GD：广东省；GX：广西壮族自治区；HI：海南省；SC：四川省；GZ：贵州省；YN：云南省；XZ：西藏自治区；SN：陕西省；GS：甘肃省；QH：青海省；NX：宁夏回族自治区；XJ：新疆维吾尔自治区；HK：香港特别行政区；MO：澳门特别行政区；TW：台湾省。

4）在顶级域名CN下可以直接申请注册二级域名。

5）任何组织或者个人不得采取任何手段妨碍我国境内互联网域名系统的正常运行。

5.1.3 网站域名策略

1. 统一域名策略

统一域名策略是指整个企业只建立一个网站，申请一个域名，所有的网络经营活动，包括企业的网络营销活动，都在该网站上进行。例如，格兰仕公司统一域名为 www.galanz.com.cn；国美电器公司统一域名为www.gome.com.cn。

2. 母子域名策略

母子域名策略是指企业的网络营销活动通过相对独立的子网站进行，而子网站域名中包含企业网站（母网站）域名的字样。例如，奇虎360科技有限公司网站域名为http://www.360.com/，而奇虎360商城网站域名为http://mall.360.com/。

3. 个别域名策略

个别域名策略是指企业在公司网站之外设立有单独域名的营销网站，营销网站的域名与公司网站域名不相关，但该网站与公司网站建立相互链接联系。例如，苏宁公司网站域名为http://www.suning.cn/，而苏宁网上商场（苏宁易购）域名为http://www.suning.com/。

4. 多域名策略

多域名策略是指企业针对不同的目标市场、不同业务、不同品牌产品分别设计注册两个或两个以上的不同的域名，建立多个网站分别开展营销活动，但相互间建立链接联系。例如，一汽集团网站域名是 http://www.faw.com.cn，一汽集团旗下的红旗、解放、奔腾等品牌，分别建有自己的营销网站，网站域名分别是 https://hongqi.faw.cn/、https://fawjiefang.com.cn/、https://benteng.faw.cn/。

5.2　网站设计策略

5.2.1　网站形象设计

一个网站，如果能够进行成功的标识策划设计，可增强用户对网站的识别，提高网站的形象和美誉度。网站形象设计一般包括如下几点。

1. 网站标识设计

设计网站的标识，就如同给产品设计品牌一样，它是网站最醒目的部分，由文字、图形、数字、符号等要素组合构成，如百度网站的标识（见图 5-1）。

图 5-1　百度网站的标识

2. 标准色和标准字体的设计

网站给人的第一印象来自视觉冲击。确定网站的标准色彩是相当重要的一步，不同的色彩搭配将产生不同的效果，并可能影响到访问者的情绪。通常情况下，一个网站的标准色彩不要超过 3 种，标准色彩可选择蓝色、黄色/橙色、黑色/灰色/白色三大系列色彩。

3. 网站的主题标语

网站的主题标语是指网站的口号标语。主题标语可结合企业或产品的特点和广告语进行确定。例如，海尔商城的主题标语为“海尔商城，想你所想”；海信网站的主题标语为“有爱，科技也动情”。

5.2.2　网站页面设计

网站页面即网页，是网站信息内容的存储界面。网站页面设计应遵循以下原则。

1. 用户导向

网页设计，首先必须明确网站的使用者，要站在用户的观点和立场考虑网页的设计，从用户需求出发，推出相关实用的网上服务措施，提高用户的满意度。例如，增加网站的文化内涵，包括企业的历史沿革、文化典故、产品的使用方法和保养方法、产品时尚发展趋势等。

2. 简洁且易于操作

简洁且易于操作是网页设计最重要的原则之一。网站的建设主要是用于用户查阅信息和使用网络服务，过多而复杂的操作必然给用户带来不便。一般要求网页的下载速度不要超过10s；尽量使用文本链接，减少大幅图片和动画；操作设计简单且有明确的提示等。

3. 方便用户导航

建立一个便于用户识别与操作的网站导航系统是相当必要的。通过导航，可以告诉用户目前浏览网站所处的位置，已经浏览过哪些内容，也可以为用户提供上下文和相关资源的链接等。

4. 设计个性化

网页设计的个性化要求网页设计要有差异性，要有特色。只有个性化的网页设计，才能在众多的网站中独占鳌头，才能富有吸引力。设计个性化，一方面要求企业网站的设计符合网络文化的要求，另一方面要求网站的整体风格要符合企业的形象。

5.2.3 网站导航设计

建设一个良好的导航系统将会使网站更容易访问。网站的导航系统通常有以下类型。

1. 整体导航

整体导航是指放置在每一张网页上，用来链接一些重要信息的导航条。通常放置在页面的页眉或页脚处，如网站首页、关于我们、联系信息、隐私条款等。

2. 特色导航

特色导航是指把企业具有吸引力的特色内容展示给用户的导航条，如热点推荐、最新产品、好文快递、精华文章等。

3. 相关导航

相关导航是指用户在网站上阅读某一文章时，常常会在网页的下方提供“相关文章”的链接或提供与其相同或相似主题的网站链接。

4. 轨迹导航

轨迹导航是指网站导航将准确地告诉用户目前在网站的哪一目录下，并说明网站的目录分类结构。一般是从网站首页链接开始，到用户当前所在页面。例如，当前位置：首页→公司产品介绍→电冰箱。

5. 语言导航

语言导航是指网站为用户提供多个能选择特定语言的导航系统，如网站语言选择有简体中文、繁体中文、英语、日语。

6. 地理导航

地理导航是指网站的服务器分布在不同的地区甚至不同的国家，用户利用该导航系统可以选择离自己最近的服务器，如网站的地理导航选择有北京站、西安站、广州站、上海站。

5.2.4　网站信息设计

企业在建设网站的过程中，要处处尊重用户，以用户为导向。网站的信息是用户关注的重点。一般来说，网站信息应包括如下几点（见表5-3）。

表5-3　网站信息的设计

设计项目	项目内容
企业概况	企业背景与发展历史，企业成立以来重大的、有影响力的事件，企业成功的案例等
产品介绍	由企业生产的各种产品或开展的各种业务、市场销售情况、特殊业务的经营许可证等。提供产品或业务的目录，并根据需要提供详细或简略的资料，或者配有图片、视频和音频资料
企业新闻	企业内外部的各种新闻信息，如新产品开发、产品销售及消费者好评、流行趋势等。同时，可协助企业公关部门报道企业所实施的公益事业，以此提升企业形象
人才招聘	介绍其人才理念、企业精神等。告诉求职者，企业所空缺的职位和所招聘人才的要求（如学历、专业、年龄、工作地点及一些特殊要求）
联系方式	尽可能地提供足够多的详细的联系方式，以便于与用户进行交流。一般需提供的联系方式有电子邮箱、电话、传真、企业地址、邮政编码等
服务信息	在网站上公布有关产品质量保证条款和售后服务措施，公开企业售后服务热线，各地营销分公司的电话、地址等。具有网上交易功能的网站，还需详细公布服务承诺和违约责任等，必须明确提示顾客相关的法律条款。具有注册功能的网站，必须公布企业的隐私条约以便让用户有安全感。网站还需设有FAQ（常见问题解答），让用户更好地使用产品
专题信息	网站可以就其产品或服务做一个专题信息栏目，让用户获得更多的相关产品或服务的信息。如日用化妆品网站，可以开设一个化妆常识的专题栏目；汽车网站可以开设一个有关汽车驾驶、保养及维修的专题栏目

5.3　网站推广策略

网站推广是指企业利用各种技术手段，借助各种传播媒体工具，推广介绍企业的营销网站，将企业营销网站的网址、域名以及主要内容推荐给潜在目标顾客，以提高企业网站的知名度和点击率。网站推广，通常可以采取利用传统媒体和网络媒体进行推广的策略。

5.3.1 利用传统媒体进行推广

企业可以利用各种传统媒体宣传推广企业网站，塑造企业网站在公众心目中的良好形象。

1. 利用四大传统媒体

四大传统媒体是指广播、电视、报纸和杂志。企业可以利用四大传统媒体，将网站富有个性地介绍给公众，尤其是有针对性地介绍给网站目标顾客。

2. 利用企业印刷品

企业可以利用企业的商务名片、宣传材料、办公文具、产品说明书、产品包装等印刷品，宣传推广企业网站。

3. 利用其他传统媒体

企业应尽可能地利用一切机会，利用其他各种可以有效宣传企业网站的媒体推广网站。

5.3.2 利用网络媒体进行推广

1. 登录搜索引擎

搜索引擎是指由存储了各式各样网站资料并不断更新中的网络资料库，以关键词检索或目录分类方式提供查询服务的互联网平台，是一个对互联网上的信息资源进行搜索整理，然后根据用户的查询请求把结果反馈给用户的系统。

企业可以将企业网站的信息提交给搜索引擎，使企业网站及相关信息存入搜索引擎数据库中，以增加与潜在用户通过互联网建立联系的机会。

知识拓展 5-4

网络实名、地址栏搜索与通用网址

1. 网络实名

网络实名是继 IP、域名之后的第三代互联网访问方式。网络实名让互联网用户直接使用企业名、产品名、网站名等真实名称，即可直达目标网站，无须记忆复杂的域名、网址，无须 http://、www、.com、.net 等前后缀，是最简便、最先进、最快捷、最方便的网络访问方式之一。例如，如果需要访问人民日报网站，只需输入“人民日报”即可直达该网站。

2. 地址栏搜索

地址栏搜索就是在浏览器的地址栏中利用一种更容易记忆的文字（中文或字符）来替代英文的网站地址 URL 以实现访问网站的方式。它是基于网络实名、可以提供给用户使用的全新上网方式。当用户开启网络实名功能后，在浏览器地址栏输入中文，即可直接进入网站，或得到丰富的网页搜索结果，如在浏览器地址栏输入“中央电视台”，即可直达央视网站。

3. 通用网址

通用网址是国家权威机构（中国互联网络信息中心）推出的一种新兴的网络名称访问技术，通过建立通用网址与网站地址 URL 的对应关系，实现浏览器访问的一种便捷方式。网民只需要使用自己所熟悉的语言告诉浏览器自己要去的通用网址即可。

注册通用网址的作用如下。

1）国家机构推出，权威政策保护，能保护你的品牌，它是企业品牌在互联网上的延伸。

2）新一代互联网地址访问技术，无须输入“http”“www”“.com”等，直接输入中文即可访问。

3）国家授权域名注册管理机构管理，保证其公正、客观和稳定性能。

4）一对一定位网站首页或直达网站深层页面，网站访问简单快捷。

5）知名门户全面支持，可获得新浪、百度、搜狐、网易等中国各大知名网站的免费增值推广服务。

2. 建立友情链接

友情链接也称交换链接，是指企业网站与一些流量大、知名度高、和自己网站内容互补的网站建立友情链接，即企业网站放置对方网站的标识或网站名称，并设置有到对方网站的超级链接；对方网站放置企业网站的标识或网站名称，并设置有与企业网站的超级链接。

3. 广告交换链接

网络广告交换链接是普遍采用的一种推广网站的方法。企业可以登录一些免费的广告交换链接系统，将系统提供的代码添加到企业的网页中，就可实现网络广告交换链接。

4. 电子邮件营销

企业可以建立电子邮件系统，通过电子邮件广告宣传企业网站；企业可以建立邮件列表系统，满足用户订阅邮件信息的需求，也可达到宣传推广企业网站的目标。

5. 行业网站推广

企业可以加入行业网站，利用行业网站的知名度推广企业网站。同时，加入行业网站，可以获得业内的认可和认知，也可增加用户的可信度。

6. 博客营销

博客（blog，全称 weblog）又名网志、网络日志，是指作者把自己的思想通过文字和图片的方式在互联网上传播的网站内容管理系统。博客的主人将自己的文章放在网上供人访问阅读，而访问者也可以发表评论以表达自己的观点。博客是继 E-mail、BBS 之后出现的一种新的网络交流方式。

博客营销是指通过博客网站或博客论坛，接触博客作者和浏览者，利用博客作者个人的知识、兴趣和生活体验等传播商品信息、推广企业网站的营销活动。

7. 播客营销

播客营销是以播客为主要传播载体的营销方式。播客（pod-casting）指的是一种在互联网上发布文件并允许用户订阅信息来源更新的接口以自动接收新文件的方法，或用此方法来制作的电台节目。与博客的区别主要体现在播客的内容表现形式不是以文字、图片为主，而是以视频、声音为主。从某种意义上来说，播客就是一个以互联网为载体的个人电台和电视台，但就目前而言，播客主要还是以音频为主。

案例 5-1

西单女孩的故事

“西单女孩”任月丽出生在河北涿州偏僻的农村，母亲智障，父亲常年多病。后到北京学习吉他，之后一直在西单地下通道唱歌。每天的生活费不超过 10 块钱，是家里的生活支柱。2008 年 12 月 20 日晚，一名网友路过西单地下通道，录下任月丽正在演唱的半首《天使的翅膀》，后于 12 月 25 日将视频上传于新浪播客。之后该视频开始在网上流传，点击率飙升，并迅速被各大论坛转载，跻身搜索引擎上升最快的关键字。很多人在知道西单女孩的故事后，自发为她建立了 QQ 群、论坛、百度贴吧。一时间，西单女孩成为众多 80 后、90 后年轻人的楷模。

（资料来源：邱竹，刘敏，2009 年度网络 10 大红人[EB/OL].（2009-11-26）[2022-12-20]. http://news.sina.com.cn/c/2009-11-26/043016668947s.shtml．有删改。）

5.4 微博与微信营销

5.4.1 微博营销

微博营销是以微博作为营销平台，向每一个听众（粉丝）传播企业的、产品的信息或与大家交流热点话题（或感兴趣的话题），以达到树立良好的企业形象和产品形象的营销目的。

1. 微博营销的特点

1）立体化。微博可以借助多种多媒体技术手段，以文字、图片、视频等展现形式对产品进行描述，从而使潜在消费者更形象直接地接受信息。

2）高速度。微博最显著的特征就是传播迅速。一条热度高的微博在各种互联网平台上发出后，短时间内转发就可以抵达微博世界的每一个角落。

3）便捷性。微博营销优于传统推广，无须严格审批，从而节约了大量的时间和成本。

4）广泛性。通过粉丝形式进行病毒式传播，同时名人效应能使事件传播呈几何级放大。

2. 微博营销的方法

微博营销的方法如表5-4所示。

表5-4 微博营销的方法

具体方法	方法内容
善用大众热门话题	利用别人感兴趣的热门话题，将它策划进企业的营销内容中
注重微博个性化	微博的特点是“关系”“互动”，企业微博切忌仅是一个官方发布消息的窗口那种冷冰冰的模式。要给人感觉像一个人，有感情、有思考、有回应、有自己的特点与个性
有规律地进行更新	微博就像一本随时更新的电子杂志，要注重定时、定量、定向发布内容，让大家养成观看习惯
要主动与别人进行互动	互动性是微博持续发展的关键。当别人点评了你的微博，你就可以和他们进行对话。你还可以去创办一些热闹的活动等，让别人去参与，这样才会有客户和潜在客户愿意与你交流，才会分享你的内容
注重系统性布局	微博营销必须注重其系统性布局，让其内容有“连载”。例如，每天推荐一个好作品或热门资讯，每周发布一次活动结果，连载会让粉丝的活跃度增高
注重准确的定位	微博粉丝众多当然是好事，但是，对于企业微博来说，“粉丝”质量更重要。因为企业微博最终的商业价值或许就需要这些有价值的粉丝。这涉及微博定位的问题，很多企业抱怨：微博人数都过万了，可转载、留言的人很少，宣传效果不明显。这其中一个很重要的原因就是定位不准确
注重方法与技巧	想把企业微博变得有声有色，持续发展，单纯在内容上传递价值还不够，必须讲求一些技巧与方法。例如，微博话题的设定，表达方法就很重要。如果你的博文是提问性的，或是带有悬念的，引导粉丝思考与参与，那么浏览和回复的人自然就多，也容易给人留下深刻印象
定期举办活动	一定要定期举办活动，活动能增加忠诚度以及建立与竞争对手的区隔

5.4.2 微信营销

微信是腾讯公司在2011年初推出的一款可以发送图文、语音、视频信息，支持多人语音对讲等功能的移动社交软件。用户还可以在朋友圈和好友实时分享生活点滴。作为时下热门的移动社交平台，微信正在改变人们的沟通方式和生活方式。

1. 微信功能模块

（1）微信公众平台

微信公众平台主要有实时交流、消息发送和素材管理的功能。用户可以对其粉丝分组管理、实时交流。

1）创建和推送。每个人、每个机构都可以通过微信公众平台创建自己的公众账号，然后向其关注者推送消息，模式与微博类似。

2）订阅和传播。通过发布公众号的二维码，让微信用户随手扫描订阅。任何微信公众账号用户都可以在设置中找到一个二维码，品牌标识会放到二维码的中部。微信常规的添加方法有搜索公众账号的名称、在微信的公众账号推荐中找到、将微信公众平台发送给好友。

3）消息推送和阅读。微信公众账号可以通过后台的用户分组和地域控制，实现精准的消息推送。普通的公众账号可以群发文字、图片、语音、视频、图文信息5个类别的内容。普通公众账号每天只能群发1条信息，认证公众账号每天可发送3条信息。

4）微信自定义接口。微信正在小范围地和一批合作伙伴测试公众平台的自定义接口功能，这个接口可以接入任何公司的客户关系管理系统。公众账号背后的商家能够通过这个接口为用户提供更个性化的服务。例如，天气预报、在线翻译、快递查询等定义接口，网友只需回复相应的语句就能得到自己所需要的信息，大大加强了微信与用户的在线交互。

（2）私人微信账号

私人微信账号是一款通过网络快速发送语音、视频、图片和文字，支持多人群聊的手机聊天软件。

1）摇一摇。通过摇一摇功能，可以发现同一时刻与你共同摇手机的人，可看到对方签名，也可加为好友。

2）漂流瓶。用户可以语音、文字发送属于自己的漂流瓶，其他用户可以捡取漂流瓶，做出回应，并返回发出者。

3）附近的人。利用该功能，用户可以查找与本人地理方位邻近的微信用户，可通过打招呼发送信息加为好友。

4）签名。商家可以利用“用户签名档”这个免费的广告位为自己做宣传，附近的微信用户就能看到商家的信息，如 K5 便利店等就采用了微信签名档的营销方式。

5）朋友圈。通过朋友圈，所有好友均可看见分享照片，链接可将公众平台发送的信息转发至朋友圈，带来连锁转发效应。

2. 微信营销的特点

微信营销的特点如表 5-5 所示。

表 5-5　微信营销的特点

特点	具体内涵
高到达率	营销效果在很大程度上取决于信息的到达率，这也是所有营销工具最关注的地方。与手机短信群发和邮件群发被大量过滤不同，微信公众账号所群发的每一条信息都能完整无误地发送到终端手机，到达率高达 100%
高曝光率	曝光率是衡量信息发布效果的另外一个指标，信息曝光率和到达率完全不同，与微博相比，微信信息拥有更高的曝光率。微信是由移动即时通信工具衍生而来，天生具有很强的提醒力度，如铃声、通知中心消息停驻、角标等，随时提醒用户收到未阅读的信息，曝光率高达 100%
高接受率	微信已经成为或者超过类似手机短信和电子邮件的主流信息接收工具，其广泛和普及性成为其营销的基础。另外，由于微信公众账号的粉丝都是主动订阅而来，信息也是主动获取，完全不存在垃圾信息遭到抵触的情况
高精准度	那些拥有粉丝数量庞大且用户群体高度集中的垂直行业微信账号是企业真正炙手可热的营销资源和推广渠道。例如，酒类行业知名媒体佳酿网旗下的酒水招商公众账号，拥有近万名由酒厂、酒类营销机构和酒类经销商构成的粉丝团，这些精准用户粉丝相当于一个盛大的在线糖酒会，每一个粉丝都是潜在客户
高便利性	移动终端的便利性增加了微信营销的高效性。相对于个人计算机而言，智能手机不仅能够拥有个人计算机所能拥有的任何功能，而且携带方便，用户可以随时随地获取信息，而这会给商家的营销带来极大的方便

5.5　软文与病毒性营销

5.5.1　软文营销

软文是基于特定产品的概念诉求与问题分析，以摆事实讲道理的方式对消费者进行针对性心理引导的一种文字广告。软文营销是指以软文的形式对企业所要营销的产品进行推广，以提升企业品牌形象和知名度，促进产品销售的一种营销方式。

1. 软文营销的要素

1）标题具有吸引力。软文的标题犹如企业的标识，代表着文章的核心内容。赋予文章一个富有诱惑、震撼、神秘感的标题是软文营销成功的基础。

2）内容结合时事热点。时事热点，顾名思义，就是那些具有时效性、新鲜热门的新闻或话题。利用热门事件和流行话题进行软文创作，可以快速捕捉到用户的心理，引起用户的关注。

3）高质量的排版。软文的排版务必思路清晰、层次分明、上下连贯一体。每段话都标注有小标题，从而突出文章的重点，让人一目了然。

4）广告自然融入。软文营销的精妙之处在于一个“软”字，广告的内容自然融入文章中，读者感受不到其中广告的味道，却觉得受益匪浅，得到不少帮助。

案例 5-2

铁观音的软文营销

我天生爱茶，从小就以茶为乐。小时候，只是单纯地喜欢茶叶那种淡淡的清香。如今，对生活有了深刻的认识，就逐渐喜欢上品茶的感觉。在每个早晨，我总会泡上一杯清茗，细细品味氤氲的香气。

我爱茶，但不泛滥，唯独对铁观音情有独钟。想那铁观音溢味鲜爽，香气清高，向来素有“绿叶红镶边，七泡有余香”之美称。据说，铁观音还是一种珍贵的天然饮料，又有很好的美容保健功能。小时候就听家里的老人说，铁观音除具有一般茶叶的保健功能，还具有抗衰老、提神醒脑、减肥健美、清热降火等功效。

（资料来源：谭贤．2015　新网络营销推广实战从入门到精通[M]．北京：人民邮电出版社．）

2. 软文的发布

1）问答软文发布。指企业遵循问答站点（百度、天涯等）的发问或回答规则，巧妙地运用绿色软文，将企业产品、服务的口碑植入问答里面，以达到口碑传播效应。

2）新闻软文发布。指企业运用新闻报道的方式发布诠释企业文化和品牌内涵、传播行业资讯、引领消费时尚、指导购买决策的软文。

3）论坛软文发布。指企业利用论坛平台，通过文字、图片、视频等绿色软文方式发布企业的产品和服务的信息，从而让目标客户更加深刻地了解企业的产品和服务。

4）微博软文发布。指企业利用微博发布大家感兴趣的话题，从而达到软文营销的目的。

知识拓展 5-5

内容营销

内容营销是指通过合理的内容创建、发布及传播，向用户传递有价值的信息，从而实现提升企业形象或促进产品销售的网络营销方式。内容营销的形式多样，可以是图文、视频、直播，也可以是企业产品的介绍、员工的行为举止，所有对用户有价值的信息都可以是内容。

5.5.2 病毒性营销

病毒性营销也称病毒性推广，是指通过用户的口碑宣传网站，宣传信息像病毒一样传播扩散，利用快速复制的方式传向数以千计、数以百万计的受众。病毒性营销已成为网站推广最为独特的手段。

案例 5-3

热邮公司的病毒性营销

热邮公司（Hotmail.com）是世界上最大的免费电子邮件服务提供商，在创建之后的一年半时间里，吸引了 1200 多万个注册用户。热邮公司之所以能呈现爆炸式的发展，就是其采用了病毒性营销策略。方法是人们每次给朋友发送电子邮件时，邮件末都有一条附注：邀请他们订购免费收到电子邮件的服务。该营销方式的营销费用低廉，不到其直接竞争者营销费用的 3%，但效果相当明显，用户量呈现几何增长。

（资料来源：佚名．病毒营销：实用的网络营销方法[EB/OL].（2007-05-25）[2022-12-20]. http://www.360doc.com/content/07/0525/09/14788_519484.shtml．有删改。）

1．病毒性营销的基本要素

（1）提供有价值的产品或服务

在营销人员的词汇中，“免费”一直是最有效的词语，大多数的病毒性营销计划都是以提供有价值的免费产品或服务来引起注意，如免费的 E-mail 服务、免费信息、免费“酷”按钮、具有强大功能的免费软件。“便宜”或者“廉价”之类的词语可以使人产生兴趣，但是“免费”通常可以更快引人注意。

（2）提供无须努力向他人传递信息的方式

病毒只有在易于传染的情况下才会传播，因此携带营销信息的媒体必须易于传递和复制，

如 E-mail、网站、图表、软件下载等。

（3）信息传递范围很容易从小向很大规模扩散

信息传输方法必须从小到大迅速改变，传递范围很容易从小向很大规模扩散。

（4）利用公共的积极性的行为

巧妙的病毒性营销计划需利用公众的积极性。建立在公众积极性和行为基础之上的病毒性营销战略才会取得成功。

（5）利用现有的通信网络

社会科学家告诉我们，每个人都生活在一个 8～12 人的亲密网络之中，网络之中可能是朋友、家庭成员和同事。根据其在社会中位置的不同，一个人的宽阔的网络中可能包括数十、数百乃至数千人。学会把自己的信息置于人们现有通信网络之中，将会迅速地把信息扩散出去。

（6）利用别人的资源

最具创造性的病毒性营销计划是利用别人的资源来达到自己的目的。例如，一则发表的新闻可能被数以百计的期刊引用，成为数十万读者阅读的文章的基础。别人的印刷资源或网页转发你的营销信息，耗用的是别人的而不是你自己的资源。

2. 病毒性营销的方法

病毒性营销的方法如表 5-6 所示。

表 5-6 病毒性营销的方法

营销方法	实践运用
免费服务	企业网站可以提供免费的二级域名、免费空间、免费程序接口、免费计数器等资源，这些资源中可以直接或间接地加入公司的链接或者其他产品的介绍，也可以是广告
便民服务	企业可以在网站上提供日常生活中常用的一些查询，如公交查询、电话查询、手机号码归属地查询、天气查询等，把这些实用的查询集中到一起，能给用户提供极大的便利，会得到用户很好的口碑，也能很快地在网络中推广开来
节日祝福	每当到节日时，可以通过微信、QQ、E-mail 等工具向朋友发送一些祝福，后面附上网页地址或精美图片
精美网页或笑话	娱乐是人们生活的追求，做一个精美的网页或精彩的笑话发给朋友，朋友一定会很高兴并会很快地转发给他的好朋友
通过“口头传递”传播信息	网络上使用最普遍的“口头传递”方式是“告诉一个朋友”或“推荐给你的朋友”等。很多网站在网络广告、新闻信息、电子邮件后面都使用类似的语句
利用人际关系网络传播信息	人际关系网络是指由家庭成员、朋友或同事构成的网络。我们每个人都生活在人际关系网络中。一个人的人际关系网络中可能有几十、几百甚至数千人。网络营销人员应充分认识到这些人际关系网络的重要作用，把自己的信息置于人们的各种关系网络之中，从而迅速地把信息扩散出去

3. 病毒性营销的途径

病毒性营销的途径如表 5-7 所示。

表 5-7　病毒性营销的途径

营销途径	具体内容
即时通信工具	通过微信、QQ 等即时通信工具进行快速传播应是最易于传播的途径
社区论坛	通过相应的社区论坛进行推广也是比较常见的途径
个人博客	通过个人博客进行相关的传播
短信	网站推出免费的短信是一种较好的推广方式
电子邮件	通过电子邮件的附加信息和签名进行有效的传播
视频网站	通过上传视频到视频网站也是一种效果不错的传播途径

4. 病毒性营销的实施

（1）策划并制造病毒产品

病毒性产品必须具有独特的魅力、不可抗拒的诱惑力、方便快捷的传播力、令人心动的吸引力和顺畅高效的扩散渠道，如腾讯 QQ 产品就属于“病毒性产品”。首先，它是免费产品；其次，它的话语模式是允许式而非强迫式，即受众是自愿接受并自愿传播；最后，它满足了用户交流的需求。

（2）选择并确定易感人群

企业在策划并制造好了病毒产品之后，必须找到病毒产品的早期接受者（易感人群），并利用他们营造出一个目标消费者群体。例如，腾讯 QQ 在进行品牌推广时，就注重了“低免疫力”的易感人群的找寻和锁定。腾讯 QQ 用户群的平均年龄为 20.6 岁，他们是一群时尚的、对新潮和新趋势有着敏锐观察力的人群，是绝对的“低免疫力”人群。他们对腾讯 QQ“病毒”没有任何的抵御能力，能很快接受并适应。同时，积极携带“病毒”，通过鼠标和口碑向四周散播。

（3）迅速大规模扩散

易感人群感染“病毒”后，企业应不失时机地强化“病毒”，大规模、迅速地传播和扩散“病毒”，以实现企业推广网站、产品和服务的目的。例如，腾讯 QQ 为了更好地实现号召新“Q 一代”的加入，腾讯 QQ 亮出了自己品牌的口号“别 CALL，请 Q 我”。这句口号一度引爆了“新新人类”的流行时尚。与广东移动合作，QQ 开创了自己的另类体验空间，用短信体验网上聊天的乐趣。腾讯 QQ 还通过 QQ 文化的建立和传播，提倡 QQ 族建立自己的网上社区，让 QQ 族有更强烈的归属感。

（4）病毒产品更新换代

病毒产品一般也有自己的生命周期，一旦病毒产品的传播基本上达到饱和，企业就应适时推出新一代的病毒产品，开展新一轮的病毒营销，以维系老用户，拓展新用户和新市场。例如，腾讯 QQ，每个年度都推出最新版本，新版本增加很多新功能，无论是从感官还是视觉上都会给人全新的体验。这使它总是能够牢牢地吸引很多忠实的 QQ 玩家。

实训训练

一、策划训练：网络营销创意广告语创作

[实训目的]

1）培养学生创作网络营销广告语的能力。
2）培养学生组织分工与团队合作能力。
3）培养学生整理分析资料与写作的能力。
4）培养学生计算机软件应用的能力。
5）培养学生积极讨论与口头表达的能力。

[实训要求]

1）能依据背景创作出一份有创意的网络营销广告语。
2）能清晰地表达出网络营销广告语的创作意图。
3）能撰写出网络营销广告语创作的实训报告。
4）能依据实训报告制作出实训 PPT 课件。

[实训例讲]

中国人寿广告语：相知多年，值得托付

"相知多年，值得托付"，一句承诺打动亿万人的心，它很好地表现了中国人寿的文化底蕴和亲和力。它既保持了中国人寿固有的"有实力的、中国的、值得信赖的"元素，又赋予了它更具亲和力、人性化、高品质的元素。

[实训练习]

1．实训背景

福华科技有限公司主营笔记本式计算机，企业有 20 多年计算机生产经验，产品质量上乘。为有效地开拓网络市场，同时有效地树立企业及其产品的形象，公司决定征集一则既能体现企业产品的特点，又能体现公司团结奋进、积极向上、顾客至上的经营宗旨的有创意的广告语，广告语要求字数限制在 20 个字以内。请为该公司创作一则有创意的广告语，并详细地写出创作的思路。

2．实训组织

1）组建实训小组。将教学班学生按每小组 6～8 人的标准划分成若干课题小组，每个小组指定或推选出一名小组长。

2）确定实训课题。每个小组根据网络营销广告语创作的背景资料，创作出一则有创意的网络营销广告语，并完成网络营销广告语创作实训报告以及制作实训报告 PPT 课件。

3）实施实训操作。各小组长根据网络营销广告语创作实训的要求，调配资源，明确各组员的任务，并督促大家有效地完成任务。

4）撰写实训报告。每个小组完成一份网络营销广告语创作实训的实训报告，并制作成PPT课件，实训报告与PPT课件通过电子邮件或校园网提交给指导老师。

5）陈述实训心得。由各个小组推荐的发言人或小组长代表本小组，借助实训PPT课件陈述本小组的实训报告和实训心得。

6）评价实训效果。各个小组代表陈述后，指导老师点评该次网络营销广告语创作实训的情况，并由全班同学无记名投票，评选出该次实训的获奖小组，给予表扬与奖励。

3．实训考核

实训成绩依据学生上课出勤、课堂讨论发言、实训报告的写作和实训报告PPT课件制作水平等进行评定。首先由各小组长对组内各成员进行成绩评定，成绩档次分为优秀、良好、中等、及格、不及格5档；然后由指导老师对小组提交的实训报告及实训报告PPT课件进行评分；最后按照以下公式进行加权计算，计算出每个学生的最终成绩。

个人最终成绩=小组长评定成绩×20%+指导老师评定成绩×80%

其中小组长评定组内成员成绩表见表5-8，指导老师评定实训报告及实训报告PPT课件成绩表见表5-9。

表5-8　小组长评定组内成员成绩表

小组成员姓名	小组成员成绩/分				
	优秀（≥90）	良好（80～90）	中等（70～80）	及格（60～70）	不及格（<60）

表5-9　指导老师评定实训报告及实训报告PPT课件成绩表

评价内容	分值	评分
网络营销广告语的合理性	30	
网络营销广告语的创意性	30	
实训报告的完整性与科学性	20	
实训报告PPT课件设计的质量	10	
实训报告表达效果	10	
总体评分	100	

二、实操训练：网站推广前奏——百度知道问答设计操作

[实训要求]

1）学会百度知道登录的操作。

2）学会百度知道问答设计操作。

3）学会撰写百度知道问答设计实训报告。

[实训规程]

1. 百度知道的登录

1）登录百度知道 https://zhidao.baidu.com/，单击“登录”按钮（见图 5-2）。

图 5-2 单击“登录”按钮

2）在百度知道登录界面，手机扫码确认登录（见图 5-3、图 5-4）。

图 5-3 手机扫码

图 5-4 扫码成功，确认登录

2. 创建提问

1）在账号登录成功页面，单击“我要提问”超链接（见图 5-5）。

图 5-5 单击“我要提问”超链接

2）在百度知道提问页面，进行相关提问的设计，单击“提交”按钮（见图 5-6）。

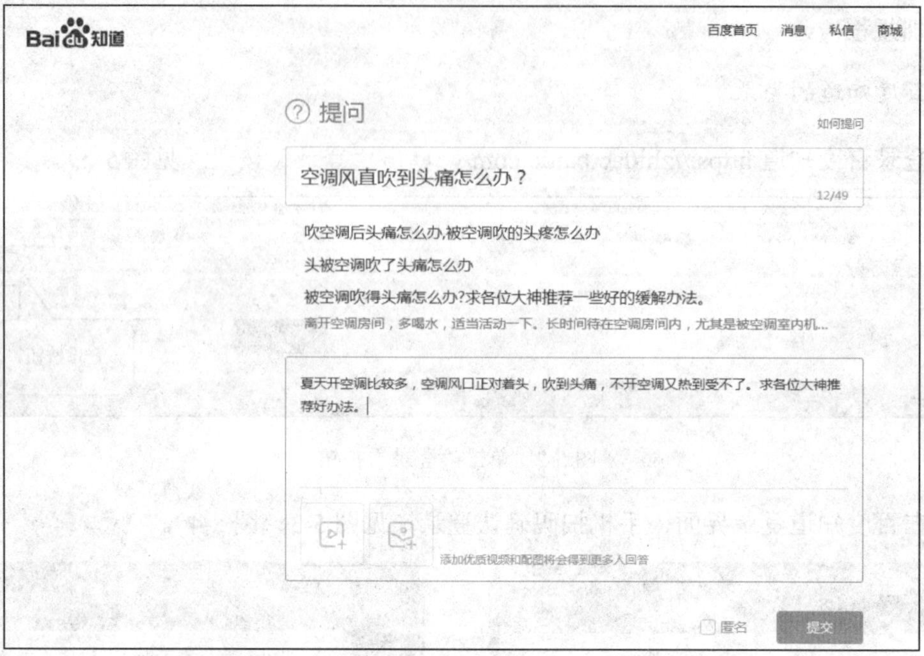

Bai du 知道　百度首页　消息　私信　商城

? 提问　如何提问

空调风直吹到头痛怎么办？ 12/49

吹空调后头痛怎么办,被空调吹的头疼怎么办

头被空调吹了头痛怎么办

被空调吹得头痛怎么办?求各位大神推荐一些好的缓解办法。

离开空调房间，多喝水，适当活动一下。长时间待在空调房间内，尤其是被空调室内机...

夏天开空调比较多，空调风口正对着头，吹到头痛，不开空调又热到受不了。求各位大神推荐好办法。

添加优质视频和配图将会得到更多人回答

匿名　提交

图 5-6　单击“提交”按钮

知识拓展 5-6

提问设计注意事项

一、如何提问才能更快得到有帮助的答案

百度知道上的提问应遵循真实、完整、明确、简洁的原则。

真实：自己的真实疑惑，希望得到帮助；

完整：问句完整，以“？”结束，让别人看得懂；

明确：有针对性的提问，描述不模糊，阐明要点；

简洁：不赘述，问题一句话，描述 1～3 句说清楚。

二、一个好提问需要包含如下信息

问题是什么：说出你想得到的帮助，每次只问一件事，以“？”结束。

具体情况：目前“你”遇到的问题情况描述，你对遇到问题的理解和观点。

时间信息：你的问题是什么时间出现的，持续多久，希望在什么时间被解决。

三、请避免如下的提问

违反法律法规，政治敏感的：如色情、暴力血腥、求盗版资源等违法内容。

不友善行为：辱骂、人身攻击、地域攻击等引起其他用户不悦等内容。

含有垃圾广告信息等内容。

表意不明确，别人无从回答的。

3）问答设计提交后，可设置准确的标签（见图 5-7）。

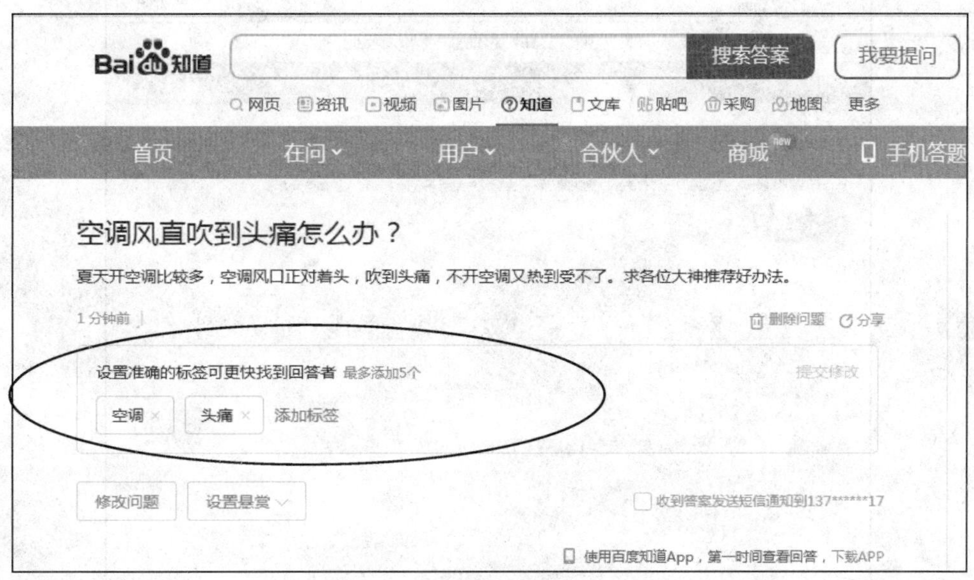

图 5-7　设置标签

4）单击“分享”按钮，把问题通过链接或二维码方式分享到微博或者微信，寻求问题答案（见图 5-8）。

图 5-8　单击“分享”按钮

3. 回答提问

1）退出已经登录的账号，利用刚刚分享复制的链接进入发布问题的回答页面（见图 5-9）。

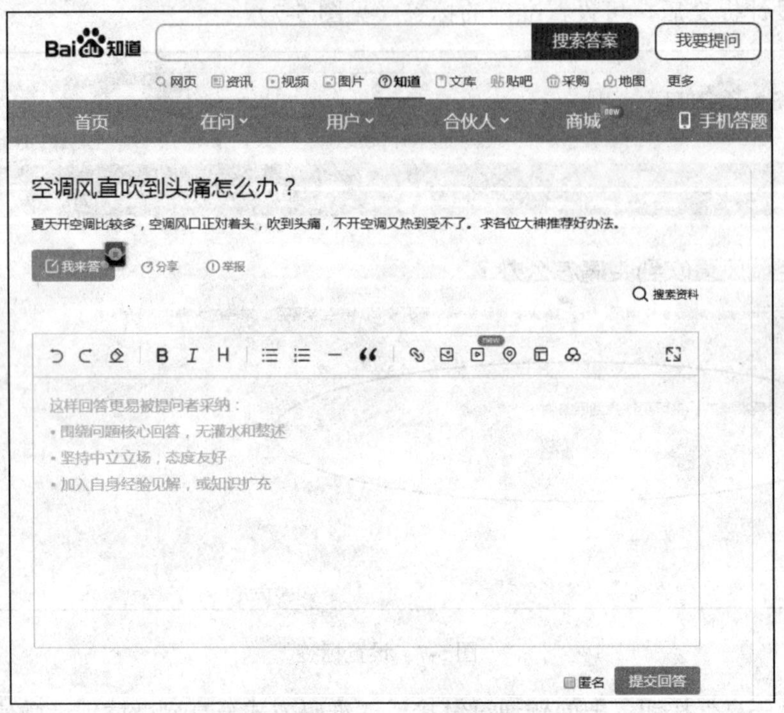

图 5-9　回答页面

2）在回答框中输入答案，在答案设计时应注意要融入你想要推广的商品软文，单击“提交回答”按钮（见图 5-10）。

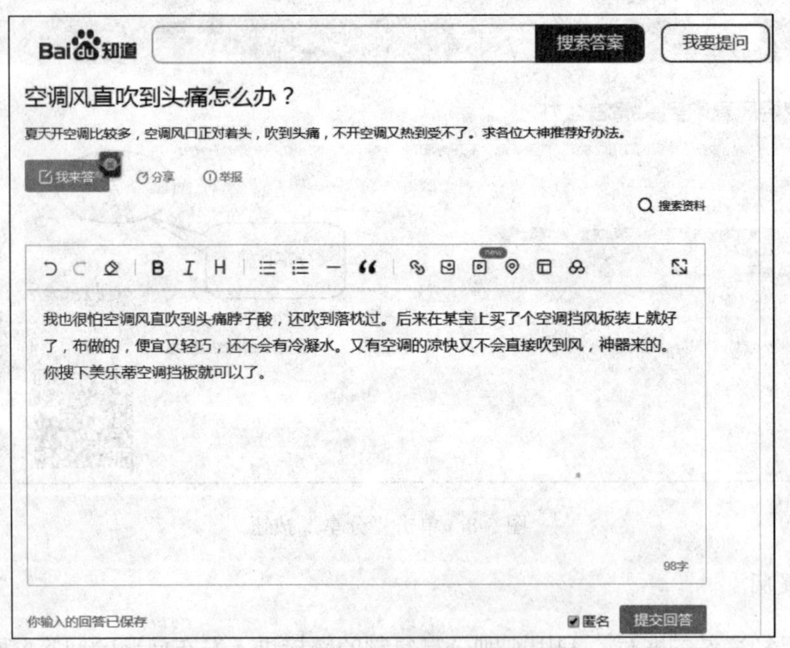

图 5-10　回答问题，进行营销推广

[实训操作]

1）实践操作百度知道登录。

2）实践操作百度知道问题设计。

3）记录百度知道问题设计各步骤，形成实训报告。

习　　题

1．域名是互联网上识别和定位计算机的________的字符标识，与该计算机的________相对应。

2．域名的命名是按________进行的，从高级到低级按________授权进行。域名的格式为________或________。

3．一个网站如果能够进行成功的形象策划设计，可增强用户对网站的识别，提高网站的形象和美誉度。网站形象设计一般包括________、________、________。

4．网站页面设计应遵循的原则有用户导向、________、________、________。

5．利用网络媒体进行推广的方法有登录搜索引擎、建立友情链接、________、________、________、________、________。

6．病毒性营销的基本要素有________、________、________、________、________、利用别人的资源。

职场拓展

放大你的价值

这是一个规模很小的食品公司，生产辣酱注册资金只有十几万。但老总却很有信心，在单位的文化墙上写着要做这座城市辣酱第一品牌的豪言壮语，时刻激励着员工们前进的信心。

辣酱上市之前，老总寻思着给辣酱做宣传广告。他本想在这个城市某个热闹的街头租一个超大的、显眼的广告牌，标上他们的产品，让所有从这儿走过的人一下子就能注意它，并从此认识他们的辣酱。

但是当他和广告公司接触之后，才发现市中心广告位的价格远远高出了他的想象，他小小的企业承担不起这天价的广告费。

可是他并没有失望，而是不停地到处打探，试图能发掘出哪里有便宜而且实惠的广告位置。

经过反复寻觅，他终于看好了一个城门路口的广告牌。那里是一个十字路口，车辆川流不息，但有一点遗憾的就是，路人行色匆匆，眼睛只顾盯着红绿灯和疾驶的车辆，在这里做广告很难保证有多好的效果。打探一下价格，几万元。老总却很满意，于是就租了下来。

对于老总这个举措，员工们纷纷提出质疑，但老总只是笑而不答，仿佛一切成竹在胸。

旧广告很快撤了下来，员工们以为第二天就能看到他们的辣酱广告了。然而，第二天，员工们看到广告牌上根本就没有他们的辣酱广告，上面赫然写着：好位置，当然只等贵客。此广告价位招租88万元/年！

天哪，这样的价格应该是这座城市最贵的广告价位了吧。天价招牌的冲击力毋庸置疑，每一个从这里路过的人似乎都不自觉地停住脚步看上一眼。口耳相传，渐渐地，很多人都知道了这个十字路口上有个贵得离谱的广告位虚席以待，甚至当地媒体都给予了极大关注……

一个月后，“爽口”牌辣酱的广告放置了上去。

辣酱厂的员工终于明白了老总的心计，无不交口称赞。该品牌辣酱的市场迅速打开，因为那“88万元/年”的广告价值早已家喻户晓。爽口辣酱成为这座城市的知名品牌。

老总把原先的口号擦去，换成了要做中国辣酱第一品牌的口号。一位员工问他：“我们还不是这个城市的第一品牌，为什么就要换了呢？”

老总意味深长地回答说：“价值只有在流通中才能得以体现，但价值的标尺却永远在别人手中。别人永远不会赋予你理想的价值，你必须自己主动去做一块招牌，适当地放大自己的价值！”

（资料来源：詹伟明，2016．放大你的价值[J]．教育视界（3）：50．）

思考：该故事道出了怎样的人生哲理？

第6章 网络产品策略

目的要求

1. 知识目标

1）理解网络产品的整体概念。

2）掌握网络产品的特点。

3）掌握网络产品组合决策。

4）理解网络产品组合策略的运用。

5）掌握网络产品品牌的概念和特点。

6）掌握网络产品品牌设计的要求。

7）了解网络产品品牌策略的运用。

2. 技能目标

1）会设计软文营销文案。

2）会运营操作网络平台。

3. 素养目标

差异化才能塑造与众不同的特色形象。

重点难点

1）网络产品整体概念。

2）网络产品组合决策。

3）网络产品品牌设计。

4）网络产品品牌策略运用。

5）软文营销文案设计。

情智故事

小一号的简历

才到大四，大家就一头扎进了求职大军中。12月中旬，市里组织了一场大规模的毕业生

双选会。大家从一接到消息就积极投入到了准备工作中去。准备的工作很多，其中最重要的莫过于准备一份精美的简历。

学校为每一个同学准备了一种蓝色的简历封皮，A4 纸大小，封面与封底是由学校最好的教授设计的，端庄大方，无可挑剔。于是，大家将创意发挥到简历内容里，一个个都想方设法把内容做得更有特色。

参加招聘会那天的路上，大家都拿出自己的简历来展示，猛然看到小涛的简历非常独特，他的简历居然比大家的简历整整小了一号，里面也没有过多的修饰。大家都笑了起来，问他："小涛，你不会连简历都偷工减料吧？"他笑了笑，顺口回答说："我这叫节省资源！"

大家笑得更厉害了，心想，这个家伙真是吝啬到家了，连一份简历都偷工减料。

招聘会场，人山人海，大家很快就被人潮淹没了。每一个招聘人员的身边都堆着小山般的简历。作者晓琳每投出一份简历心里都觉得一阵迷茫，因为总是不出几分钟，晓琳就能看到自己精心准备的简历被新的简历重重地压在下面。晓琳甚至怀疑招聘官是否会在招聘结束之后去重新翻出自己心爱的简历。

晓琳和同学们谈论起自己的担心时，大家的脸上也露出了同样的担忧。

带着这样的失落与好奇，一直到招聘会结束之后，当招聘官们都开始收拾东西离去的时候，大家却迟迟没有离去，特意到几个大家比较抱有期望的公司展台上去看自己的蓝色简历处在什么"位置"。这时，大家惊讶地看到一本小一号的简历，几乎都摆在每个简历堆的最上面。晓琳一眼就看出来那就是小涛的简历。

大家诧异地问小涛："你小子暗地里说了什么好话啊！招聘官居然都把你的简历放在最上面，放在第一位啊！那可是最佳位置啊，就是最好的机会啊！"

小涛笑着说："其实也没有说什么啊，就是事先把简历做小了一号，招聘官大概都觉得不好堆在下面，只好放在最上面啦……"

大家顿时惊讶得目瞪口呆，原来，他把简历做成小一号，根本就不是偷工减料，而是为了得到最好的位置，这是多么聪明的做法啊！

他的创意果然得到了收获，他成了同学们中间第一个找到好工作的人。

他以小一号的简历赢得了大一号的机会。

（资料来源：佚名．小一号的简历[EB/OL]．（2016-07-08）[2022-12-20]．https://www.xigushi.com/jcgs/13956.html．）

［情智点评］小一号的简历，差异化的产品，塑造了小涛同学与众不同的有鲜明个性或特色的形象，获得了意外的好效果。我们从事网络产品设计时，一定要注意培养自己的差异化思维，设计出与众不同的产品，这样才能取得与众不同的收获。

6.1 网络产品概述

6.1.1 网络产品的概念

网络产品是指在网络营销活动中，消费者所期望的能满足其需求的所有有形实物产品和无形服务。它包括 5 个层次的内容（见表 6-1）。

表 6-1　网络产品层次

层次	层次内容
核心产品	网络产品的核心功能或基本使用价值，即消费者希望通过交换活动得到的产品最为核心的或最为基本的效用和利益。例如，网络聊天工具的核心价值是它的社会交往与思想交流功能
形式产品	产品的实体存在形式或外在表现形式，即使产品的核心功能实现的载体，表现为产品的质量、特色、款式、品牌、包装等方面
期望产品	消费者所期望的产品的个性化价值。例如，上网聊天，人们追求的是社交需求的满足。然而，有的人以觅友为目的，有的人以宣泄个人感情为目的，有的人出于追求网络社交的体验
附加产品	随着购买行为产生或延伸产生的产品附加价值，即附加在产品上的能带给消费者享受的额外利益。附加产品包括产品售后服务、质量保证、信贷、赠品等
潜在产品	满足消费者潜在需求的超值利益，即能满足消费者的潜在需求，尚未被消费者意识到，或已经被意识到但尚未被消费者重视或消费者不敢奢望的一些产品价值。消费者没有潜在产品，仍然可以很好地满足其现实需求，但得到潜在产品之后，消费者的需求会得到超值的满足，消费者对产品的偏好与忠诚度也将会大大强化

6.1.2　网络产品的特点

1. 产品形式：大多属于数字化、信息化的产品

最适合网络营销的产品是那些易于数字化、信息化的产品，如音乐、图书、软件、网上咨询、远程教育、远程医疗等。对于其他实物产品，网络营销的任务主要是企业形象的宣传和产品品牌的推广。

2. 产品性质：一般属于质量差别不大的同质产品或非选购品

适合于网络营销的产品一般属于质量差别不大的同质产品或非选购品，消费者可以从网上获得这类产品的信息，根据这些信息就能确定和评价其产品的质量，如图书、计算机、手机、预订机票等。

3. 产品品牌：一般是那些名牌企业的产品或名牌产品

比较适合网络营销的产品一般是那些名牌企业的产品、知名品牌产品或知名网站经销的产品。这些企业及其产品已经被众多消费者的购物实践证明其货真价实、质量可靠，消费者在购物过程中只是认品牌购物，不必再花费太多精力和时间去比较选择，如海尔产品、海信产品等。

4. 产品顾客：一般属于市场容量大、覆盖范围广、配送容易的产品

适合网络营销的产品一般是市场容量大、覆盖范围广、配送容易的产品，如图书、软件、网上服务等。

5. 产品价格：一般属于有低价优势的产品

通过互联网进行营销的产品成本一般低于传统营销的产品成本，因此网络产品一般可以采用低价定位。

案例 6-1

“小茗同学”——冷泡茶

2015 年 4 月，统一推出了一款茶饮料——“小茗同学冷泡茶”。“小茗同学”是这款产品的代言人，其是一个 3D 动画小人儿，有着西瓜头、月牙眼，形象十分可爱。根据“小茗同学”在微博上的自我介绍，他的中文名叫“小茗同学”，英文名叫“Doubility”，爱讲冷笑话，喜欢抽前排同学的凳子，拥有幽默开怀、总能轻松面对生活的性情，口头禅是“认真搞笑，低调冷泡”。“小茗同学”经常在微博上发起各种话题，“茗式扎心拷问”“茗式学堂”……，而在微信上，“小茗同学”经常发起互动小游戏，如“你猜你猜你猜猜猜”，发布在产品上市之前，要求玩家猜测“小茗同学”的形象造型，网友只要把游戏发布到朋友圈，攒够好友的点赞数量，截图发至公众号，就可以获得奖品。类似的游戏还有“和小茗同学 say hi”，玩家需要分享与“小茗同学冷泡茶”的合照，照片越搞笑，奖品越高级。

（资料来源：何晓兵，何杨平，王雅丽，2020．网络营销：基础、策略与工具[M]．2 版．北京：人民邮电出版社．）

6.1.3 网络产品的分类

网络产品根据产品的具体形式不同，可以划分为三大类。

1．实体产品

实体产品是指能看得见、摸得着的具有实体形态的网络产品，如图书、计算机、数码相机等产品。

2．数字化产品

数字化产品是指以数字形式存在的网络产品，如计算机软件、音乐、图像图片等产品。

3．服务产品

服务产品是指以服务提供形式表现的网络产品，如各网站提供的电子邮箱服务、搜索引擎服务、信息发布服务、远程教育服务等。

6.1.4 网络产品组合策略

网络产品组合是指网络营销企业向网上目标市场所提供的全部产品或业务的组合或搭配。产品组合由产品线和具体产品项目组成。网络产品的组合一般可从网络产品组合的宽度、长度、深度、关联度等方面进行决策。网络产品组合策略通常包括以下几方面（见表 6-2）。

表 6-2　网络产品组合策略

策略种类	策略内容
扩充产品组合策略	增加企业网络产品组合的宽度或增加产品组合的深度的策略。一般包括扩大产品组合的宽度，即增加新的产品系列；扩大产品组合的深度，即增加产品的品种、规格、型号等；增加产品组合的相关程度
缩减产品组合策略	企业减少网上营销产品的大类数或减少某一产品线内的产品项目数的策略。一般是剔除那些获利很小甚至没有获利的产品小类或产品项目，集中力量发展那些获利多的具有核心技术和竞争力的产品大类和产品项目。例如，八佰拜网站，最初营销的商品多达几万种，而现在减少到几千种
产品线延伸策略	企业突破网络营销原有的产品档次范围，使产品线延长的策略。一般包括以下 3 种：①向下延伸策略。企业原来生产销售高档产品，后来增加档次低一些的产品项目的生产销售。②向上延伸策略。企业原来生产销售中低档产品，后来增加档次高一些的产品项目的生产销售。③双向延伸策略。企业原来生产销售中档产品，后来同时增加高档产品项目和低档产品项目的生产销售

6.2　网络产品品牌

6.2.1　网络产品品牌概述

1. 网络产品品牌的含义

网络产品品牌依据其设计对象的不同，一般包含两层含义。

1）网络产品品牌指企业为了识别自己的网络产品或服务，区别于竞争对手的产品或服务，给企业网上经营的产品设计的名称和标识，其对应的是品牌产品。

2）营销网站品牌指企业为自己的网站设计的，能区别竞争对手的网站，能形成竞争优势的网络标识，包括网站中文名称、网站中英文域名等，其对应的是品牌网站。

2. 网络产品品牌的特点

网络产品品牌的特点如表 6-3 所示。

表 6-3　网络产品品牌的特点

特点	实践运用
差异性	网络产品品牌的设计最主要的目的是将企业的产品或服务与市场上同类型的其他产品或服务区别开来，因此网络产品品牌首先体现的是它的差异性，让网上消费者能清楚地识别出企业的产品、服务或网站
动态性	网络产品品牌需要动态表现，即将网络产品品牌创造成一个强烈的、可记忆的、易于传播的符号，让消费者形成实在的感知。例如，腾讯 QQ 品牌的动态性就是每逢特别的节日，其网站的 logo 就会变身，变成节日卡通形象，节日 logo 已经成为腾讯 QQ 品牌文化重要的组成部分
视觉性	强调视觉效果是网络产品品牌的一个重要特点。网络产品品牌的设计和建设，除了静态的图片和文字，还需借助三维动画、视频文件和 Flash 动画等提高其视觉效果，给访问者留下美好、深刻的印象

3. 网络产品品牌的设计

品牌是企业的灵魂，体现了企业的个性和特色。好的品牌不仅可以引起消费者的独特联想，准确反映品牌的特点，有强烈的冲击力，刺激消费者的消费心理，增强消费者的购买欲望，还可以提升企业及其产品的形象。品牌已成为企业与消费者沟通情感的纽带，成为增强企业竞争能力的重要手段。网络产品品牌的设计应注意以下几点。

（1）与企业已有品牌名称的相关性

一般来说，企业的网络产品品牌名称可以沿用传统的品牌名称，或是可以令消费者产生关于企业品牌的相关联想的品牌名称，这样一方面便于消费者识别企业的品牌；另一方面，如果品牌已有相当的知名度，可以借助其已有的影响力在网络空间获得品牌延伸，如“苏宁电器”的网站名称为“苏宁易购”。

（2）选择独特的专有名而不是通用名

企业给网络产品品牌起一个独特的专有名比使用通用名有效。通用名一般指一类生物或一类事物中的任一个体的词，如“电器”是一个通用名。专有名是指一个特定生物或一个特定事物的词，如“苏宁”是一个专有名。

在互联网的发展初期，人们往往以为通用名是最有效的，通用名可以让人们很快地了解网站是做什么的，但这对企业网络产品品牌的塑造毫无益处，相反，通用名的使用会使网络产品品牌缺乏个性和魅力。例如，搜索的领先品牌不是搜索网，而是百度，网上书店的知名品牌不是书籍网，而是当当网。另外，从品牌保护的角度来讲，通用名因其所具有的通用性，而导致品牌专有性降低，品牌名称不易受到保护。

（3）具有与网络目标顾客群相似的特质

网络空间聚集了一群对个性化需求更加强烈，更具有自主消费意识的群体，一个与目标顾客群具有同样特质的网络产品品牌能够凸显出该品牌消费者的诉求和特色，更容易激发消费者的共鸣，增强品牌的亲和力，吸引消费者的关注和兴趣。

（4）名称应尽量简洁，便于记忆和使用

品牌名称字数的多少对品牌的认知是有一定影响的，品牌名称越短越利于传播；越简洁的品牌，消费者的品牌认知度越高。因此，网络产品品牌的设计应简洁醒目。对于网络产品品牌，用户不仅需要记忆，而且需要经常在计算机上使用该品牌名称，所以对网络产品品牌来说，一个简短、易拼写的品牌名称比传统品牌更为需要，这样才能让用户记住和方便使用。

（5）名称应该具有亲和力，以利于口碑传播

口碑传播是指依据网民的口口相传，自发主动传播网络产品品牌信息的传播方式。口碑传播是所有传播方式中最有效的，尤其是在交互性和开放性的网络空间，消费者对品牌的影响力日益增强，口碑传播发挥的作用越来越重要。因此，给网络产品品牌取一个具有亲和力、易于为大众所接受、易于口碑传播的名称将更加有利于品牌的传播。

（6）品牌名称不要与地域文化相冲突

网络的发展导致了国际商务往来越来越频繁，网络产品品牌在命名时就不仅要考虑适应本国市场，还要考虑适应即将面临的国际市场，适应网络产品品牌的国际化发展，特别是网络产品品牌主要面向地域的市场。企业在网络产品品牌命名时应注意了解当地的环境和风土人情，避免与当地文化产生冲突。

6.2.2　网络产品品牌策略

1. 网络产品品牌创建策略

网络产品品牌创建策略如表 6-4 所示。

表 6-4　网络产品品牌创建策略

策略种类	策略运用	适用条件
新创品牌	企业为网上经营的产品或服务重新设计、注册与使用一个全新的、适合网络营销的、富有个性的网上品牌	主要适合于企业网络营销面对的目标市场与传统目标市场有很大差异的情况，或者企业的现有品牌在传统目标市场经营得不理想，企业希望借此机会重新塑造品牌形象
延伸品牌	企业将已有的传统目标市场的知名品牌延伸运用到网络产品	主要适合于企业已拥有一个在传统目标市场具有很高知名度和美誉度的品牌，企业希望将现有品牌延伸到网络目标市场
品牌网站	企业为某一新创品牌产品或延伸品牌产品建立相对独立的站点或网页。企业可以站在企业角度对其进行整体推广营销，也可以站在该品牌的角度进行单独推广宣传	主要适合于企业规模大，资金实力强，产品品种多，各品牌产品有相对稳定顾客群，企业希望各品牌产品独立开展运作，如一汽集团旗下的红旗、解放、奔腾等品牌，都建有自己独立的营销网站

2. 网络产品品牌塑造策略

（1）关注和满足网络产品品牌目标顾客群的需求

网络产品品牌的塑造应该从分析、关注品牌目标顾客群的需求开始。企业应通过深入了解品牌目标顾客群的特征以及他们不断变化的新的需求，对目标顾客群的需求进行细分，向不同需求的目标顾客提供个性化的服务，以提高他们对品牌的满意度。

（2）不断地创新技术应用和营销手段

创新是第一动力，企业应增强自主创新能力。网络产品品牌的塑造需要企业重视创新性地应用互联网技术及营销手段，不断创新和强化品牌形象，给消费者以与时俱进的品牌形象。

（3）追求为消费者创造完美的品牌体验

互联网使网络产品品牌与消费者的联系更加紧密，但同时使塑造网络产品品牌更具挑战性，它要求网络产品品牌要在每一个与消费者接触的环节，创造更加人性化的互联网体验，给予消费者美好的品牌体验。

（4）利用社会热点实施网络产品品牌的传播

企业要想让自己的网络产品品牌迅速成长，一定要学会时刻关注、跟踪社会上的文化热点、娱乐热点、体育热点，随时取之为我所用，让其紧贴社会热点的品牌传播运动，激起市场和社会的多元化反应，形成多重的激荡。

（5）注重利用网络手段强化品牌管理

企业应充分利用网络手段实现对品牌目标顾客群的网络行为的实时监测，主动了解来自多方面的顾客反馈，以对品牌定位及策略的执行及时做出评估、调整，确立企业网络产品品牌在市场竞争中的优势地位。

案例 6-2

三只松鼠的品牌营销之道

安徽三只松鼠电子商务有限公司（以下简称“三只松鼠”）是一家定位于纯互联网食品品牌的企业，也是以坚果、干果、茶叶等森林食品的研发、分装及 B2C 品牌销售为主营业务的现代化新型企业。三只松鼠品牌于 2012 年 6 月 19 日上线，在 2019 年“双十一”销售额达 10.49 亿元。当前三只松鼠全面覆盖淘宝、天猫、京东、唯品会等各类渠道，并已在全国建成华南、华北、华东和西南四大物流中心。

三只松鼠品牌形象乖萌且俏皮、鲜明、鲜活，同时具备生动感和质感，无论老幼都会被松鼠可爱的形象逗得开怀。同时，三只松鼠的目标客户群体定位非常明确，主要是“80 后”“90 后”的互联网用户。“80 后”“90 后”个性张扬，有自己的主见和行为准则，追求时尚、享受生活、善待自己，习惯网购，对细节挑剔，注重全方位的消费体验。

三只松鼠一直不遗余力地塑造并传达属于自己的松鼠森林式文化，无论是商品描述页的第一屏，还是服务卡上的文字、包装箱、果壳袋、附赠的手机挂件、员工工作环境等各个细节和场合，都无一不流露出松鼠文化：快乐可爱、绿色天然、关爱环境。

三只松鼠创始人章燎原鼓励客服与顾客之间建立起除买卖关系以外更深层次的联系，并认为和顾客在沟通交流中聊得越久越好。三只松鼠从客服到售后，将“松鼠”品牌立体化，努力带给买家一次完整的“松鼠与主人”的购物体验；其客服化身为鼠小弟，亲切地称买家为“主人”，还时不时地卖萌，如“主人，买一个吧”“主人，鼠胖胖在呢”。三只松鼠卓越的产品品质及其极致的顾客体验都超出了顾客的预期，使其品牌产生了很好的口碑效应。

（资料来源：何晓兵，何杨平，王雅丽，2020．网络营销：基础、策略与工具[M]．2 版．北京：人民邮电出版社．）

实训训练

一、策划训练：软文营销文案设计

[实训目的]

1）培养学生设计软文营销文案的能力。

2）培养学生组织分工与团队合作能力。

3）培养学生整理分析资料与写作的能力。
4）培养学生计算机软件应用的能力。
5）培养学生积极讨论与口头表达的能力。

[实训要求]

1）能依据背景设计出一份创意的软文营销文案。
2）能清晰地表达出软文营销文案的内容。
3）能撰写出软文营销文案设计的实训报告。
4）能依据实训报告制作出实训的 PPT 课件。

[实训例讲]

五一拼什么？

中国海军节，中国航天日、神舟十三号载人飞船安全落地，这些无一不在阐述着祖国的强大。五一假期一起拼搭具有军工情怀和航天科技情怀的文化 IP 系列积木玩具吧（见图 6-1、图 6-2）。

图 6-1　神舟起航 遨游天际（1）

图 6-2　神舟起航 遨游天际（2）

大多数人小时候就做过当太空人的梦想。如今嫦娥探月、祝融探火、羲和逐日、神舟逐梦……幼时的神话故事被一一实现（见图 6-3、图 6-4）。我们脚踏实地走的每一步都在历史上留下了浓墨重彩的一笔！

图 6-3　红外线遥控塔台与火箭台

图 6-4　长征二号 F 遥神舟十三运载火箭

喜欢××玩具，请微信扫码：京东官方旗舰店、天猫官方旗舰店（见图 6-5、图 6-6）。

股票简称：××××

股票代码：××××××

图 6-5　××玩具

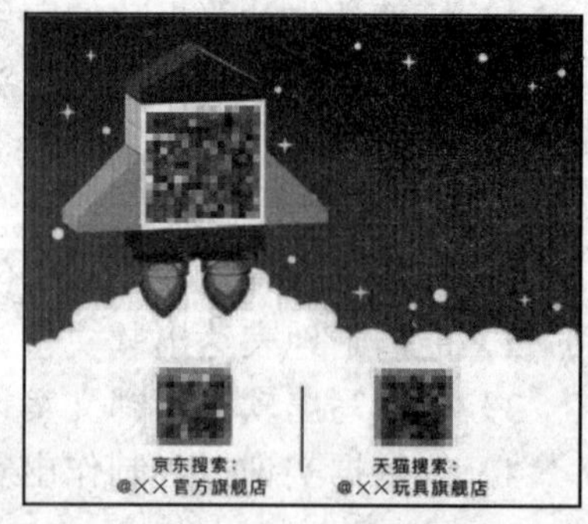

图 6-6　××玩具，创意生活一起拼

（资料来源：根据微信公众号内容改编。）

[实训练习]

1．实训背景

福华科技有限公司地处深圳，为切实扩大福华品牌的知名度，公司决定于八一建军节前夕在京东网上举办一场“经典美丽——献给英雄母亲”的活动：在全市范围内寻找 100 位英雄母亲，再由京东网民投票评选出 10 位感动深圳的英雄母亲，公司将奖励每位英雄母亲 10000 元的经典美丽基金，并赠送价值 10000 元的福华笔记本式计算机一台；其他 90 位英雄母亲，也将获得每人 1000 元的经典美丽基金以及价值 5000 元的福华笔记本式计算机一台。试根据以上背景资料，为公司制定一份“经典美丽——献给英雄母亲”的软文营销文案。

2．实训组织

1）组建实训小组。将教学班学生按每小组 6～8 人的标准划分成若干课题小组，每个小组指定或推选出一名小组长。

2）确定实训课题。每个小组根据软文营销文案设计的背景资料，设计出一份软文营销文案，并完成软文营销文案设计实训报告以及制作实训报告 PPT 课件。

3）实施实训操作。各小组长根据软文营销文案设计实训的要求，调配资源，明确各组员的任务，并督促大家有效地完成任务。

4）撰写实训报告。每个小组完成一份软文营销文案设计实训的实训报告，并制作成 PPT 课件，实训报告与 PPT 课件通过电子邮件或校园网提交给指导老师。

5）陈述实训心得。由各个小组推荐的发言人或小组长代表本小组，借助实训 PPT 课件陈述本小组的实训报告和实训心得。

6）评价实训效果。各个小组代表陈述后，指导老师点评该次软文营销文案设计实训的情况，并由全班同学无记名投票，评选出该次实训的获奖小组，给予表扬与奖励。

3．实训考核

实训成绩依据学生上课出勤、课堂讨论发言、实训报告的写作和实训报告 PPT 课件制作

水平等进行评定。首先由各小组长对组内各成员进行成绩评定，成绩档次分为优秀、良好、中等、及格、不及格 5 档；然后由指导老师对小组提交的实训报告及实训报告 PPT 课件进行评分；最后按照以下公式进行加权计算，计算出每个学生的最终成绩。

个人最终成绩=小组长评定成绩×20%+指导老师评定成绩×80%

其中小组长评定组内成员成绩表见表 6-5，指导老师评定实训报告及实训报告 PPT 课件成绩表见表 6-6。

表 6-5 小组长评定组内成员成绩表

小组成员姓名	小组成员成绩/分				
	优秀 （≥90）	良好 （80～90）	中等 （70～80）	及格 （60～70）	不及格 （<60）

表 6-6 指导老师评定实训报告及实训报告 PPT 课件成绩表

评价内容	分值	评分
软文营销文案的完整性	30	
软文营销文案的创意性	30	
实训报告的完整性与科学性	20	
实训报告 PPT 课件设计的质量	10	
实训报告表达效果	10	
总体评分	100	

二、实操训练：网络产品体验——网络平台运营操作

[实训要求]

1）学会网店商品上传的操作。

2）学会撰写网店商品上传实训报告。

[实训规程]

网络店铺成功申请后，商家需要将商品（宝贝）发布到店铺里面。发布宝贝之前，需要准备 5 张主图，主图的比例是 1∶1，宝贝的主图大小不能超过 3MB，一般来说主图的尺寸要大于等于 700 像素×700 像素，支持 jpg、png、gif、jpeg 格式。

1）登录到“我的淘宝”，单击右上角的“千牛卖家中心”超链接（见图 6-7）。

图 6-7　单击“千牛卖家中心”超链接

2）在千牛卖家中心的“商品”选项中，选择“发布宝贝”，单击“发布新商品”超链接（见图 6-8）。

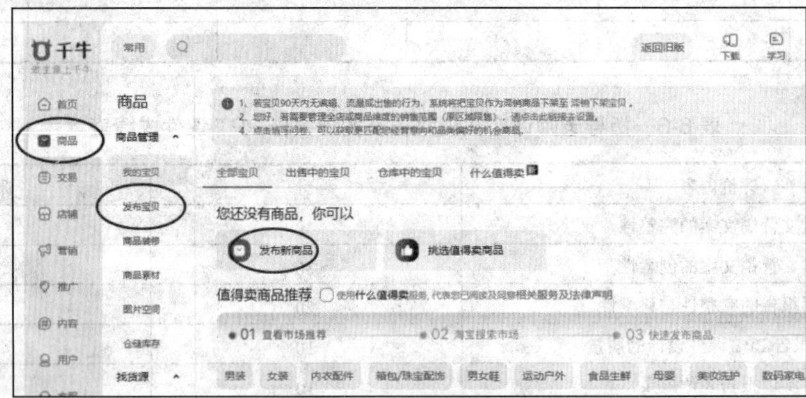

图 6-8　单击“发布新商品”超链接

3）依次上传 5 张主图，单击“添加上传图片”超链接（见图 6-9）。

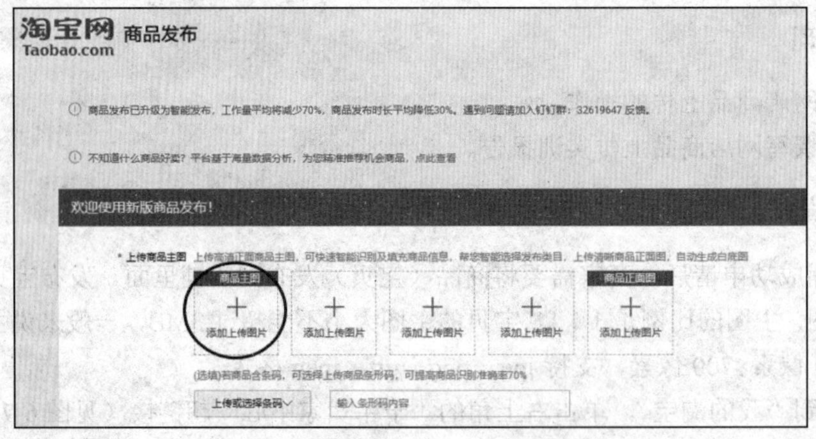

图 6-9　单击“添加上传图片”超链接

4）选择“宝贝图片”，单击“上传图片”按钮，将之前准备好的商品图片依次上传（见图 6-10）。

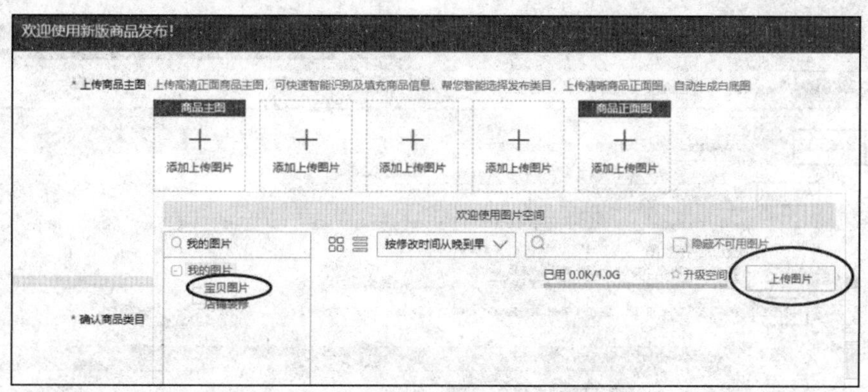

图 6-10　单击“上传图片”按钮

5）淘宝平台可智能识别所上传的高清正面商品主图，识别后会自动填充商品信息，帮助卖家选择发布商品类目。如果觉得平台智能识别不准确，也可手动选择推荐出来的类目，之后单击“下一步，完善商品信息”按钮（见图 6-11）。

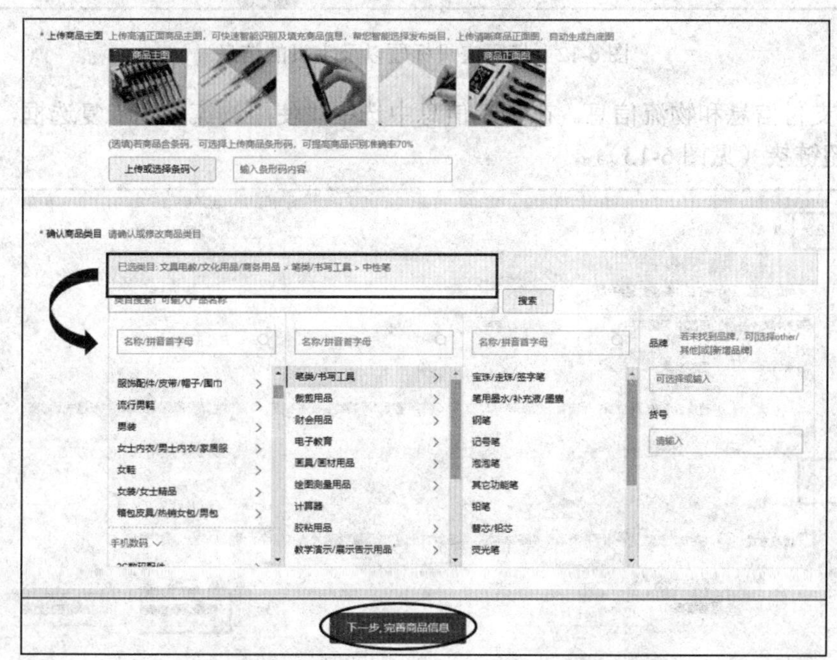

图 6-11　单击“下一步，完善商品信息”按钮

6）填写宝贝标题以及宝贝的类目属性。宝贝的类目属性会根据上一步骤识别出来的类目形成商品的基础信息和销售信息，信息填写越完整，越有可能增加搜索流量，越有机会被消费者购买（见图 6-12）。

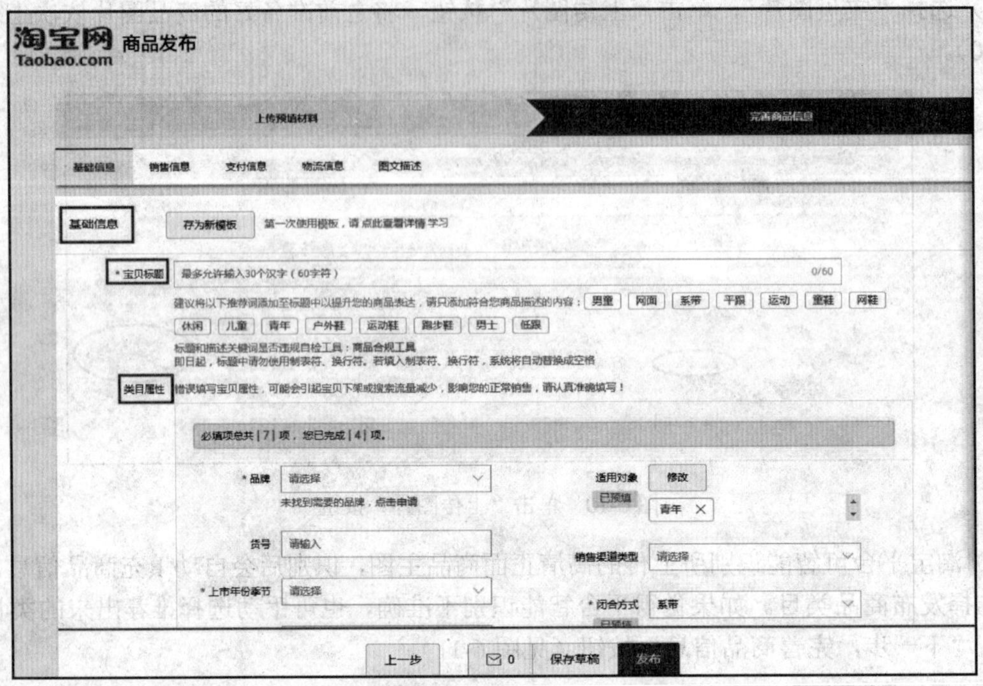

图 6-12　填写宝贝标题以及宝贝的信息

7）填写支付信息和物流信息。在物流信息中选中“使用物流配送”复选框，单击“新建运费模板”超链接（见图 6-13）。

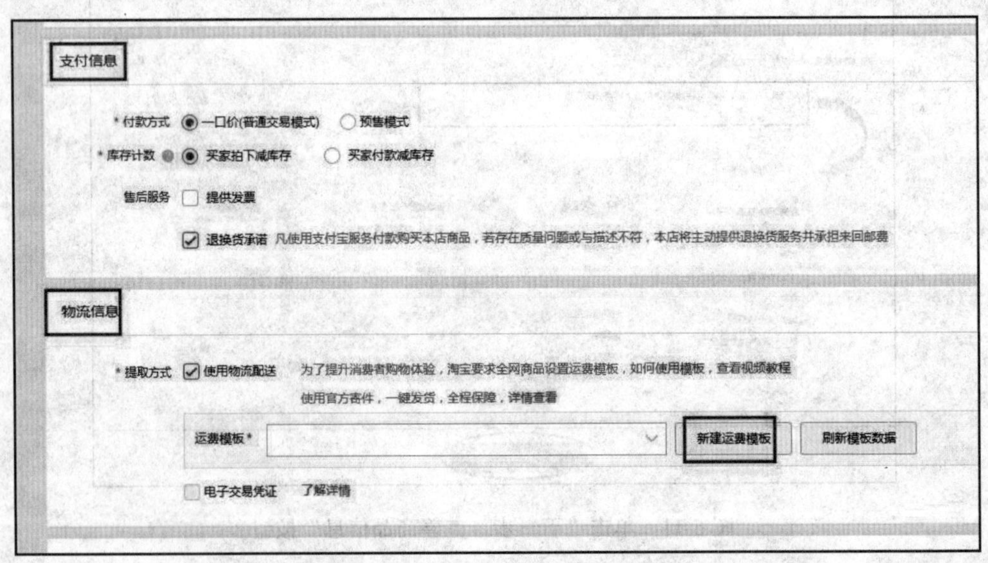

图 6-13　单击“新建运费模板”超链接

8）在运费模板设置中单击“新增运费模板”，填写模板名称、发货地等相关信息后，单击“保存并返回”按钮（见图 6-14）。

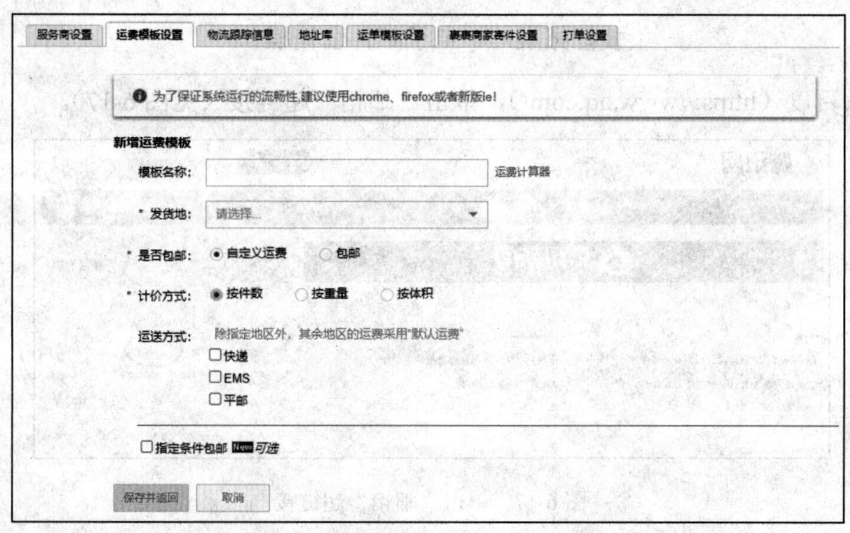

图 6-14　单击“保存并返回”按钮

9）宝贝描述（图片、文字等）的上传，上传后可在移动端或电脑端进行预览（见图 6-15）。

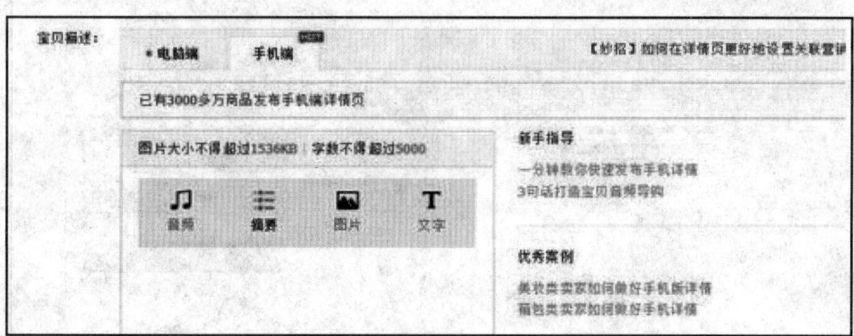

图 6-15　宝贝描述

10）填写上架时间，单击“发布”按钮，则宝贝成功发布（见图 6-16）。

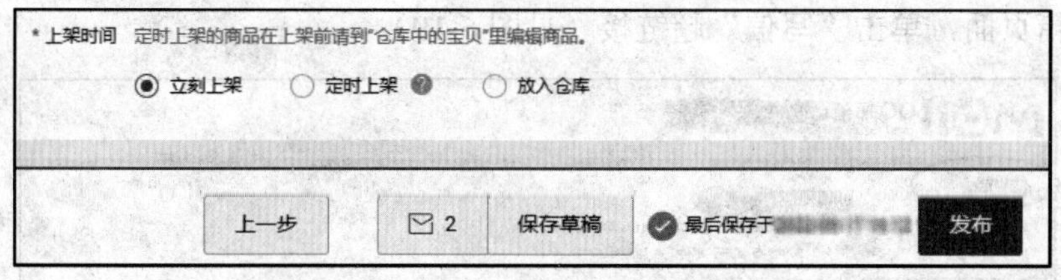

图 6-16　单击“发布”按钮

[实训操作]

1）实践操作网店商品的上传。
2）记录网店商品上传各步骤，形成实训报告。

技能拓展——电子邮件营销操作

1）登录百度（https://www.qq.com/），单击“邮箱”超链接（见图 6-17）。

图 6-17　单击“邮箱”超链接

2）输入账户号和密码，单击“登录”按钮（见图 6-18）。

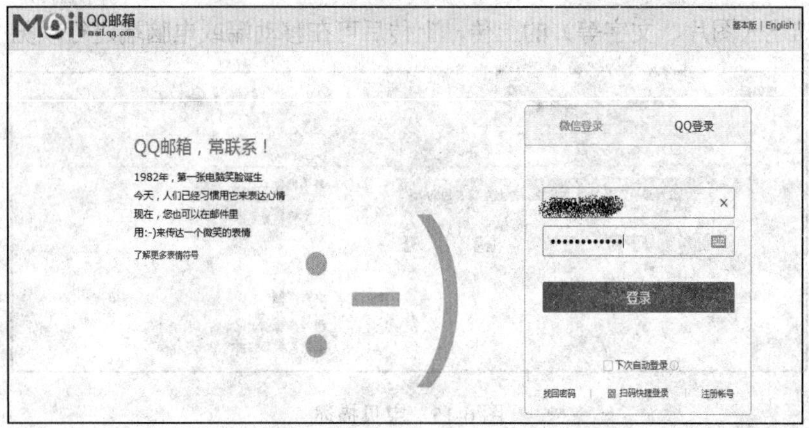

图 6-18　单击“登录”按钮

3）在邮箱页面，单击“写信”超链接（见图 6-19）。

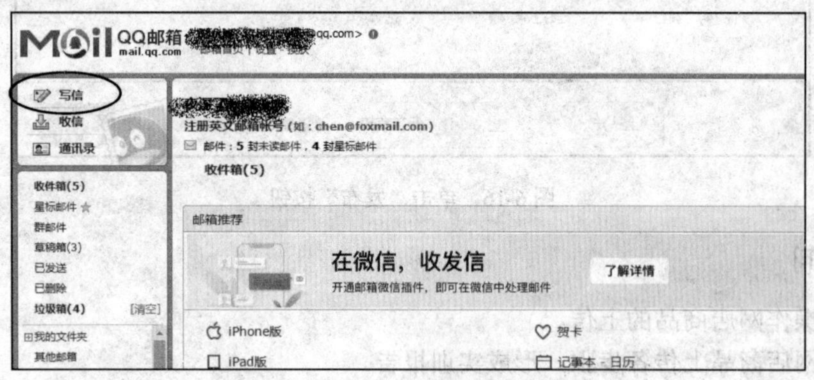

图 6-19　单击“写信”超链接

4）输入收件人、主题、邮件正文以及添加图片等内容后，单击“发送”按钮，完成邮件发送（见图 6-20）。

图 6-20　单击“发送”按钮

习　　题

一、选择题

1．搜易得是国内最大的网上数码卖场，几年来，搜易得一直“两条腿走路”，一边自己卖产品，一边为其他商家提供网上经营平台（网上商城）。2004 年年底，搜易得向媒体宣布了自己的“断臂”之举——彻底停止每年高达数千万的自营业务，专心经营网上商城业务，试图在总体规模上取得突破，搜易得实施的是（　　）战略。

A．产品线组合　　B．缩减产品组合　　C．扩充产品组合　　D．产品线延伸

2．2005 年，中商网发起了中国电子商务普及革命，诚征全国 500 个城市独家合作伙伴，这属于（　　）战略。

A．市场渗透　　B．市场开发　　C．产品开发　　D.扩充产品组合

3．百度自成功推出了新闻搜索引擎服务之后，利用其品牌和技术优势，相继推出了 MP3、文档、地图、传情、影视等多样化的搜索服务，并创造了以贴吧、知道为代表的搜索社区，将无数网民头脑中的智慧融入了搜索，百度采取的是（　　）策略。

A．扩充产品组合　　B．缩减产品组合　　C．产品线延伸　　D．产品线号召

二、填空题

1．网络产品是指在网络营销活动中，消费者所期望的能满足其需求的所有有形实物产品和无形服务。它包括 5 个层次的内容：________、________、________、________、潜在产品。

2．网络产品组合是指网络营销企业向________所提供的________的组合或搭配。产品组合由________和具体________组成。

3．网络产品的组合一般可从网络产品组合的________、________、________和关联度等方面进行决策。

4．网络产品品牌的特点有________、________、________。

5．网络产品品牌的设计应注意________、________、________、________、________、品牌名称不要与地域文化相冲突。

职场拓展

95后糖艺女孩开启“甜蜜事业”

因为技能，小镇女孩陈浇琳站上了技能大赛的世界舞台，获得了第44届“世界技能大赛”全国选拔赛“糖衣/西点制作项目”第二名。当年25岁的陈浇琳，用糖艺创业，开了一家新奇别致的甜品小店，也开启了自己的“甜蜜事业”。

陈浇琳是一个土生土长的中山人，开这家店做了一年，卖一些欧包、奶油蛋糕、甜品之类的。为什么（产品）这么受大家欢迎，就是因为她之前在学校学到的糖艺、巧克力技术，运用到了店里面的蛋糕上面，大家就会觉得，这家店做的蛋糕没有吃过，好新奇。

糖艺比较少见，因为它的门槛比较高，从熬糖开始就要熬到180～200℃，熬完之后让它冷却，在它的80～90℃操作的范围之内，再去塑造一些花、动物和一些小配件。糖艺这门技能是先从拉丝、吹球当中慢慢学习起来的。吹球温度掌握不好的话会爆，现在水母已经做成了，鱼鳍、鱼尾巴、鱼眼睛，活灵活现，整个造型还要考虑它的重心是否平稳，向前倒或者向后歪都是不行的，之前就在省赛当中出现过这样的意外，整个支架都断裂了，整个人感到很崩溃，就在最后的一个半小时里，把破掉的支架打碎，全部放锅里面熬化，重新做了一个实心的支架，才把整个作品全部立起来了。

这对她开店影响很大，技能给了她底气去创业。直到现在在她店里面，都会运用高标准、严格地要求产品的出品。母亲节当天店里接了130多个蛋糕，当天晚上整个朋友圈都是小店的蛋糕，专业技能运用到客人的身上，给大家带来很多开心和快乐，看到客人脸上都满带笑容地离开，她觉得很值得。

（资料来源：佚名．技能成就出彩人生！看95后如何“花式”就业[EB/OL]．(2022-07-19)[2022-12-20]. http://content-static.cctvnews.cctv.com/snow-book/index.html?item_id=13692720737643264638&t=1658173386280&toc_style_id=feeds_default&share_to=copy_url&track_id=260c0602-fec8-4084-aaad-2884ae215382.）

思考：该故事道出了怎样的人生哲理？

第 7 章

网络服务策略

➜ 目的要求

1. 知识目标

1）理解网络服务的概念。

2）了解网络服务的功能。

3）了解网络服务的手段。

4）了解网络服务的需求。

5）理解网络服务营销组合的要素。

6）掌握网络服务的策略。

7）掌握口碑营销的基本要素。

8）掌握口碑营销的方法。

2. 技能目标

1）会设计微信公众号文案。

2）会设计操作微信朋友圈内容。

3. 素养目标

树立服务意识，切实为顾客着想，竭诚为顾客服务。

➜ 重点难点

1）网络服务营销组合。

2）网络服务策略。

3）口碑营销方法。

4）微信公众号文案设计。

情智故事

郑鹏：奋斗者正青春 倾情服务暖人心

“全国向上向善好青年”“全国民航五一劳动奖章”“北京榜样”……从一名安检员成长为

首都机场安保公司大兴机场分公司通道管理科科长，郑鹏获得的荣誉不少，而他却始终把“平凡”挂在嘴上：“我就是一个平凡人，只想在平凡岗位上努力奋斗，为社会作出更多贡献。”

首都机场被称为“中国第一国门”，郑鹏就是保卫国门安全的“守门人”之一。在首都机场 3 号航站楼，安检口高峰期能达到每天 5 万人次。最忙时上班十几个小时，吃不上饭，喝不了水。但只要在岗位上，郑鹏就只想着怎么把工作做好，守护每名旅客的出行安全。

2019 年，郑鹏被调往北京大兴国际机场，任职行李检查科副科长，他主动挑起更重的担子。那时，大兴机场还在建设中，为落实安检通道建设和运行筹备工作，他每天跑工地，从头到脚都是灰。给安检通道做压力测试，要 24 小时连轴转，他累了就躺在纸箱壳子上面睡。

安检工作直接与旅客打交道，既讲安全，也讲究服务。郑鹏以“想旅客所想，急旅客所急”的标准来要求自己。

有一次，在机场单向控制港出口，他看见一名旅客焦急地找到安检员：“我的电脑丢在里面的卫生间了，资料特别重要，能让我进去找吗？”按规定，单向控制港不能折返，而正常走失物招领程序，则需要 1 个多小时。

“旅客急得满头大汗，关键是卫生间属于监控死角，得尽快帮她找到。”当机立断，郑鹏安排安检员专程去找，7 分钟内就将电脑送到旅客面前。

帮小孩找家人、帮旅客找身份证、帮老人找回钱包……像这样的事，郑鹏和同事们还做了很多。办公室里挂满了 20 多面群众送来的锦旗。

2020 年，突如其来的新冠疫情对机场安检提出更高要求。疫情防控中，郑鹏带着党员突击队冲锋在前，穿上厚重的防护服直面风险，负责迎接境外到港转运旅客。“我们干了 3 个多月，每天都浑身湿透。”郑鹏说。

担任通道管理科科长后，郑鹏严把机场防疫关，同时花更多精力改善人性化服务，如为老人、小孩开辟无健康码绿色通道，为外籍旅客发放英文引导手册等。一年多的时间里，他们服务出港旅客 1620 万人次、进港旅客 113 万人次，实现旅客零投诉。

这就是坚守平凡岗位的郑鹏，以敬业、热情、实干、创新，干出了不平凡的业绩。

（资料来源：邱超奕．首都机场安保公司大兴机场分公司通道管理科科长郑鹏：平凡岗位上干出不平凡（奋斗者正青春）[EB/OL]．（2022-06-27）[2022-12-20]．https://news.ycwb.com/2022-06/27/content_40876793.htm．有删改。）

[情智点评] 郑鹏同志以“想旅客所想，急旅客所急”的标准严格要求自己，坚守人性化服务，倾情服务万千旅客，守护着每名旅客的出行安全，在平凡岗位干出了不平凡的业绩。这是网络营销人员应具备的品质，在网络营销工作中必须保持这种服务态度，切实为顾客着想，为顾客提供更多的满意服务，这样才能有效黏住顾客，从而实现营销目标。

7.1 网络服务策略概述

7.1.1 网络服务需求

顾客服务过程实质上是满足顾客除产品以外的其他连带需求的过程，因此完善的网上顾客服务必须建立在掌握顾客这些需求的基础之上。网络服务需求一般包括了解企业产品和服务的详细信息、需要企业帮助解决产品的使用问题、与企业工作人员接触、了解企业产品生产制造的全过程 4 个方面的内容（见表 7-1）。

表 7-1　网络服务需求

需求要素	实践运用
了解企业产品和服务的详细信息	消费者购买商品或接受服务之前，都希望有即时、全面、详细的产品或服务信息。网络主要功能重要程度的调查资料表明，消费者对能否提供详细的产品或服务信息最感兴趣。因此，企业应充分利用网络，采用微信、微博、电子邮件、邮件列表、公告板、新闻组、论坛等方式，全面、快速、方便地为消费者提供产品或服务的详细信息
需要企业帮助解决产品的使用问题	消费者经常会对使用某些技术性较强的产品产生惧怕心理而影响购买，因此企业应在网站上对此类产品从安装、调试、使用到故障排除等方面的信息进行宣传，同时向消费者做出售后服务的承诺，以减少或消除消费者的惧怕心理，增强消费者购买企业产品的信心
与企业工作人员接触	消费者需要从网络上了解产品、服务的信息和解决问题的方法，在必要的时候也希望与企业有关工作人员进行接触，解决一些比较困难的问题或面对面地询问一些特殊的信息，并反馈自己的意见和建议
了解企业产品生产制造的全过程	消费者个性化的需求促使消费者不仅需要了解产品，更希望能参与产品的设计和制造过程，了解企业产品生产制造的全过程。让消费者了解企业产品生产制造的全过程意味着企业与消费者之间一对一关系的建立，即企业将为消费者提供个性化的产品和定制服务

7.1.2　网络服务的功能与手段

1. 网络服务的功能

网络服务是指企业利用互联网提供的各种工具直接为顾客服务，这种服务是互动的、一对一的即时服务。网络服务的功能表现为以下几点。

1）提供产品的分类信息和技术资料，方便用户获取所需产品的信息和技术资料。

2）提供产品的相关知识和链接，方便用户深入了解企业的产品信息。

3）提供常见问题解答，帮助用户直接从网上寻找疑难问题的解答。

4）建立网上虚拟社区（BBS 和论坛等），为用户提供发表评论和相互交流学习的平台。

5）创建用户邮件列表，帮助用户及时了解企业网站及产品的最新动态信息。

2. 网络服务的手段

传统营销服务的手段主要是电话、工作人员上门服务、设立服务网点等。在网络营销中，服务手段发生了很大变化，除了传统的服务手段，还有一些特有的营销服务手段。

（1）在线帮助

在线帮助是网络服务最常见的手段之一。在线帮助的形式灵活多样，根据网站的性质和需要，一般包括 FAQ、网站主要版面内容介绍、网站中一些服务的使用方法以及用户浏览网站的一些技巧等。

（2）网络社区

网络社区是网站推广和营销服务的常用手段，包括论坛、讨论组、邮件列表等形式，其中最常见的是论坛形式。顾客可以将自己的问题发表在论坛上，网站服务人员通过论坛解答顾客的问题。借助论坛开展网络服务是对 FAQ 的一种有效补充，并且可以将论坛上经常提到的问题及解答补充到 FAQ 中，或通过邮件列表向所有注册用户发送。

（3）电子邮件

电子邮件作为一种在线交流手段，可以实现企业与顾客之间一对一的交流，对维持长期顾客关系非常重要。使用电子邮件方式，关键是要及时回复顾客的电子邮件咨询，这已成为衡量企业整体服务水平的标准之一。

（4）在线表单

在线表单是指顾客通过浏览器界面填写咨询内容，并提交到企业营销网站的交流方式。对于在线表单，通常企业事先设定一些格式化的内容，如顾客姓名、单位、地址、电子邮箱、联系电话、咨询问题等，由顾客在线填写并提交。在线表单提交之后，顾客最为关注的就是企业能否给予及时回复（见图 7-1）。

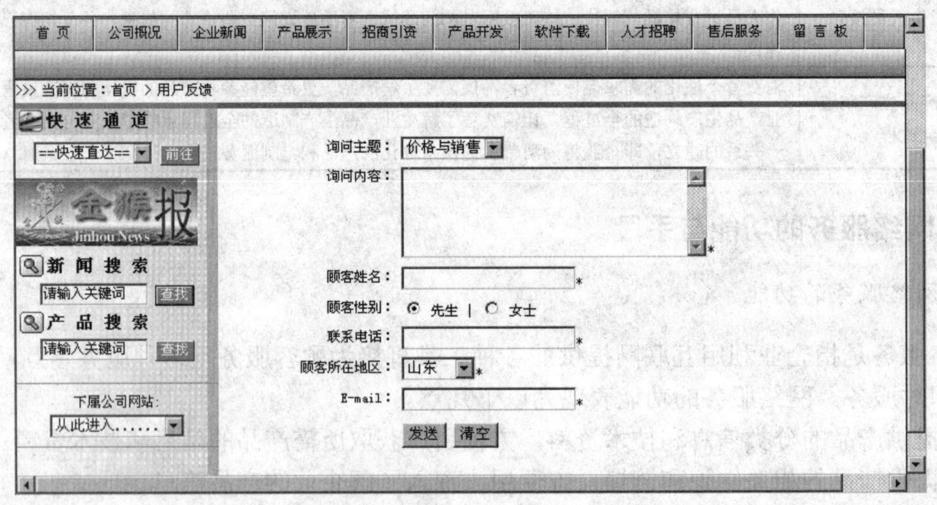

图 7-1　在线表单

（5）即时信息

即时信息指即时顾客服务，是企业采用即时通信工具实现为顾客在线提供实时服务的方式。即时信息方式对企业服务人员的素质要求较高，占用人工较多，顾客服务成本较高，然而它是最受顾客欢迎的网络服务手段之一。

（6）聊天室

聊天室是顾客在企业网站上进行信息交流的平台，是互联网上常用的一种网络服务。作为一种即时交流工具，同样受到大量用户的欢迎，具有较高的顾客满意度。

7.1.3　网络服务营销组合

网络服务营销组合包括服务产品、服务定价、服务渠道、服务促销、服务人员、服务展示和服务过程（见表 7-2）。

表7-2 网络服务营销组合

服务要素	要素内涵	要素构成内容与作用
服务产品	企业利用互联网向顾客提供的各种服务，不管是作为网络营销附加产品的服务，还是独立向顾客提供的网上服务，都属于服务产品的范围	对于服务产品必须考虑提供服务的范围、服务质量、服务水平、服务品牌、服务保证、口碑等要素的合理组合
服务定价	企业对网上提供的服务确定其价格的策略	价格是一种识别方式，顾客可从一项服务的价格感受到其价值的高低。企业制定服务价格时应考虑的要素有价格水平、折让和佣金、付款方式和信用等
服务渠道	企业在网上提供服务经过的环节和过程	网络服务是企业在自己网站上直接开展的，也有的是企业借助其他企业网站来为顾客提供服务。服务渠道的选择，关键要考虑服务渠道的类型及其涵盖的地区范围等要素
服务促销	服务促销包括网络广告、网络公共关系、网站宣传推广、网络销售促进等信息沟通方式	企业借助网络实现与顾客双向的、互动的服务信息沟通，可有效增进与顾客的关系
服务人员	参与网上服务过程的各类人员包括服务工作人员、顾客及其他人员。服务工作人员素质的高低、工作的热情与责任心以及顾客的合作配合与否等都将影响服务的质量	网络营销管理员首先应重视网络服务工作人员的甄选、训练和情绪控制；其次应重视与网络服务工作人员的沟通协调；最后应充分利用聊天室、网络社区等互联网应用工具加强与顾客的联系
服务展示	企业运用多媒体形式在网上展示服务的价值。服务展示将会影响消费者对企业的评价，因此企业应重视服务的网上展示	服务展示包括服务网页设计（服务品牌标识、颜色、声音、图片、图形等）、服务提供形式（电子邮件、电话、传真、聊天室、即时通信等）、服务流程、服务承诺、企业文化等要素
服务过程	网络服务所应具有的模式，包括网络服务的种类、形式、内容和流程	由于服务的提供过程与消费过程紧密相连，所以服务过程在整个服务营销中就显得相当重要

7.1.4 网络服务的具体策略

1. 网上售前服务策略

网上售前服务是指企业利用互联网把产品的有关信息传递给目标顾客。为了有效开展网上售前服务，企业应采用的基本策略有以下两点（见表7-3）。

表7-3 网上售前服务策略

基本策略	实践运用
发布产品信息和相关知识，培育消费需求	在产品销售之前，企业应积极利用各种网络媒体发布产品信息和相关知识，宣传消费知识，介绍消费时尚，引导消费潮流，营造消费文化，培育消费需求
充分展示产品和服务形象，激发购买欲望	首先应建立网上虚拟展厅，采用立体逼真的图像，结合声音，展示企业产品，使消费者如身临其境一般，感受到产品的存在；其次，企业应加大品牌的建设力度，提升品牌形象，从而激发消费者的需求和购买欲望

2. 网上售中服务策略

网上售中服务是指企业为顾客提供咨询、导购、订货以及送货等方面的服务。在网上销售过程中，企业应做好以下几点（见表7-4）。

表 7-4　网上售中服务策略

基本策略	实践运用
提供个性化服务，满足个性化需求	要求企业按照每个顾客的特定要求，提供特定的有针对性的服务。个性化服务包括：一是服务时空的个性化，指在人们希望的时间和地点提供服务；二是服务方式的个性化，指根据顾客的个性爱好提供服务；三是服务内容的个性化，指根据顾客的所需内容提供服务
开展定制营销，提高顾客满意度	对于一些可以由消费者自主决策进行配置的产品，在不影响产品性能，而且是在企业生产技术条件允许的情况下，企业可设计多种配置方案，由消费者根据自己的需求，对产品进行个性化配置，以最大限度提高其满意度
加强实时沟通，增强顾客购物的信心	企业建立实时的信息沟通系统，加强与顾客在产品、文化、情感等方面的沟通交流，并随时收集、整理、分析用户的意见和建议，改进企业的服务，可大大消除顾客对网上购物安全性和可靠性的顾虑，增强其网上购物的信心

3. 网上售后服务策略

网上售后服务主要是为用户提供安装调试产品，解决产品使用过程中的问题，排除技术故障，提供技术支持等服务（见表 7-5）。

表 7-5　网上售后服务策略

基本策略	实践运用
做出服务承诺，诚心诚意服务顾客	①免费服务的承诺。企业可根据不同的产品或服务，在不同的情况下，对顾客提供免费的服务。②产品保修的承诺。企业应对不同产品的保修期限做出相应的承诺，并诚信执行。③服务时间的承诺。企业应保证在规定的时间内，给有需要的顾客提供服务。④畅通联系的承诺。企业应设立专用服务热线电话、专用的互联网在线服务通道，由专人接听、收集用户的服务请求和咨询信息，保证顾客与企业之间的联系畅通
完善咨询服务，及时回复顾客请求	企业可以通过热线电话、传真、E-mail、网站留言、委托服务、现场服务等方式及时回复顾客提出的产品问题和业务需求。①顾客提问。在需要咨询企业的有关技术问题时，顾客可通过传真、电话、E-mail等形式向企业提出咨询申请。②技术咨询。企业在接到申请后，应及时通过电话、传真、E-mail 等形式为顾客提供解决方案，必要时应能提供现场服务。③顾客培训。在产品售出后，企业应通过互联网发放培训资料、使用说明或举办培训班，对顾客进行产品培训。对于技术要求较高的产品，如计算机软件的使用，企业应委托培训部门专门向顾客提供应用方面的技术培训
设计 FAQ 页面，解决常见问题	在网站中提供 FAQ 页面，主要是为顾客提供有关产品的购买、使用方面的信息，帮助那些在产品使用、购买过程中遇到疑难问题的顾客，迅速获得问题的解决方法，也可以帮助他们学习其中的产品知识，提高对企业产品的认识。设计 FAQ 页面，首先应能方便用户使用，内容应清晰易于浏览；其次应有一定的容量、广度和深度，问题的解答应给用户提供足够多的信息，同时针对用户提出的一些热点问题和关心的问题，应适时更新补充，以让顾客得到实质性的帮助；最后，常见问题的顺序一般应按照顾客提问的频率高低进行排列
利用在线沟通，加强与顾客的交流	顾客购买产品之后，一个重要环节就是购买后的评价与体验，对于一些不满意就希望采取一定措施和行动以寻求平衡的顾客，企业应充分利用在线沟通方式，如微信、微博、聊天室、网络论坛、电子公告板、电子邮件列表、留言簿等，加强与顾客的交流，让顾客自由发表对产品的评论，提出对产品的意见和建议，这样既能平衡顾客对产品的不满意，又能改进企业与顾客的关系
开展顾客关系管理，维持长期的顾客关系	在网络营销活动中，顾客是企业的一项重要资源，企业应树立关系营销观念，建立顾客资料数据库，开展顾客关系管理，提高顾客的满意度，培养顾客的忠诚度，以维持长期的顾客关系

案例 7-1

“故宫淘宝”的互动营销

“故宫淘宝”是北京故宫文化服务中心开设的官方销售网店，其销售的商品与故宫内的纪念品商店中所售的商品基本一致，价格也是统一定价，目的是希望通过电子商务的形式传播故宫文化。“故宫淘宝”官方微博为了维持其“粉丝”的忠诚度，吸引阅读，还经常以傲娇、卖萌的语气与“粉丝”进行互动。另外，“故宫淘宝”官方微博还经常对“粉丝”发到微博上的买家秀进行评论、点赞、转发。“故宫淘宝”通过多方位的“粉丝互动”，不仅让其“粉丝”看到真实的产品形象，还维持扩大了“粉丝”群，促进品牌和产品的宣传。

（资料来源：何晓兵，何杨平，王雅丽，2020．网络营销：基础、策略与工具[M]．2版．北京：人民邮电出版社．）

7.2　口碑营销策略

7.2.1　口碑营销的基本要素

口碑营销是指企业在调查市场需求的基础上，为消费者提供需要的产品和服务，同时制定一定的口碑推广计划，让消费者自动传播企业产品和服务的良好评价，从而让人们通过口碑了解产品，树立品牌，加强市场认知度，最终达到企业销售产品和提供服务的目的。口碑营销的基本要素一般包括以下3个。

1. 产品与服务优质

产品与服务自身过硬的品质是形成好口碑的坚实基础。口碑营销的目的是借助口碑营销这种方式和手段来帮助优质的产品或服务加速好口碑的传播和形成，而不是捏造口碑，更不是为劣质产品撒谎吹嘘。

2. 讲究道德与诚信

讲究道德与诚信是企业口碑营销的前提。企业必须保证自己宣传的客观性和真实性，不能虚假或过分夸大自己的产品和服务。否则，很可能带来负面的口碑传播。如有的企业用所谓的“实际效果”来宣传，请了许多名人，却丝毫没有“名人效应”，请了许多顾客“现身说法”，却给人以“托”的嫌疑。相反，有的企业在宣传的过程中对自己产品的缺点毫不避讳，实事求是地宣传产品的功能，却能赢得顾客的信任，带来良好的口碑。

3. 信息简单有趣

口碑传播的信息首先要有趣，要能让人开心、兴奋与激动；其次要简单，只有简单有趣的信息，大家才愿意分享，口碑传播才能发挥它的作用。

7.2.2 口碑传播的方法

1. 寻找意见领袖

意见领袖是一个小圈子内的权威，在这个小圈子内，他的观点能得到拥护并广为接受，他的消费行为能被粉丝狂热模仿。在互联网时代，每个人都可能是一个小圈子里的意见领袖，网络营销人员必须慧眼识珠，找到这些意见领袖。倘若你是计算机销售人员，那么邀请计算机专业媒体的记者来“试用”一番，通过他们的妙笔生花来传播产品信息，便可以较高的可信度征服消费者；如果产品的消费人群主要是青年学生，那么找到学习成绩较好的学生或者班长、班主任来体验你的产品，提供传播渠道帮助他们发布自己的使用心得与体会。

2. 制造口碑话题

口碑营销中的“话题”不一定是关于产品本身的信息，但基于产品本身的口碑就要求企业的产品要有足够的话题附着力（即产品有足够的能让消费者进行口碑传播的信息），这样才容易引爆流行，掀起一场口碑营销风暴。

3. 整合营销传播

传播技术的进步让消费者从获取消费信息到最后形成购买决策的整个过程发生了变化。互联网为消费者的口碑传播提供了便利和无限时空，如果消费者关注某个产品，对它有兴趣，一般就会到网上搜索有关这个产品的各类信息，经过一番去伪存真、比较分析后，随即进入购买决策和产品体验分享过程。在这一过程中，可信度高的口碑在消费者购买决策中起到关键作用，这在一定程度上弥补了传统营销传播方式在促进消费者形成购买决策方面能力不足的“短板”。

4. 实施奖励计划

口碑营销者可以采用给消费者优惠券、代金券、折扣等各种各样的消费奖励方法，鼓励消费者帮助企业完成一次口碑传播过程，这样企业的口碑营销进程就会大大提速。

5. 倾听消费者心声

消费者的心声、消费者的建议与意见是企业口碑营销必须考虑的一个重要因素。口碑营销人员应开通企业博客、品牌虚拟社区，及时发布品牌信息，收集消费者的口碑信息，找到产品或服务的不足之处，处理消费者的投诉，减少消费者的抱怨，回答消费者的问题，引导消费者口碑向好的方向传播。

6. 关注每个细节

影响产品或服务口碑的因素有时不是产品的主体，而是一些不太引人注目的“零部件”，如西服的纽扣、家电的按钮、维修服务的一句话等，这些“微不足道”的错误却能够引起消费者的反感。更重要的是对于这些反感，品牌企业却不易听到，难以迅速有效改进。

企业要想赢得良好口碑，必须对各项基础工作做得细致到位并持之以恒，只有产品和服务水平超过顾客的期望，才能得到他们的推荐和宣传。而那些领先于竞争对手或别出心裁的服务和举措更会让消费者一边快乐地享受，一边绘声绘色地传播。

案例 7-2

聆听用户之声，倡导数字责任

身处数字时代，数字化产品和服务正在全场景渗透，技术正深刻地改变着我们的生活。公众数字权利意识得到快速觉醒，政府对数字产品、平台和企业的监管措施也在日趋严格，对“数字责任”的反思席卷社会各界。在2018年企业社会责任报告中，马化腾提出：负责任的数字化是这个时代最大的公益。那么，无论是在产品标准、企业行为的微观层面，还是在公共政策、社会认知的宏观层面，负责任的数字化如何实现？

2020年，腾讯企业社会责任部、腾讯用户研究与体验设计部、腾讯研究院和腾讯企业文化部等部门启动国内首个针对“数字责任（digital responsibility）”的产品评估机制，探索以数字化产品服务为对象，基于安全、健康、包容和友好4个维度，从用户的角度来考虑整个设计，邀请全体腾讯员工共建“负责任的产品文化”，实现“有温度的数字化”，为用户创造更美好的数字体验。

2020年12月18日，腾讯在员工大会上设置“用户之声”环节，面向全体员工播放题为《2020：TA的忧虑，谁的责任》的短片，共同聆听普通用户和专家学者对数字产品和数字生活的感受与见解，将产品服务接受者的体验作为腾讯数字责任前行的指向。

2021年1月9日，在腾讯研究院主办的第三届腾讯科技向善暨数字未来大会上，特别设置“数字责任”圆桌论坛，来自清华大学、中国社科院的嘉宾共同就如何实现“负责任的数字化”展开对话。在腾讯看来，数字化的发展不仅意味着提高生产效率，更要确保数字化发展最终是服务于人类，增进人类福祉。“负责任的数字化”直接体现为在企业提供数字化产品或服务的过程中对用户的责任，进而体现为对经济、社会、文化和环境等方面泛利益相关方的责任。

“数字责任”是腾讯面向数字时代科技工作者发出的行动倡导。为更好地实现“数字责任”，腾讯探索建立“数字责任指数”，将“数字责任”进行操作化解读，为数字化产品和服务的设计和应用提供评价准则，不仅对腾讯自身业务，也为数字化进程中的其他组织提供参考，助力实现数字化和谐社会。

针对产品数字责任的评估，首先关注数字安全与隐私（digital security & privacy），确保产品对用户隐私及网络交易进行充分注意，并实施有效保护，这是数字化产品与服务设计和应用的底线；其次是数字包容（digital inclusion），其内涵包括设备兼容性与使用人群包容性，以普惠不同人群为原则、以逐步消除数字鸿沟为终极目标，持续推进数字化产品与服务的无障碍发展；再次是数字健康（digital wellbeing），要求数字化产品与服务不对用户身体或心理健康产生负面影响，并持续助力于营造清朗、阳光的网络空间；

最后是数字友好（user friendliness），强调产品与服务在用户交互过程中传达出来的、可被感知的友好态度，确保用户在产品与服务的使用周期（启用、使用、停用）和使用流程（审核、问题应对）中感受到数字产品的便捷与价值。

（资料来源：https://www.tencent.com/zh-cn/responsibility/reports.html.）

7.2.3 口碑营销的步骤

1. 鼓动

关于赶潮流者以及产品消费的主流人群，他们最先体验产品的可靠性、优越性，他们也会第一时间向周围的朋友传播产品本身的质地、原料和功效，或者把生产企业、商家的周到服务感受告诉身边的人，以便引发别人跟着去关注这个新产品或新业务。

2. 价值

对消费者有价值是产品在市场上稳住脚跟的通行证，消费者“口碑”的也一定是自己值得信赖的有价值的东西。任何一家希望通过口碑传播来实现品牌提升的企业，都必须设法精心修饰产品，提高健全、高效的服务价值理念以便达到口碑营销的最佳效果。

3. 回报

当消费者通过媒介、口碑获得产品信息并购买时，他们希望得到相应的回报。此时如果企业提供的产品或服务能让消费者感到物超所值，那么企业就能顺利、快速地将其产品或服务理念推广到市场，从而实现低成本获利的目标。

实训训练

一、策划训练：微信公众号文案设计

[实训目的]

1）培养学生设计微信公众号文案的能力。
2）培养学生组织分工与团队合作能力。
3）培养学生整理分析资料与写作的能力。
4）培养学生计算机软件应用的能力。
5）培养学生积极讨论与口头表达的能力。

[实训要求]

1）能依据背景设计出一份有特色的微信公众号文案。
2）能清晰地表达出微信公众号文案的内容。

3）能撰写出微信公众号文案设计的实训报告。

4）能依据实训报告制作出实训的PPT课件。

[实训例讲]

内海湾夜游新选择——汕头内海湾夜游游船

一、购票须知

1）汕头市内海湾游览单程船票，当日使用一次有效，乘坐当天16:00后不允许退票，自己撕联将被视为废票。

2）如遇强对流天气/雾天/台风/潮汐等不可抗力因素而停航或海事部门通知停航的，恕不另行通知，请密切关注“汕头市交通集团轮渡有限公司”公众号上的通知或致电客服189××××××××咨询。

3）请在经营方指定售票窗口购买正规船票，谨防假票。采取实名制购票，乘客购票时需提供有效身份证。

4）谢绝自带食物、饮料和酒水。

5）身高1.2米（含1.2米）以上儿童需购全票，身高1.2米以下儿童需购半票（线上先购全票再到场退半票，2周岁内儿童免票）且需在大人陪同下登船。

6）严禁携带危险物品和管制物品上船，船上禁止吸烟、大声喧哗和随意攀爬，经营方有权对此类不文明行为作出提醒和拒绝。

7）乘坐观光游船，请乘客提前30分钟到达汕头市海滨路广场轮渡码头游船服务中心候船。广场轮渡码头左侧提供免费小车停车场（请出示船票停车），车位有限，停满即止。

8）一切解释权归经营方所有，为保障航行全程的安全，请游客服从现场工作人员安排，谢谢合作!

二、产品描述

1）产品介绍：在汕头市交通运输集团的支持下，市轮渡公司推出新游船，崭新的环境，1.5小时的航程，让游客尽情领略汕头内海湾的独特魅力。

2）游船介绍：新启用的游船为“启勉号”，由汕头市造船厂打造，长32米、宽9米、型深2.6米，核载乘客人数146人、船员6人。游船整体设计时尚，造型流畅简洁，上下共三层，其中，客舱采用豪华舒适软座，配有影音设备和KTV娱乐设备，并提供饮料、工夫茶和茶点等，可以满足游客多元化的游览休闲需求（见图7-2和图7-3）。

图7-2　游船内部1

图7-3　游船内部2

3）航程介绍：“启勉号”的航线主要在礐（què）石大桥与海湾大桥之间，沿线有市人民广场、海关钟楼、西堤公园、礐石风景名胜区、市体育产业基地、潮博中心、妈屿岛等十多个景点，航程约 1.5 小时。近日的试航中，不少市民游客就尝“新”登船体验，品茗聊天、观光拍照，伴着习习海风和熠熠星光，饱览一湾两岸的美景。

三、营业信息

1）上下船地点：广场轮渡码头（汕头市金平区海滨路 4 号 潮汕体育馆对面）。

2）航班时间：航班时间将根据季节适当调整，请以购票平台发布的时间为准。

淡季航班：夜游航班：每夜一班　时间：20:30—22:00

旺季航班：夜游航班：每夜两班　首班：19:30—21:00

次班：21:20—22:50

3）收费标准：一楼普通舱：1××元/位

二楼头等舱：普通座 12×元/位

包四位围座：6××元（送工夫茶、茶点）

二楼包 VIP 舱：1×××元（可坐 8 人，送工夫茶、茶点）

（以上收费标准仅为参考，请以购票平台发布的价格为准）

（资料来源：根据内海湾夜游公众号内容改编。）

[实训练习]

1．实训背景

福华科技有限公司主营笔记本式计算机，企业有二十多年计算机生产经验，产品质量上乘，公司开通有福华计算机微信公众号，请为该公司笔记本式计算机设计一份产品推介的微信公众号文案。

2．实训组织

1）组建实训小组。将教学班学生按每小组 6～8 人的标准划分成若干课题小组，每个小组指定或推选出一名小组长。

2）确定实训课题。每个小组根据微信公众号文案设计的背景资料，设计出一份有特色的微信公众号文案，并完成微信公众号文案设计实训报告以及制作实训报告 PPT 课件。

3）实施实训操作。各小组长根据微信公众号文案设计实训的要求，调配资源，明确各组员的任务，并督促大家有效地完成任务。

4）撰写实训报告。每个小组完成一份微信公众号文案设计实训的实训报告，并制作成 PPT 课件，实训报告与 PPT 课件通过电子邮件或校园网提交给指导老师。

5）陈述实训心得。由各个小组推荐的发言人或小组长代表本小组，借助实训 PPT 课件陈述本小组的实训报告和实训心得。

6）评价实训效果。各个小组代表陈述后，指导老师点评该次微信公众号文案设计实训的情况，并由全班同学无记名投票，评选出该次实训的获奖小组，给予表扬与奖励。

3．实训考核

实训成绩依据学生上课出勤、课堂讨论发言、实训报告的写作和实训报告 PPT 课件制作

水平等进行评定。首先由各小组长对组内各成员进行成绩评定，成绩档次分为优秀、良好、中等、及格、不及格5档；然后由指导老师对小组提交的实训报告及实训报告PPT课件进行评分；最后按照以下公式进行加权计算，计算出每个学生的最终成绩。

个人最终成绩=小组长评定成绩×20%+指导老师评定成绩×80%

其中小组长评定组内成员成绩表见表7-6，指导老师评定实训报告及实训报告PPT课件成绩表见表7-7。

表7-6　小组长评定组内成员成绩表

小组成员姓名	小组成员成绩/分				
	优秀（≥90）	良好（80～90）	中等（70～80）	及格（60～70）	不及格（<60）

表7-7　指导老师评定实训报告及实训报告PPT课件成绩表

评价内容	分值	评分
微信公众号文案的完整性	30	
微信公众号文案的创意性	30	
实训报告的完整性与科学性	20	
实训报告PPT课件设计的质量	10	
实训报告表达效果	10	
总体评分	100	

二、实操训练：网络服务手段——微信朋友圈内容设计操作

[实训要求]

1）学会微信朋友圈内容的设计。
2）学会微信朋友圈图片的操作。
3）学会撰写微信朋友圈操作实训报告。

[实训规程]

微信朋友圈是一种私域运营，可以让企业商家或个人商家利用熟人圈或客户圈将信息传达给有效客户，对于拉动流量增长以及盈利变现，有很大的推动作用。企业商家的营销一般是通过一些营销活动，利用转发到朋友圈，或者转发到微信群，就可以得到小礼物、优惠券、组团优惠等一些奖励，吸引粉丝转发自己的营销广告信息，达到营销的目的。个人商家营销一般是通过发布营销文案和图片，让客户了解商品信息及动态，吸引客户下单购买。

1）打开微信后，点击“发现”，在“发现”页面，点击“朋友圈”按扭（见图7-4）。

2）如果只是发文字内容，则长按“相机”按钮，在打开的对话框输入相关文字内容；如果想要发图片或者视频+文字内容，则点击“相机”按钮（见图 7-5）。

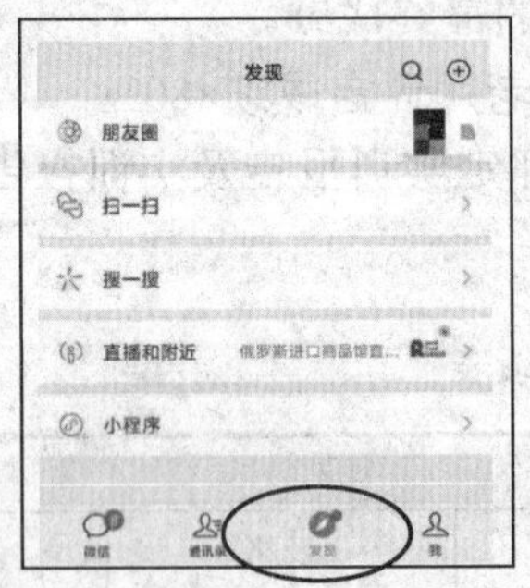

图 7-4　点击“朋友圈”按钮

图 7-5　点击“相机”按钮

3）点击“相机”按钮，可以选择“拍摄、从手机相册选择或用秒剪制作视频”功能项（见图 7-6）。

4）拍摄或从手机相册选中某图片添加到朋友圈图片内容中，需要再添加，可点击“+”按钮（见图 7-7）。

图 7-6　选择功能项

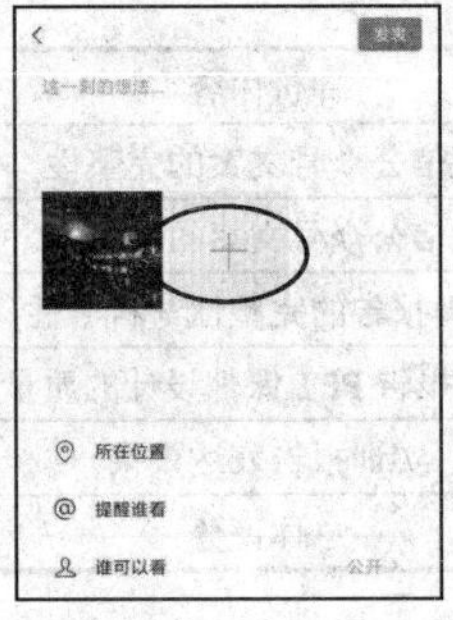

图 7-7　点击“+”按钮

5）图片最多可添加 9 张，形成“九宫格”。利用好九宫格把尽量多的商品进行展示，也可以将购买链接以二维码形式展现在图片中（见图 7-8）。

6）内容设计好之后，点击“发表”按钮，则可实现朋友圈内容的发布（见图 7-9）。

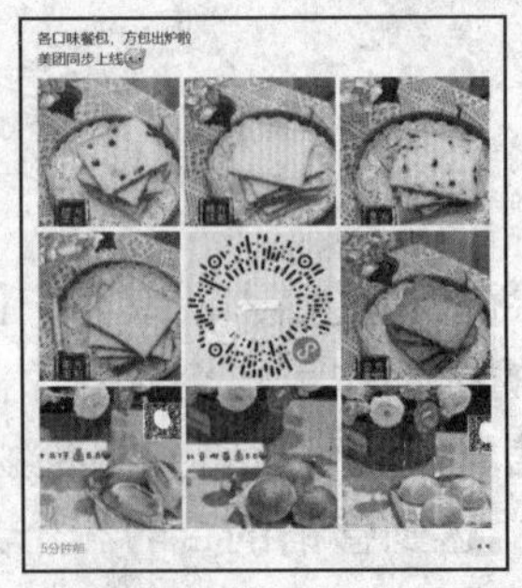
图 7-8　“九宫格”

图 7-9　点击“发表”按钮

[实训操作]

1）实践微信朋友圈内容的设计。
2）实践微信朋友圈图片的操作。
3）记录微信朋友圈操作的各步骤，形成实训报告。

技能拓展——微博营销基本操作

1. 注册新浪微博

1）登录 http://weibo.com，进入新浪微博首页，单击“立即注册”按钮（见图 7-10）。

图 7-10 单击“立即注册”按钮

2）填写注册信息，如“昵称”“生日”“性别”“所在地”等相关信息，单击“进入兴趣推荐”按钮（见图 7-11）。

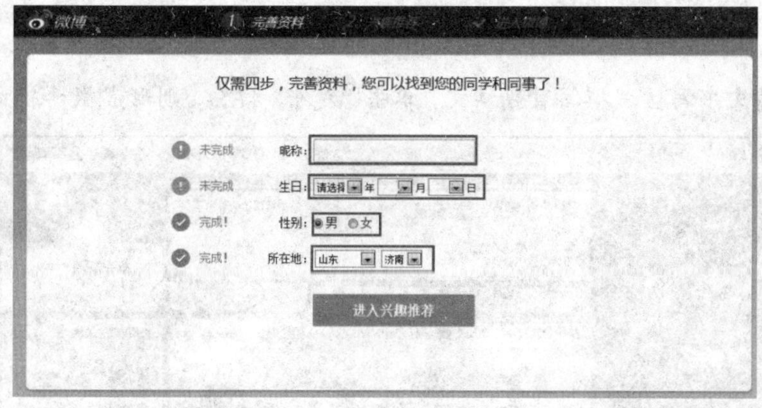

图 7-11 填写注册信息

3）选择相关兴趣后，单击“进入微博”按钮（至少选择一个兴趣群才可以进入）（见图 7-12）。

图 7-12　进入微博

2. 微博软文发送

1）单击网页右上角的“设置”按钮，进入微博信息编辑区（见图 7-13）。

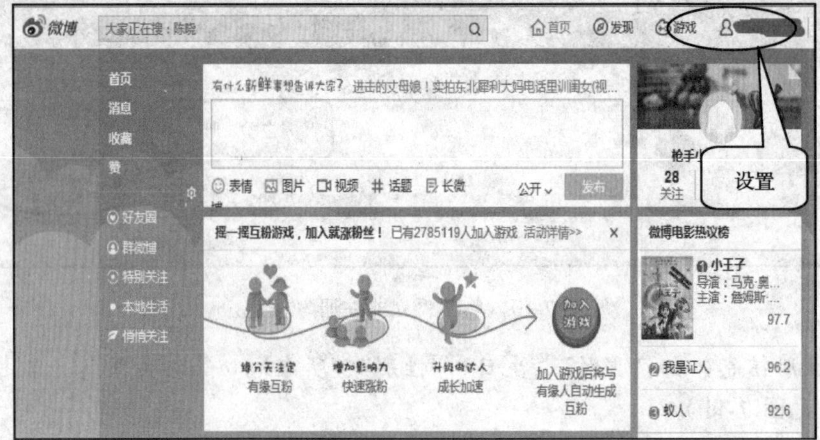

图 7-13　单击“设置”按钮

2）在微博博文书写区域撰写营销博文，单击“发布”按钮，则形成微博软文（见图 7-14）。

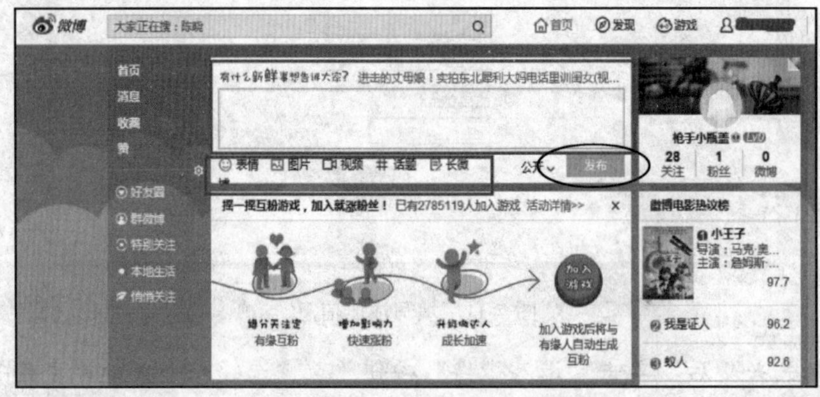

图 7-14　发布博文

习 题

1. 网络服务是指企业利用________提供的各种工具直接为顾客服务，这种服务是互动的、________的________。

2. 网络服务需求一般包括________、________、________、________4个方面的内容。

3. 网络服务营销组合为________、________、________、________、________、________、________。

4. 口碑营销的基本要素一般包括________、________、________。

5. 口碑传播的方法包括________、________、________、________、________、________。

职场拓展

苦练内功，一鸣惊人

作为中国兵器淮海工业集团有限公司十四分厂工具钳工、中国兵器首席技师、“三晋工匠”年度人物、全国劳动模范，周建民不借助任何机器设备，全凭手感就能感知头发丝六十分之一的精微。

一次，公司生产调度找到周建民，说有个重点项目的量具部件太薄，让他想想办法。周建民发现这个量具加工部件较薄、间隙脆弱，数控切削很容易导致变形，就提出用纯手工加工，并把重点放在解决变形上。周建民说：“这对手的力度感和稳定性要求很高，稍不准确就会导致量具变形报废。既要保证尺寸、对称度，又要把握一丝一毫的细节变化。”周建民凭借多年练就的力度感和稳定度，开始尝试对量具进行手工研磨。两天后，加工出的量具一次性通过精密检测，周建民松了一口气。几百万元的高精度进口设备干不了的活，就这样被他用双手“拿下”了。

面对极薄的量具部件，机床也无能为力，但好在有周建民的这双手。一双手能胜过一台昂贵的高端精密机床，可见这双手的过人之处，更无法想象这双手的主人无数次地默默练习和付出。

职场中，实力是最有说服力的，和熟练操作各种机器相比，一个人的内功更是对实力内涵的解读和彰显。操千曲而后晓声，只要肯付出，你终究会得到回报。

（资料来源：柳杨军，2022. 操千曲而后晓声[J]. 演讲与口才（13）：48.）

思考：该故事道出了怎样的人生哲理？

第 8 章

网络定价策略

➡ 目的要求

1. 知识目标

1）理解网络定价的特点。

2）了解网络定价的影响因素。

3）掌握网络定价的程序。

4）掌握网络低价定价策略。

5）掌握免费价格策略条件。

6）掌握差别定价策略条件。

7）掌握心理定价策略形式。

2. 技能目标

1）会设计网络视频创意文案。

2）会微信公众号图文编辑操作。

3. 素养目标

以诚信为本，操守为重，注重质量和信誉。

➡ 重点难点

1）网络定价特点。

2）网络定价程序。

3）网络定价策略。

4）网络视频创意文案设计。

■ 情智故事

别人会知道的

小时候，丽丽家开了一家馒头店，生意非常好，每天早上 8 点一开卖，店门口就排起长

队。有一天，顾客照样排起长队，丽丽爸爸并没有急于开卖，而是对伙计说："今天的馒头要便宜卖，你们昨晚和面、发酵时间不够，不能糊弄顾客。"伙计说："就比往常少十多分钟时间，没多大区别，顾客也不知道。还是像以前一样，一块钱三个。"

丽丽爸爸没理会他，而是大声对排队的顾客说："今天的馒头一块钱四个，为啥呢，我想给大家讲清楚，因为昨天和面、发酵的时间不够，口感肯定和往常的不一样。我不能欺骗大家，不然，你们买回去吃了，觉得口感差了，要骂我的。"

听了丽丽爸爸的话，顾客不仅没有任何意见，反而夸丽丽爸爸实在、厚道。丽丽问爸爸："就差十多分钟，顾客能吃出来不一样吗？"丽丽爸爸说："他们天天吃，怎么会吃不出来?不要以为别人不知道，就可以糊弄。其实，你做得好不好，心诚不诚，别人会感受到的。"

这是丽丽爸爸给她最深刻的一次教育，与人交往、做人处世务必要讲诚信，信任的建立，需要真诚的日积月累；信任的崩溃，一句谎言、一次欺骗就够了。

（资料来源：吴山，2022. 别人会知道的[J]. 演讲与口才（12）：16. 有删改。）

[情智点评] 虽说发酵时间只比往常少十多分钟时间，没多大区别，但馒头店老板仍明示顾客，并便宜处理这些馒头。网络营销人员在开展营销活动时务必坚持诚实无欺，注重质量和信誉，以诚信态度赢取顾客的信任。

8.1　网络定价概述

8.1.1　网络定价的特点

网络产品价格是指网络营销过程中买卖双方成交的价格。价格是网络营销组合策略中最敏感的因素，它既会影响消费者对产品的接受程度，又会影响企业产品的销售和盈利能力。因此说，网络定价策略是最重要的网络营销策略，也是最富有灵活性和艺术性的策略。网络定价的特点有以下 4 点（见表 8-1）。

表 8-1　网络定价的特点

定价特点	实践运用
全球性定价	网络市场面对的是开放的和全球化的市场，顾客可以在全球各地直接通过互联网进行购买，这种市场的全球化势必要求产品定价的全球化。网络产品的定价应采取灵活定价措施，遵循全球化和当地化相结合的原则，以适应各地区市场消费者需求的变化
低价位定价	产品价格的基础是成本，成本是产品价格的最主要的组成部分。通过互联网进行产品交易，其成本较传统交易方式要低，因此网上销售产品的价格一般来说要比线下销售的价格要低。据调查，60%的网上消费者是因为网上产品价格便宜才购买的
需求主导定价	为满足顾客的需求，顾客可以通过充分的市场信息来选择购买或定制自己满意的产品或服务，并以最小的代价获得所需的产品或服务
弹性化定价	在网络营销活动中，消费者获取市场或产品信息的能力大幅增强，消费者与企业之间的信息不对称性大幅降低，消费者的议价能力（消费者与企业就产品价格进行协商谈判的能力）大幅增强，因此企业网上产品的定价应弹性化，以适应不同消费者的需求

8.1.2 影响网络定价的因素

影响网络定价的因素包括需求因素、供给因素、竞争因素和交易方式等（见表 8-2）。

表 8-2 网络定价的影响因素

影响因素	实践运用
需求因素	在需求方面影响网络定价的因素包括市场需求规模、消费者的消费心理、消费者对产品的感受价值、消费者的收入水平、消费者对价格的敏感程度以及消费者的议价能力等
供给因素	在供给方面影响网络定价的因素包括市场供给规模、产品成本费用水平等
竞争因素	在竞争方面影响网络定价的因素包括竞争对手的定价目标、竞争激烈程度、定价策略的变化趋势等
交易方式	不同的交易方式使产品的交易价格不同。在网络营销活动中，企业可以考虑采取的交易方式有谈判定价、拍卖定价、投标定价、明码标价等

8.1.3 网络产品定价程序

1. 明确定价目标

网络产品的定价目标有多种，不同的定价目标，其制定出来的价格也不同。一般来说，企业产品的定价目标有以下几种（见表 8-3）。

表 8-3 网络产品的定价目标

定价目标	实践运用
维持企业生存	当企业面临激烈竞争，生产经营陷入困境时，企业可以把维持生存作为主要的定价目标，定以低价或保本价
市场份额领先	企业试图通过实施价格策略赢得某一产品最高的市场占有率，赢得该产品绝对的市场竞争优势。在此情况下，企业一般制定出尽可能低的价格来追求市场份额的领先地位
当期利润最大	企业价格的制定以实现当期利润最大为基础，根据产品的需求价格弹性确定最优价格的定价目标
应对市场竞争	企业为了阻止或应对市场竞争，故意将产品价格定在竞争对手价格之下，以巩固和争夺目标市场

2. 测定需求弹性

需求弹性是指由价格变动而引起需求相应变动的比率，反映需求变动对价格变动的敏感程度。用公式表示为

需求弹性=需求变动百分比/价格变动百分比

不同的产品具有不同的需求弹性，不同的需求弹性，其价格制定方式应有所区别。需求弹性与定价的关系见表 8-4。

表 8-4 需求弹性与定价的关系

弹性大小	弹性与定价的关系	相应定价策略
需求弹性等于 1	表明价格的变动会引起需求量等比例的反方向变动。例如，某种产品提价 2%，该种产品的需求量会降低 2%	在这种情况下，价格变化对销售收入的影响不大，因此制定产品价格时应该更多地考虑成本、竞争对手等因素的影响

续表

弹性大小	弹性与定价的关系	相应定价策略
需求弹性大于 1	表明价格的变动会引起需求量较大幅度的反方向变动。例如，某种产品提价 2%，该种产品的需求量会降低 8%	在这种情况下，价格提高将使销售收入减少很多，因此制定产品价格时应该考虑通过低价、薄利多销来达到增加利润的目的
需求弹性小于 1	表明价格的变动仅会引起需求量较小程度的反方向变动。例如，某种产品提价 2%，该种产品的需求量仅会降低 1%	在这种情况下，价格提高将使销售收入总额有所增加，因此制定产品价格时应该考虑定以较高水平的价格，以此达到增加收入和利润的目的

3. 估算成本费用

产品价格的基础是成本，成本是产品价格最主要的组成部分。因此，企业制定产品价格时必须估算成本。企业产品的成本包括两部分：一是固定成本，指在短期内不会随着企业的产量和销售收入的变化而变化的成本费用，如企业固定资产的折旧费；二是变动成本，指直接随着产品的产量和销售收入变化而变化的成本费用，如产品的原材料费用。

4. 分析竞争状况

产品的最高价格取决于该种产品的市场需求，最低价格取决于该种产品的总成本费用。在最高价格和最低价格的幅度内，企业能把产品的价格水平定得多高，就取决于竞争对手的同种产品的价格或可能价格的水平有多高。因此，企业必须了解竞争对手的产品质量和价格，与竞争对手产品比质比价，从而制定本企业的产品价格。

5. 选择定价方法

在测算了产品价格需求弹性、估算了产品成本费用和分析了产品竞争状况后，企业就应该选择产品的定价方法进行产品基本价格的制定。

产品的定价方法有很多，网上产品定价的方法通常有以下 4 种。

1）成本加成定价法，指以产品成本为定价的基本依据，在成本基础上增加一定比例的利润的定价方法。

2）免费产品定价法，指企业将产品或服务以零价格形式提供给顾客，满足顾客需求的方法。

3）拍卖竞价定价法，指顾客通过互联网轮流公开竞价，在规定时间内出价高者或低者赢得产品的定价方法。

4）定制产品定价法，指根据顾客定制的产品或服务的类型进行定价的方法。

6. 核定最佳价格

企业在制定出产品的基本价格后，还必须综合考虑所制定的价格是否合理，所制定的价格是否与企业的定价政策相一致，以及其他各方（如网络中间商）对拟定价格的态度等因素，力争把价格定在最佳水平。

8.2 网络定价策略类型

8.2.1 低价定价策略

低价定价策略是指网络企业把产品以较低的价格投放到网上市场，以吸引网上顾客，抢占网上市场份额，增强网上市场竞争优势的定价策略。低价定价策略包括以下 3 种。

1. 直接低价策略

直接低价策略是指产品价格在报价时就比同类产品的价格要低的定价策略。

2. 折扣低价策略

折扣低价策略是指网络企业在报价时，既报出网上销售和网下销售的统一价格，又标明网上顾客可以享受在原价基础上扣除一定折扣后的折扣价的定价策略。

3. 促销低价策略

促销低价策略是指网络企业以促销为目的，通过某些方式给顾客一定的实惠，变相降低产品价格的定价策略。

8.2.2 免费定价策略

免费定价策略是指网络企业将产品或服务以免费的形式提供给顾客使用，满足顾客的需求的定价策略。免费定价策略是网络营销中常用的策略之一。在网络营销中，免费定价策略不仅是一种促销策略，而且是一种非常有效的产品或服务的定价策略。

1. 免费价格的形式

（1）完全免费

完全免费是指产品或服务的购买、使用以及售后服务等所有环节都免费提供的免费价格策略，如 163 网站提供免费的电子邮箱、网络论坛、网络社区等服务。

（2）有限免费

有限免费是指产品或服务可以被有限次使用，超过一定期限或次数后，就不再享受免费的定价策略，如 X-tools 公司的 CRM 产品可以免费试用 30 天（见图 8-1）。

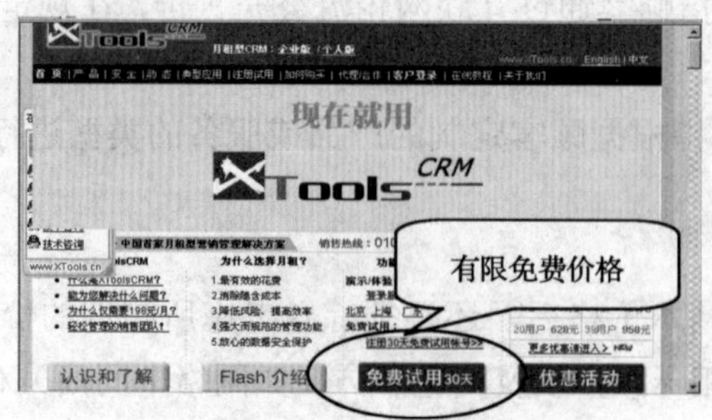

图 8-1 有限免费价格

（3）部分免费

部分免费是指对产品整体中某一部分或服务全过程的某一环节的消费可以享受免费的定价策略。例如，中国数字期刊网在网站上只公开论文的一部分，主要是论文的摘要部分，如果要获取全部论文就必须付费；一些网络电影或歌曲，只能免费播放某一片段，要想观看或收听全部内容，则需要付费。

（4）捆绑免费

捆绑免费是指消费者在网上购买某种产品或服务时，可以享受免费赠送其他产品或服务待遇的策略。

2. 免费产品的特性

在网络营销活动中，并非任何产品都适合在网上实行免费价格策略。一般来说，免费产品应具有以下特性（见表 8-5）。

表 8-5　网络免费产品的特性

具体特性	实践运用
易于数字化	易于数字化的产品一般来说都可以通过互联网实现几乎零成本的配送。企业只需将这些免费产品放置到网上，顾客便可以通过互联网自由下载并使用，企业以较小的成本就可以实现产品的大面积推广
产品无形化	采用免费策略的产品一般都是一些没有实体形态的无形产品，它们可以通过数字化技术实现网上传输来提供给顾客，如软件、信息服务、音乐制品等
零制造成本	产品开发成功之后，只需通过简单的复制就可以实现无限制的生产。对于这些产品，企业只需前期的研制费用，至于产品生产、推广和销售则完全可以通过互联网实现零成本运作
较强成长性	网络企业对某些产品实行免费策略的目的是想利用这些产品的推广推动企业市场的占领，为未来市场的发展奠定坚实基础。因此，实行免费策略的产品一般都要求具有较强的成长性或市场扩散能力
间接收益性	实行免费价格策略的产品或服务必须能使企业通过其他渠道获取足够的收益，以抵补免费产品造成的损失。企业的一般做法是通过免费产品或服务的提供，吸引大量的网上消费者，实现潜在市场的培育，再通过网上消费者购买企业的其他收费性产品或服务来盈利

8.2.3　心理定价策略

心理定价策略是指网络企业根据消费者的不同心理需求和对不同价格的心理感受，有意识地采用多种价格形式的定价策略。

1. 尾数定价策略

尾数定价策略是指在定价时保留小数点后的尾数的定价策略。这一方面可以使消费者对定价工作增强信任感，另一方面可以使消费者产生便宜的感觉。它适合于消费者对产品价值非常了解，产品价格不高的产品。

2. 整数定价策略

整数定价策略是指将产品价格采取合零为整的办法，把价格定成整数的定价策略。整数定价策略给人以较高档次的感觉。它适合于消费者对产品价值不太了解或具有某些独特属性的产品。

3. 声望定价策略

声望定价策略是指针对消费者“一分钱，一分货”的购物心理，对在消费者心目中享有较高声望的产品制定较高价格的策略。它适合于在消费者心目中享有较高声望的网站或品牌产品。

4. 招徕定价策略

招徕定价策略是指企业利用多数顾客贪便宜的心理，将某几种商品的价格定得很低，甚至低于成本，以招徕顾客访问网站，带动并促进其他商品的销售的策略。

8.2.4 差别定价策略

差别定价策略是指企业根据交易对象、交易时间、交易地点等的不同，对同一产品制定出两种或两种以上的价格，以适应顾客不同需要的定价策略。

1. 差别定价的形式

网络产品差别定价的形式一般包括顾客差别定价、产品差别定价、时间差别定价和地点差别定价（见表 8-6）。

表 8-6 网络产品差别定价的形式

定价形式	实践运用
顾客差别定价	同一种产品或服务以不同价格销售给不同顾客。例如，同一产品销售给一般会员与 VIP 会员时，其价格就有所不同
产品差别定价	不同形式的同一产品分别制定不同价格。例如，同样的产品，贴有奥运会五环标识的与不贴标识的价格是有差别的
时间差别定价	不同时间或时点销售的同一产品其价格不同。例如，同样是上网，在凌晨上网与晚上八点左右上网的收费价格是不同的
地点差别定价	处于不同位置的同一产品或服务，其价格不同。例如，处于网站网页不同位置的广告收费是有差异的

2. 差别定价的条件

1）市场能够根据需求强度的不同进行细分。

2）细分后的市场在一定时期内相互独立、互不干扰，高价产品市场上不会出现低价竞争者。

3）细分市场和控制市场的成本费用不得超过实行价格差异所得到的收入。

4）价格差异适度，不会引起消费者反感。

5）价格差异符合有关价格管理的法规和条例。

8.2.5　其他定价策略

1. 竞争定价策略

竞争定价策略指企业随时掌握并根据竞争者的价格变动，调整自己的竞争策略，时刻保持同类产品的相对价格优势的定价策略。

2. 个性化定价策略

个性化定价策略指借助互联网的互动性，根据消费者对产品的颜色、式样、材料、性能等个性化的需求确定产品价格的策略。

3. 自动调价议价策略

自动调价议价策略指根据淡季旺季交替、市场供求状况、竞争状况、成本变动等相关参数建立自动调价模型，同时在企业网站上运行与顾客协商价格的议价系统，使价格更为灵活多样，从而形成谨慎、创新的价格。

4. 特殊价格策略

特殊价格策略指针对互联网中的特殊要求（有创意、具有独特功能的产品或具有收藏价值的产品）而确定产品价格的策略。

5. 折扣定价策略

折扣定价策略指根据产品的购买数量或产品是否为过季产品而给予不等折扣的定价策略。

6. 使用次数定价策略

使用次数定价策略指根据产品的使用次数来收费的定价策略。例如，用友公司的网络版财务软件，消费者只要在网上注册，就可使用，根据使用次数收费，无须购买。

实训训练

一、策划训练：网络视频创意文案设计

[实训目的]

1）培养学生设计网络视频创意文案的能力。
2）培养学生组织分工与团队合作能力。
3）培养学生整理分析资料与写作的能力。
4）培养学生计算机软件应用的能力。
5）培养学生积极讨论与口头表达的能力。

[实训要求]

1）能依据背景设计出一份网络视频创意文案。

2）能清晰地表达出网络视频创意文案的内容。

3）能撰写出网络视频创意文案设计的实训报告。

4）能依据实训报告制作出实训的 PPT 课件。

[实训例讲]

卡萨帝冰箱创意视频文案

卡萨帝（海尔公司旗下高端品牌）公司推出的广告短片《谁的爱填满冰箱》在视频的开头便展现了都市白领繁忙紧张的早晨生活：伴随着闹铃声响起，女主角因为洗完脸忘记关水龙头而自罚不吃冰淇淋一周。在上班路上，为了赶时间，几个男白领像超人一样翻跟头。

忙碌了一天之后，当女主角下班回家，原本空空荡荡的冰箱却被神秘男士塞满了各种食品和饮料，女主角一直以为是刚刚分手的男友为挽回恋情所为，并期待即将到来的生日时前男友能送来惊喜。

到了生日那天，女主角却意外发现这些天冰箱里的食物并非前男友所为。短片的结尾充满悬疑色彩，给人留下充分的想象空间。

“女主角的心灵需要被新鲜的爱情重新填满，而只有被爱填满的人生才是幸福的。”这段视频作为卡萨帝高端冰箱的推广视频，剧中的男主角正是该冰箱的化身。通过视频中的情节展现了卡萨帝公司对现代都市白领的关爱。

（资料来源：何晓兵，何杨平，王雅丽，2020．网络营销：基础、策略与工具[M]．2 版．北京：人民邮电出版社．）

[实训练习]

1．实训背景

福华科技有限公司主营笔记本式计算机，企业有着 20 多年计算机生产经验，产品质量上乘，为有效地开拓网络市场，同时有效树立企业及其产品的形象，请为该公司设计一份有创意的网络视频推广文案。

2．实训组织

1）组建实训小组。将教学班学生按每小组 6～8 人的标准划分成若干课题小组，每个小组指定或推选出一名小组长。

2）确定实训课题。每个小组根据网络视频创意文案设计的背景资料，设计出一份网络视频创意文案，并完成网络视频创意文案设计实训报告以及制作实训报告 PPT 课件。

3）实施实训操作。各小组长根据网络视频创意文案设计实训的要求，调配资源，明确各组员的任务，并督促大家有效地完成任务。

4）撰写实训报告。每个小组完成一份网络视频创意文案设计实训的实训报告，并制作成 PPT 课件，实训报告与 PPT 课件通过电子邮件或校园网提交给指导老师。

5）陈述实训心得。由各个小组推荐的发言人或小组长代表本小组，借助实训 PPT 课件陈述本小组的实训报告和实训心得。

6）评价实训效果。各个小组代表陈述后，指导老师点评该次网络视频创意文案设计实训的情况，并由全班同学无记名投票，评选出该次实训的获奖小组，给予表扬与奖励。

3．实训考核

实训成绩依据学生上课出勤、课堂讨论发言、实训报告的写作和实训报告 PPT 课件制作水平等进行评定。首先由各小组长对组内各成员进行成绩评定，成绩档次分为优秀、良好、中等、及格、不及格 5 档；然后由指导老师对小组提交的实训报告及实训报告 PPT 课件进行评分；最后按照以下公式进行加权计算，计算出每个学生的最终成绩。

个人最终成绩=小组长评定成绩×20%+指导老师评定成绩×80%

其中小组长评定组内成员成绩表见表 8-7，指导老师评定实训报告及实训报告 PPT 课件成绩表见表 8-8。

表 8-7　小组长评定组内成员成绩表

小组成员姓名	小组成员成绩/分				
	优秀（≥90）	良好（80～90）	中等（70～80）	及格（60～70）	不及格（<60）

表 8-8　指导老师评定实训报告及实训报告 PPT 课件成绩表

评价内容	分值	评分
网络视频文案的完整性	30	
网络视频文案的创意性	30	
实训报告的完整性与科学性	20	
实训报告 PPT 课件设计的质量	10	
实训报告表达效果	10	
总体评分	100	

二、实操训练：网络定价初阶——微信公众号图文编辑

[实训要求]

1）学会微信公众号注册的操作。

2）学会微信公众号图文信息编辑的操作。

3）学会撰写微信公众号图文编辑实训报告。

[实训规程]

1. 注册微信公众平台（个人）的操作

1）登录微信公众平台官网（https://mp.weixin.qq.com/），单击“立即注册”按钮（见图 8-2）。

图 8-2　单击“立即注册”按钮

2）选择注册的账号类型，包括订阅号、服务号、小程序、企业微信等（见图 8-3）。

图 8-3　选择注册的账号类型

3）填写基本信息，如邮箱、邮箱验证码、密码、确认密码等，并选中“我同意并遵守《微信公众平台服务协议》”复选框，单击“注册”按钮（见图 8-4）。

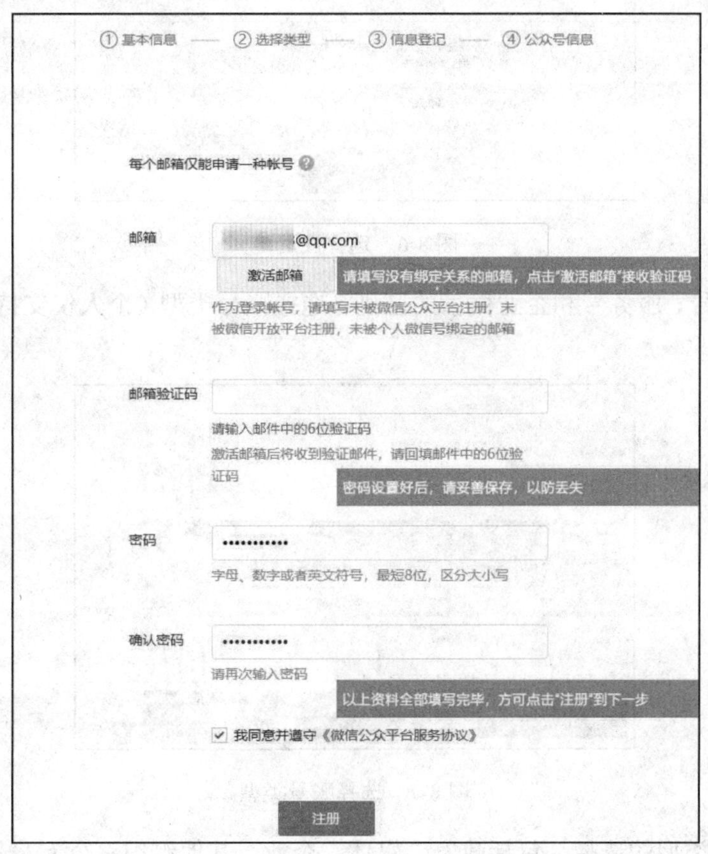

图 8-4　单击“注册”按钮

4）登录邮箱，回填 6 位注册验证码（见图 8-5）。

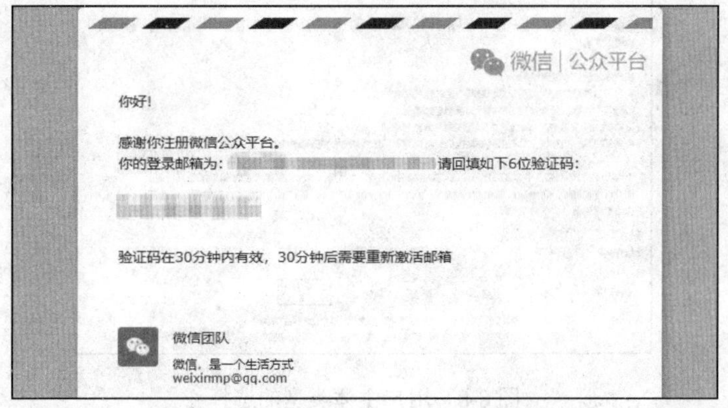

图 8-5　登录邮箱，回填验证码

5）在“选择类型”选项卡中，选择注册地，单击“确定”按钮（见图 8-6）。

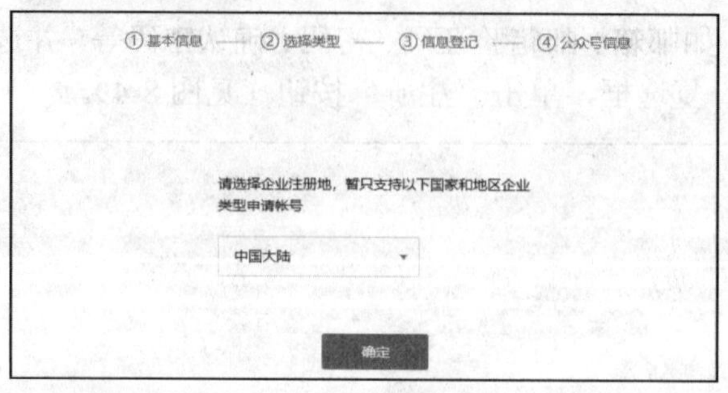

图 8-6　选择注册地

6）了解订阅号、服务号和企业微信的区别，选择账号类型（个人仅支持注册订阅号）（见图 8-7）。

图 8-7　选择账号类型

7）用户主体类型的选择，包括政府、媒体、企业、其他组织、个人。若为个人，则单击“个人”（见图 8-8）。

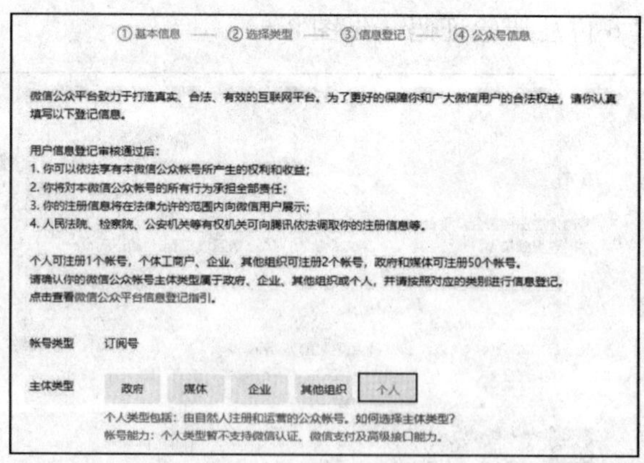

图 8-8　用户主体类型的选择

8）填写主体信息、管理员信息、创作者信息（属于选填项），单击“继续”按钮（见图 8-9）。

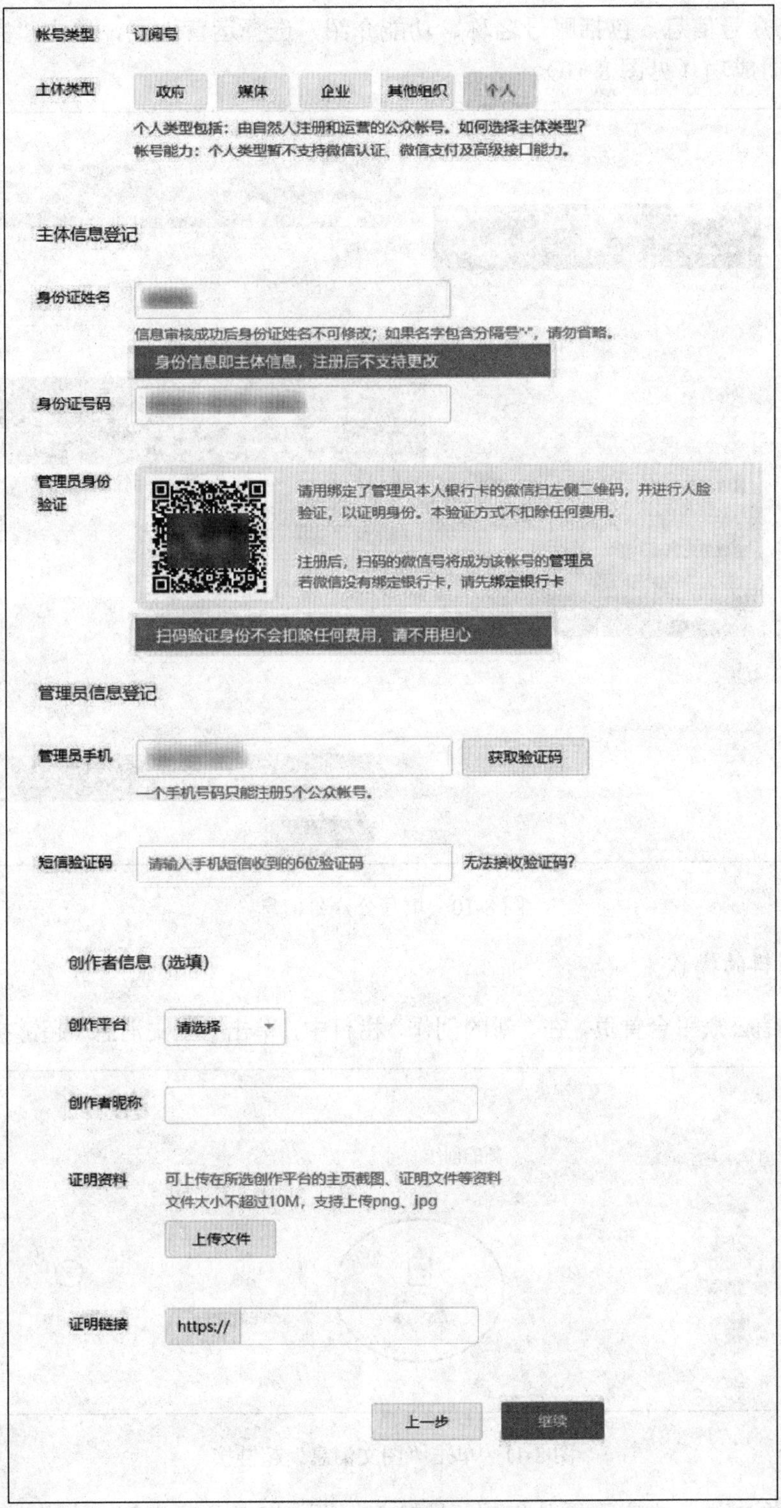

帐号类型　订阅号

主体类型　政府　媒体　企业　其他组织　个人

个人类型包括：由自然人注册和运营的公众帐号。如何选择主体类型？

帐号能力：个人类型暂不支持微信认证、微信支付及高级接口能力。

主体信息登记

身份证姓名

信息审核成功后身份证姓名不可修改；如果名字包含分隔号"·"，请勿省略。

身份信息即主体信息，注册后不支持更改

身份证号码

管理员身份验证

请用绑定了管理员本人银行卡的微信扫左侧二维码，并进行人脸验证，以证明身份。本验证方式不扣除任何费用。

注册后，扫码的微信号将成为该帐号的管理员

若微信没有绑定银行卡，请先绑定银行卡

扫码验证身份不会扣除任何费用，请不用担心

管理员信息登记

管理员手机　获取验证码

一个手机号码只能注册5个公众帐号。

短信验证码　请输入手机短信收到的6位验证码　无法接收验证码？

创作者信息（选填）

创作平台　请选择

创作者昵称

证明资料　可上传在所选创作平台的主页截图、证明文件等资料

文件大小不超过10M，支持上传png、jpg

上传文件

证明链接　https://

上一步　继续

图 8-9　单击“继续”按钮

9）填写公众号信息，包括账号名称、功能介绍，选择运营地区，单击“完成”按钮，则微信公众号注册成功（见图 8-10）。

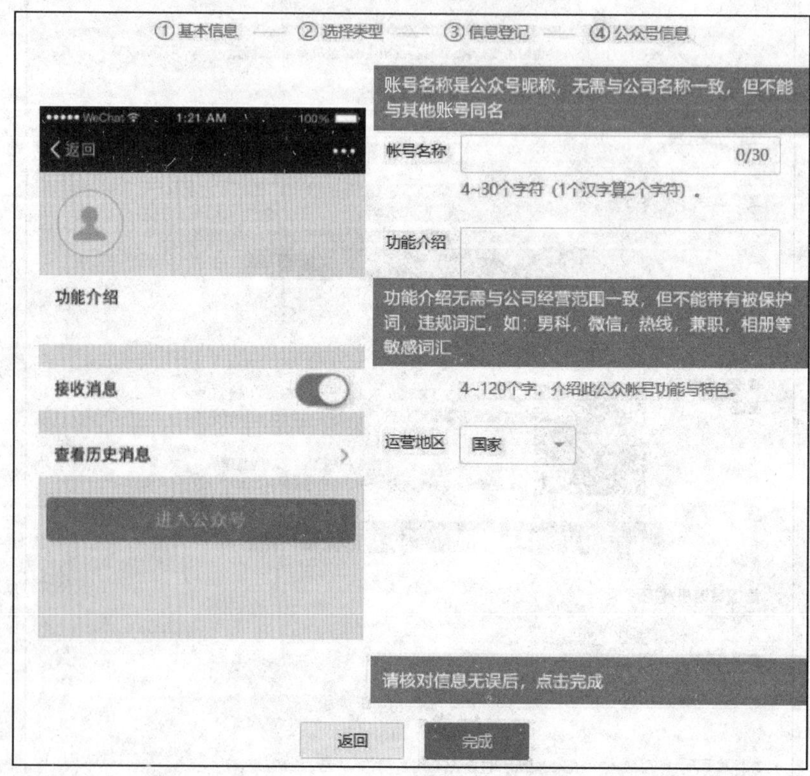

图 8-10　填写公众号信息

2. 图文编辑的操作

1）登录微信公众平台首页，在“新的创作”栏目中，单击“图文消息”超链接（见图 8-11）。

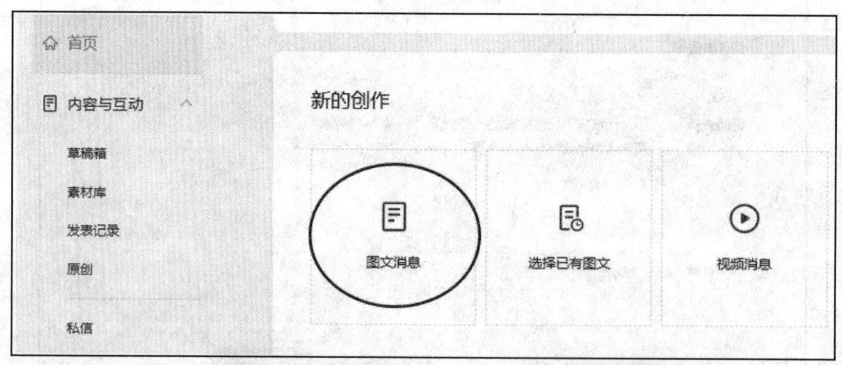

图 8-11　单击“图文消息”超链接

2）在编辑框中进行文字及图片编辑，如输入标题、作者及正文等，编辑完成的图文信息，可以单击“保存为草稿”按钮，也可单击“预览”按钮进行预览（见图 8-12）。

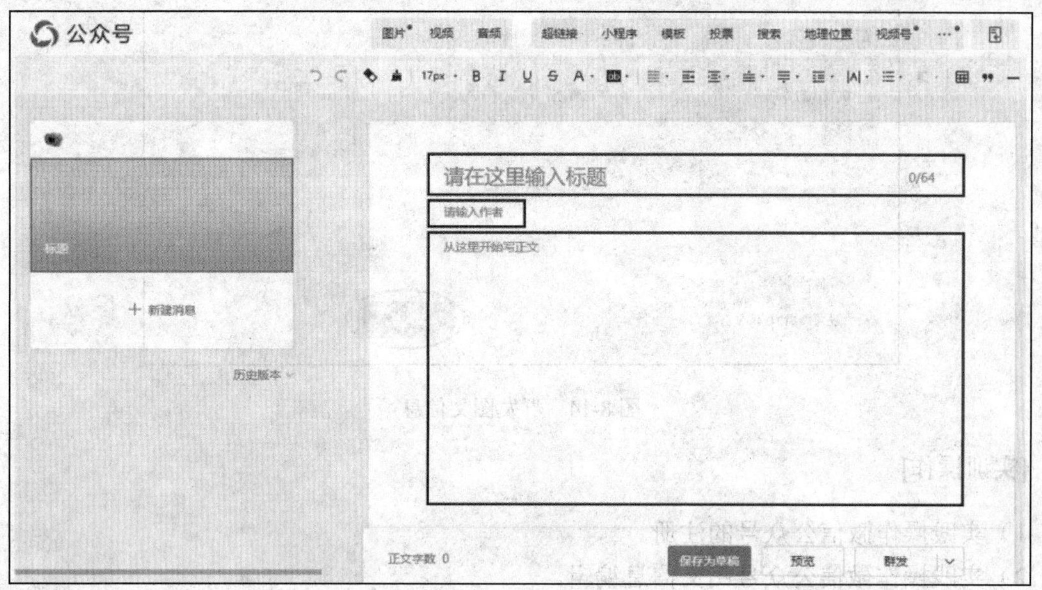

图 8-12　编辑图文信息

3）单击“预览”按钮后，在发送预览页面，输入用于接收预览信息的微信号，单击“确定”按钮，平台会将编辑好的图文信息发送至该微信号，发送成功后则可以在该微信号上查看效果。温馨提示：预览微信号需是已关注该公众号的个人微信号（见图 8-13）。

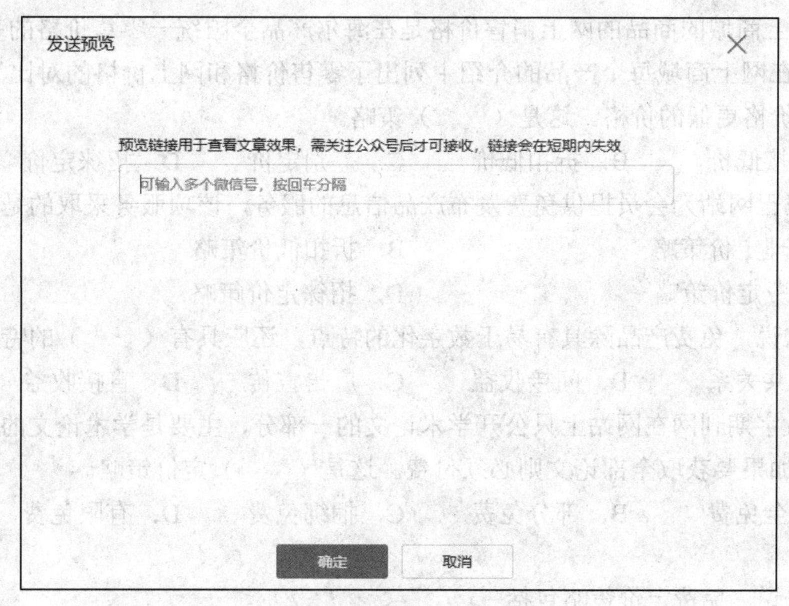

图 8-13　发送预览

4）预览后，如无须对图文信息进行修改，则可单击“群发”按钮，正式发布编辑好的图文信息（见图 8-14）。

图 8-14　群发图文信息

[实训操作]

1）实践操作微信公众号的注册。

2）实践操作微信公众号图文信息编辑。

3）记录微信公众号图文编辑操作的各步骤，形成实训报告。

习　题

一、选择题

1. 海尔网上商城的商品的网上销售价格是在海尔产品全国统一零售价格的基础上进行了一定的优惠（在网上商城每个产品的介绍中列出了零售价格和网上价格的对比）后，定出较全国统一零售价格更低的价格。这是（　　）策略。

A．直接低价　　B．折扣低价　　C．差别定价　　D．招徕定价

2．阿里巴巴网站为会员提供免费发布产品信息的服务，该项服务采取的是（　　）。

A．心理定价策略　　B．折扣低价策略

C．免费定价策略　　D．招徕定价策略

3．一般来说，免费产品除具有易于数字化的特点，还应具有（　　）的特点。

A．公共关系　　B．间接收益　　C．广告宣传　　D．直接收益

4．中国数字期刊网在网站上只公开学术论文的一部分，主要是学术论文的标题、作者、摘要等部分，如果要获取全部论文则必须付费。这是（　　）定价策略。

A．完全免费　　B．部分免费　　C．捆绑免费　　D．有限免费

二、填空题

1．一般来说，免费定价策略包括________、________、________、________。免费产品应具有________、________、________、________、________等特性。

2．差别定价一般包括 4 种形式，即________、________、________、________。

3．网络营销产品的最高价格取决于该种产品的________，最低价格取决于该种产品的________。

4．网络定价的特点有________、________、________、________。

5．网络企业产品定价目标有多种，不同的定价目标，其制定出来的价格也不同。一般来说，企业产品定价目标有________、________、________、________。

6．需求弹性是指价格变动而引起________的比率，反映________对价格变动的敏感程度。需求弹性大于1，表明价格的变动会引起需求量________变动。在这种情况下，价格提高将使销售收入________。

职场拓展

低薪值得忍多久

如果你刚毕业，每个月只有2000元，你怎么办？

你也许会抱怨，工资少得都不好意思对家人说，上班也打不起精神。你努力节省开支，不敢多和朋友出去，不敢有旅行的计划。你在生活，但没有质量。你总会很纠结：我到底该不该辞职呢？

小柯大学毕业时，就曾经拿2000元钱一个月的工资。他签的是一家合资公司，但员工试用期工资少得可怜。班上的另一个同学临签协议时，放弃了。他说，工资太低了，超出了接受底线。但是，小柯却签了。

单位没有宿舍，小柯在附近租了学生宿舍。这样，一个月只需要500多元的房租。他办了一张公交月卡，每天早上挤公交上班，幸亏单位解决伙食，所以小柯平时吃饭也不怎么花钱。好多同学的单位工资福利都不错，过得逍遥快活。只有小柯，起得比鸡早，干得比牛多，但每月到手的工资只有2000元。大家去看他，替他委屈。可是小柯笑笑，并不觉得难为情。

小柯每个月都会补充两本专业书。趁着早上上班之前的一点时间翻上几页。等公交的时候，他总是抱着本小日汉词典念念有词。他说，只是觉得多学门外语总不是什么坏事。

三个月后，小柯结束了试用期，但工资仍没有多少。一年后，小柯终于有了真正的初级技术职位。此时，公司一项国家级项目进入研发阶段，而负责单位正是小柯所在的研发部。那时，小柯已啃完了一大摞厚厚的行业专业书，能将四十多篇日语课文倒背如流。

两年来，小柯一直工作勤勤恳恳，没有请过一次病假、事假。他曾向上司提起过工资的问题，但没有得到重视，几次不了了之。他并没有把情绪带到工作中，仍然认认真真完成每一件事。当小柯向公司递交了辞呈时，很多人都很意外，用同事的话说，他最不像要走的人。

但是小柯执意要走。或许在这时候，公司才真正意识到他的价值，就拿那项国家级项目来说，作为新人的小柯，却出色地独立完成了所有的程序调试，为项目完成立下了汗马功劳。老总找他谈话，以加工资和升职极力挽留他。他去意已决，并不是因为钱而离开，他大三以后就没向家里要过一分钱。他想证明自己，而事实上他也做到了，只是他的公司看到这一点时已太晚了。大家问小柯，会抱怨吗？他笑着说："不。每一个成功的公司都必定有它优质的内核，我能有幸在这个公司里和一群最优秀的人一起工作，我很感激。"

那2000元每月的坚持，小柯没有白费，带着优秀的工作履历和一本一级日语证书，还有公司外籍专家的推荐信，他很快走进了顶尖日企的大门。现在，他已是那家日企研发部的高级工程师。他曾应邀回母校，跟许多学弟学妹们座谈，像老师，又像兄长，说起当年的2000元。"每个人成功的道路不同，你们也可以，从200元、2000元或者20000元开始，"他微笑着说，"重要的是，你们永远不要忘记最初的梦想。"

（资料来源：丸子，2016．低薪值得忍多久[J]．教育视界（11）：13-14.）

思考：该故事道出了怎样的人生哲理？

第9章

网络分销策略

目的要求

1. 知识目标

1）理解网络分销渠道的特点。

2）理解网络直接渠道策略。

3）理解网络间接渠道策略。

4）理解物流的概念与内容。

5）理解配送的内涵。

6）掌握配送的作业内容。

2. 技能目标

1）会设计网络促销文案。

2）会网络视频拍摄与剪辑操作。

3. 素养目标

成功的秘诀不在于一蹴而就，而在于不畏困难、持之以恒。

重点难点

1）网络分销渠道的设计。

2）网络分销渠道的流程。

3）配送的内涵与运作。

4）网络促销文案设计。

情智故事

刘湘宾：坚韧不拔，决不退缩

刘湘宾是陕西航天时代导航设备有限公司首席技师。2018年5月，刘湘宾转入石英半球谐振子研究，有人提醒他：“石英玻璃易崩易裂，零件加工精度要求又高，是国际难题。”刘湘宾没有退缩，查资料、访同行、绘图、建模……那一阵，他通宵加班的次数更多了，回家也满脑子都是微米级的精度尺寸，一度熬得视线模糊。

“实验做了无数次，每天面对失败，不止一次想放弃，但最后还是把自己逼回去了。”一天半夜，刘湘宾从睡梦中惊醒，披衣而起，一路小跑到车间，把产品全部量了一遍。原来，他晚上梦到自己白天加工的产品多了 5 微米，量完后发现，尺寸都对。

2019 年 2 月，刘湘宾远超预定要求，成功攻关，终于打通了该型号研制的瓶颈，为我国航空、船舶、新型防务装备、卫星研制提供了技术保障，使我国成为惯导领域超精密加工的“领跑者”。

（资料来源：齐辰昊，2022．起于三寸之坎，以就万仞之深[J]．演讲与口才（12）：44．有删改。）

［**情智点评**］面对国际难题，刘湘宾没有退缩，凭借着坚韧不拔、百折不挠的劲头，成功攻关石英半球谐振子研究，使我国成为惯导领域超精密加工的“领跑者”。在网络营销工作中，我们要有这种面对困难百折不挠的精神和勇气，只要坚持不放弃，定能实现目标。

9.1 网络分销渠道策略

9.1.1 网络分销渠道的概念

网络分销渠道是指借助互联网将产品从生产者向消费者或用户转移过程中所经过的途径和路线。网络分销渠道一方面要为消费者提供商品信息，让消费者进行选择；另一方面在消费者选择商品后要能完成网上在线支付和配送。

9.1.2 网络分销渠道的特点

网络分销渠道的特点表现为网络分销渠道是信息发布渠道、在线支付渠道、物流配送渠道和售后服务渠道（见表 9-1）。

表 9-1 网络分销渠道的特点

具体特点	实践运用
信息发布渠道	企业的信息与产品或服务的种类、质量、价格等信息都需通过这一渠道传递给消费者
在线支付渠道	网络营销不仅能通过互联网销售产品、提供服务，而且能通过互联网完成在线支付。消费者在网上购买商品后，可以选择多种方式进行付款。企业应有多种结算方式，其中就包括在线支付
物流配送渠道	物流配送渠道包括无形产品的配送和有形产品的配送。无形产品的配送也称在线配送，消费者可以直接从网上购买和下载；有形产品的配送一般由专业的物流配送公司来完成
售后服务渠道	网络分销渠道是企业与消费者洽谈业务、开展商务活动的场所，也是对消费者进行技术培训和售后服务的园地。例如，消费者在购买商品后，可以通过互联网查询订单处理情况、咨询商品使用的技术问题等

9.1.3　网络分销渠道的策略

网络分销渠道策略是指网络分销渠道模式的选择策略，主要包括网络直接渠道和网络间接渠道两种。

1. 网络直接渠道策略

网络直接渠道策略是指生产商不通过中间商，直接利用自己的营销网站与消费者进行商品交换的分销渠道策略，即生产企业在互联网上建立自己独立的具有交易功能的营销网站，通过专门的网上交易系统实现产品的网上销售。

（1）网络直接渠道策略的特点

网络直接渠道策略的特点如表 9-2 所示。

表 9-2　网络直接渠道策略的特点

具体特点	实践运用
产销直接沟通	采用网络直接渠道，生产商可以通过网络直接与消费者进行沟通，全面、及时、有效地了解消费者的需求及其需求的变化，从而及时调整企业的生产经营决策，更好地满足消费者的需求
营销主动有效	采用网络直接渠道，生产商可结合企业的性质、产品的特点，并针对目标消费者的特点，适时开展自主性的营销活动。若借助第三方的商务网站，则在产品信息发布、站点推广、广告宣传等方面都必须服从第三方网站的整体规划与定位要求，生产企业缺乏自主性
营销成本费用较高	采用网络直接渠道，生产企业需要购置网站所需的设施设备和软件产品，建立企业的营销网站；需要设置专门的网络营销机构，培训专门的网站维护与网络营销工作人员；还需要保持足够的网站维护与推广费用等
营销网站出头较难	我国目前建立的上百万个网站，除个别行业和部分企业的网站，大部分网站的访问者寥寥无几，营销效果并不明显

（2）网络直接渠道的交易流程

网络直接渠道的交易流程如图 9-1 所示。

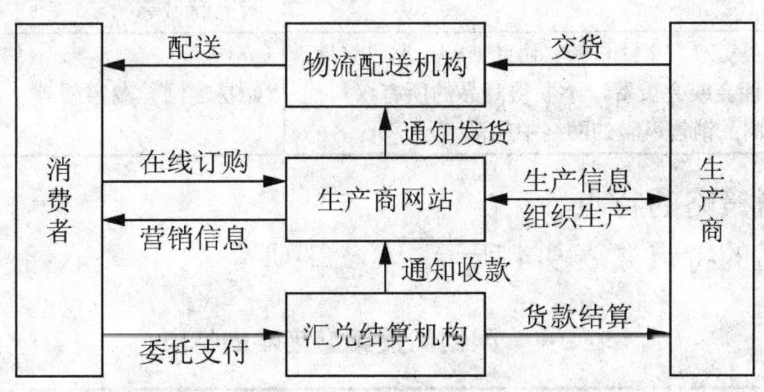

图 9-1　网络直接渠道的交易流程

1）生产商在自己网站和信息服务商网站上发布产品、产品的价格、产品质量保证、支付方式、物流方式、促销活动等营销信息。

2）消费者在阅读到企业的营销信息后，通过分析比较产品信息，决定登录企业网站进行在线订购。

3）企业网站收到消费者的订购信息后，立即将订购信息转交给企业的生产部门。

4）生产部门收到生产加工任务信息后，立即安排组织生产，保证能及时满足顾客需求。

5）消费者在网上订购后，委托汇兑结算机构（如银行、邮政局）进行货款的支付。

6）汇兑结算机构接到消费者的委托后，立即通知生产商网站，收到了消费者的货款。

7）汇兑结算机构通知企业收款的同时，将货款转入生产商的账户。

8）生产商收到货款后，立即将生产好的商品，转交给物流配送机构进行配送。

9）生产商网站通知物流配送机构组织商品的配送。

10）物流配送机构按要求组织商品的配送，及时将商品送到指定顾客手中。

生产商网站还需回访消费者，询问消费者是否已收到商品，对商品是否满意，是否还有其他要求或建议等。

2. 网络间接渠道策略

网络间接渠道策略是指生产商借助网络中间商将自己的产品销售给网上消费者的分销渠道策略。

（1）网络中间商

网络中间商是指在网络营销活动中介于生产商与消费者之间，执行组织、实施或协调商品所有权顺利转移的网上虚拟组织或机构。网络中间商包括网络经销商、网络代理商和网络经纪人等（见表 9-3）。

表 9-3　网络中间商类型

类型	内涵	举例说明
网络经销商	专门从事网络商品交易业务，在商品买卖过程中取得商品所有权的中间商，其利润主要来自商品的购销差价	网络经销商即通常意义上的网上商店或网上超市等，如亚马逊网、当当网等
网络代理商	接受生产商的委托，从事商品交易业务，但不具有商品所有权的网络中间商，其利润主要来自被代理企业的佣金	网上商城、网上购物中心等就属于网络代理商，他们以招商形式为企业建设网上独立商店，负责站点的推广宣传、技术支持与维护以及提供网上支付系统与结算、网站广告、代理委托第三方物流配送等，如 6688 网上商城等
网络经纪人	利用网络，为买卖双方牵线搭桥、协助谈判、促成交易，由委托方支付佣金或会员费，不取得商品的所有权和代理权，不承担商品销售风险的网络中间商	如易趣网、淘宝网等

（2）网络间接渠道策略的特点

网络间接渠道策略的特点如表 9-4 所示。

表 9-4　网络间接渠道策略的特点

具体特点	实践运用
节约网络营销交易成本	从整个社会的角度考虑，生产商利用网络中间商进行产品销售，将使买卖双方的交易次数减少，使网络商品销售简单化，从而节约网络营销的交易成本
提高网络市场拓展能力	网络中间商可以集中所有会员企业的力量进行营销网站的建设维护与宣传推广，从而形成庞大的网络营销队伍和专业的网络营销技术队伍，具有强大的网络市场拓展能力
利于平均订货量的规模化	网络中间商可以集中若干消费者的需求量，形成商品的批量订货，满足生产商对规模生产的需要
便利买卖双方收集信息	网络中间商本身就是一个巨大的数据库，云集了全国乃至全世界众多的生产商，也汇集了成千上万种商品信息，因此买卖双方可以方便地在其中收集到所需的信息

（3）网络间接渠道的交易流程

网络间接渠道的交易流程如图 9-2 所示。

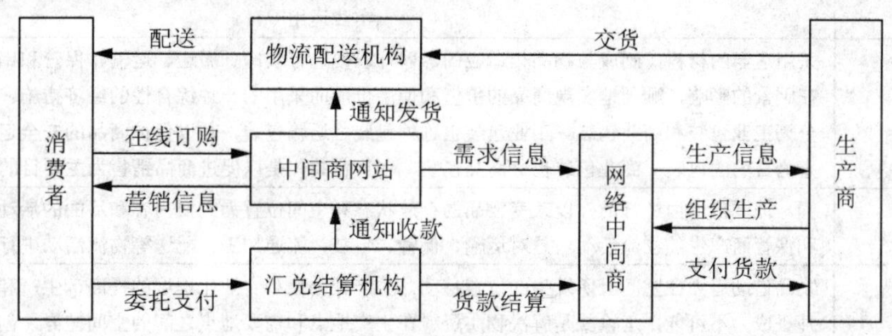

图 9-2 网络间接渠道的交易流程

1）网络中间商在自己网站和信息服务商网站上发布产品、产品的价格、产品质量保证、支付方式、物流方式、促销活动等营销信息。

2）消费者在阅读到网络中间商的营销信息后，通过分析比较产品信息，决定登录中间商网站进行在线订购。

3）中间商网站收到消费者的订购信息后，立即将订购信息转交给网络中间商的相关部门，如采购部门或业务部门，要求组织采购所需商品。

4）中间商采购部门或业务部门收到需求信息后，立即转交给生产商，以方便生产商及时组织生产。

5）生产部门收到生产加工任务信息后，立即安排组织生产，保证能及时满足顾客需求。

6）消费者在网上订购后，委托汇兑结算机构（如银行、邮政局）进行货款的支付。

7）汇兑结算机构接到消费者的委托后，立即通知中间商网站，收到了消费者的货款。

8）汇兑结算机构通知中间商收款的同时，将货款转入网络中间商的账户。

9）网络中间商收到消费者的货款后，将采购货款支付给生产商。

10）生产商收到货款后，立即将生产好的商品，转交给物流配送机构进行配送。

11）中间商网站通知物流配送机构组织商品配送。

12）物流配送机构按要求组织商品的配送，及时将商品送到指定顾客手中。

中间商网站还需回访消费者，询问消费者是否已收到商品，对商品是否满意，是否还有其他要求或建议等。

9.2 网络分销物流配送

9.2.1 物流的概念与内容

物流是指物品从供应地向接收地的实体流动过程，根据实际需要将运输、储存、装卸、包装、流通加工、配送、信息处理等基本功能实施有机结合。

一般认为，物流的内容应该由包装、装卸搬运、运输、储存保管、流通加工、配送、废旧物的回收与处理，以及与上述相关的情报信息等所构成（见表 9-5）。

表 9-5　物流的构成

构成要素	实践运用
包装	采用适当的材料，制成与物品相适应的容器，以便进行装卸、搬运、运输、保管和销售，使之不受外在因素的影响，顺利地实现商品的价值和使用价值而采用的一种综合性的经济措施。一般来讲，包装分为工业包装和商业包装。工业包装也称外包装、运输包装，是以保护商品的安全运输，提高运输效率为目的的包装；商业包装也称商品包装、销售包装，是以促进商品销售为主要目的的包装
装卸搬运	同一地域范围内进行的，以改变物品的存放状态和空间位置为主要内容和目的的活动。它是伴随运输和保管而产生的物流活动，是对运输、保管、包装、流通加工、配送等物流活动进行衔接的中间环节
运输	物品借助运力在空间上所发生的位置移动。生产社会化和专业化程度的提高，生产和消费在同一地点几乎成为不可能，运输就是解决物质资料在生产地点和需要地点之间的空间差异，创造物品的空间效用，实现物质资料的使用价值。运输在物流活动中处于中心地位，是物流的一个支柱
储存保管	储存又称物品的储备，是对社会再生产过程中离开直接生产过程或消费过程而处于暂时停滞状态的那一部分物品进行短时间的储备管理。保管是储存的继续，是保护物品的价值和使用价值不致受到损害的过程。储存保管是仓库的主要职能，是物流的另一个支柱
流通加工	在流通过程或生产过程中，为了向用户提供有效的商品，或者为了弥补加工不足，或者为了合理利用资源，更有效地衔接产需，往往需要在物流过程中进行一些辅助的加工活动，这些加工活动称为流通加工。流通加工不同于生产环节的加工活动。它仅仅是对商品进行诸如装袋、单元小包装、配货、挑选、混装等辅助加工活动
配送	物流活动中一种特殊的、综合的、具有商流特征的形式。一般来讲，配送是集包装、装卸搬运、保管、运输于一身的，并通过一系列的作业活动，达到将货物送达顾客的目的
废旧物的回收与处理	生活消费、生产消费所产生的大量排泄物需经过处理、分类加工等一系列活动，或使废旧物转化为新的生产要素，重新返回生产或消费过程，或不能成为新的生产要素的，需经过销毁、填埋等方式予以处理
情报信息	物流各种功能之间是相互联系、相互依赖和相互作用的，只有及时交换情报信息，才能实现物流整体功能的发挥

9.2.2　配送的概念与运作

1. 配送的概念

配送是按用户订货的要求，以现代送货形式，在配送中心或其他物流据点进行货物配备，以合理的方式送交用户，实现资源的最终配置的经济活动。

1）首先明确指出按用户订货的要求。配送是以用户为出发点，用户处于主导地位，配送处于服务地位。

2）配送实质是送货，但与一般送货有区别。一般送货是一种偶然行为，而配送是一种固定的形态，它有确定组织及确定渠道，有一套设施、装备和管理力量、技术力量，有一套规范的制度。

3）配送是从物流据点到用户的一种特殊的送货形式。它表现为中转型送货，而不是工厂到用户的直达型，更重要的是，用户需要什么就送什么，而不是有什么送什么。

4）配送是配与送的有机结合。配送利用有效的分拣、配货等理货工作，使送货达到一定规模，以利用规模优势取得较低的送货成本。

5）强调合理的方式送交用户。配送必须以用户要求为依据，同时应该追求合理性，并指导用户，遵循双方都有利可图的商业原则。

6）配送对货物的配置作用是最终配置，因而是接近顾客的配置。这种配置方式在市场环境下对实现经营战略具有重要的作用。

2. 配送作业

配送作业是指完成配送任务所采用的具体的工作方法，包括配货作业方式、配装作业、配送线路的确定等。

（1）配货作业方式

配货作业是将储存的货物按发货要求分拣出来，放到发货场所指定位置的作业活动的总称。配货作业可以采用机械化、半机械化或人工作业，常采取摘果方式或播种方式（见表 9-6）。

表 9-6　配货作业方式

作业方式	实践运用	适用范围
摘果方式	又称挑选方式，它是用搬运车辆巡回于保管场所，按配送要求从每个货位或货架上挑选所需货物，巡回一次完成一次配货作业	适宜于不易移动或每个用户需要货物品种多而数量少的情况
播种方式	将需要配送数量较多的同种货物集中搬运到发货场所，然后将每个用户所需的数量取出，分到每一货位处，直到配货完毕	适宜于较容易移动的货物，即储存货物的灵活性较强，需求量较大的货物

（2）配装作业

合理配装是充分利用运输车辆容积、载重量，推行轻重配装，实现满载满容。实现合理配装的基本方法是以车辆的最大容积和载重量为限制条件，并根据各种货物的容量、单位货物的体积建立相应的数学模型，通过计算求出最佳方案。

1）在货物种类不多、车辆类型单一的情况下，可直接采用手算方式，达到货物与车辆的匹配，实现满载满容。

2）在配装货物种类较多、车辆类型也较多的情况下，采用人工计算有困难时，可采用计算机实现优化配装目的。如果不具备运用计算机的条件，可以从多种配送货物中选出容量最大、最小的两种，利用手工配装，其他货物再选容量最大及最小的配装，以此类推，得出配装结果。

（3）配送路线的确定

配送路线是否合理，直接影响到配送效率和配送效益。确定配送路线所涉及因素很多，包括用户的要求、配送资源状况、道路拥挤情况等。在选择配送路线时，既要考虑配送要达到的目标，又要考虑各种约束配送的条件，即在一定约束条件下，选择最佳方案。

1）配送路线确定的原则。配送路线的确定与配送目标在原则上是一致的，这些原则包括成本要低、效益要高、路线要短、吨公里要小、准时率要高、劳动消耗要少、运力运用要合理等。

2）配送路线确定的限制条件。实现配送目标总是要受到许多条件的约束和限制。一般来说，这些限制和约束条件包括用户对货物品种、规格、数量的要求，满足用户对货物配送时间范围的要求，在允许通行时间（城市交通拥挤时所做出的时间划分）内进行配送，车辆载重量和容积的限制以及配送能力的约束等。

3）配送路线确定的方法。包括方案评价法、数学模型法、经验法、节约里程法等。

3. 配送的流程

配送流程是为完成配送任务所经过的工艺路线。配送流程根据配送货物的性质、状态、配送工艺装备等因素制订。配送的一般流程包括进货、分类、储存、加工、拣选、配货、分放、配装、送货等（见图 9-3）。

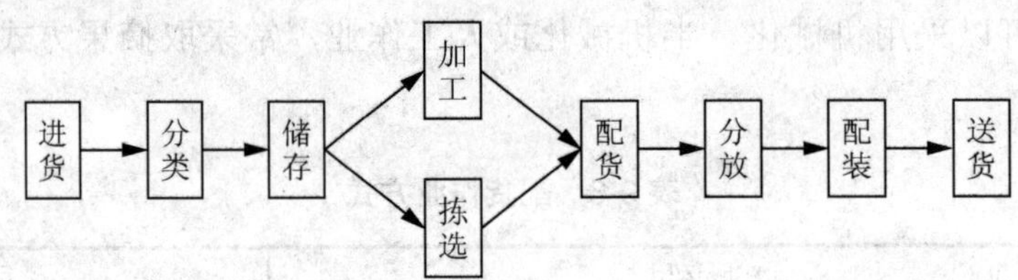

图 9-3 配送的一般流程

9.2.3 物流配送的运作

1. 入库业务的运作

入库业务的运作流程如图 9-4 所示。

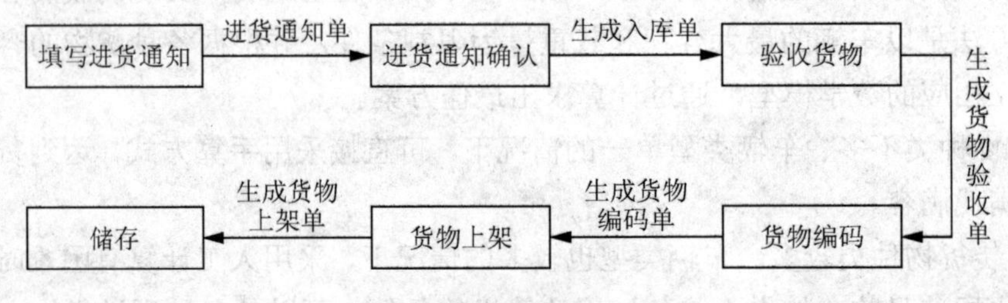

图 9-4 入库业务的运作流程

1）收到货物，利用物流系统填写进货通知单。

2）确认进货通知单无误，物流系统自动生成入库单。

3）对入库货物进行验收，物流系统生成货物验收单。

4）对合格的入库货物进行编号，物流系统生成编码单。

5）将货物上架储存，物流系统生成货物上架单。

2. 出库业务的运作

出库业务的运作流程如图 9-5 所示。

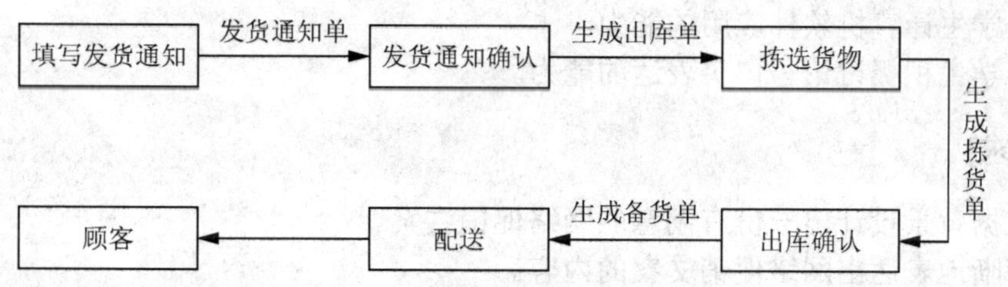

图 9-5　出库业务的运作流程

1）根据订货要求，填写发货通知单。

2）确认发货通知单，物流系统生成出库单。

3）对出库货物进行拣货处理，生成拣货单。

4）对拣货单进行检验确认。

5）再次核对出库单无误后，生成备货单，等待配送。

3. 配送业务的运作

配送业务的运作流程如图 9-6 所示。

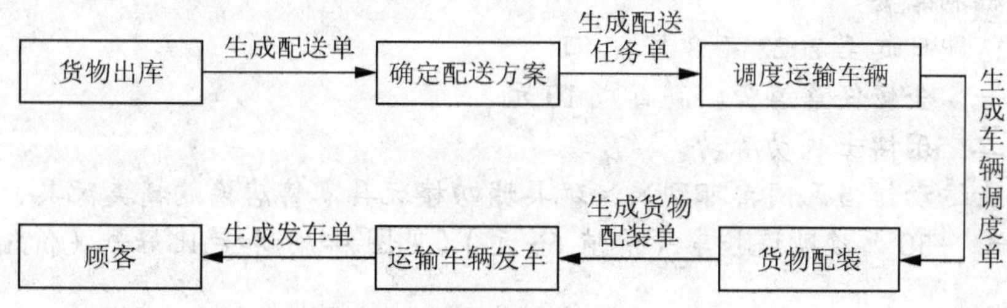

图 9-6　配送业务的运作流程

1）对配货单上的货物进行分类组合，生成配送单。

2）确定配送方式和路线，生成配送任务单。

3）根据配送单的要求，对车辆进行调度分配，生成车辆调度单。

4）将货物配装到运输车辆中，生成货物配装单。

5）确认产品配装好，运输车辆发车，生成发车单。

实训训练

一、策划训练：网络促销文案设计

[实训目的]

1）培养学生设计网络促销文案的能力。

2）培养学生组织分工与团队合作能力。

3）培养学生整理分析资料与写作的能力。

4）培养学生计算机软件应用的能力。

5）培养学生积极讨论与口头表达的能力。

[实训要求]

1）能依据背景设计出一份有创意的网络促销文案。

2）能清晰地表达出网络促销文案的内容。

3）能撰写出网络促销文案设计的实训报告。

4）能依据实训报告制作出实训 PPT 课件。

[实训例讲]

暑期“大放价”，就在××玩具城等你！

七、八月，拥有最夏天的日子，最炙热的浪漫，还有最开心的暑假。

夏日出游首选，当然是室内，好玩到爆的玩具天地：××玩具零售旗舰店。这里不仅是避暑胜地，还有近千款玩具及体验区。完全不用担心酷暑，没有晒太阳的烦恼。夏日也可以随心畅玩。这个暑假来××玩具城嗨个够吧！

暑假重磅福利套餐

活动时间：即日起至 2022 年 8 月 31 日

优惠活动一：全场任意消费，满百减 10 元

优惠活动二：乐博士联动活动

凡持乐博士运动馆当天门票可到××玩具城四楼玩具零售店换购精美玩具。

✿ 优惠一：+50 元换购遥控车（价值 66 元）（见图 9-7）和芭比娃娃（价值 24 元）（见图 9-8）。

图 9-7　狂野速豹遥控车

图 9-8　精美芭比娃娃

✿ 优惠二：+199 元换购品牌拼装积木一盒（价值 300 元）（见图 9-9 和图 9-10）。

图 9-9　拼装积木 1

图 9-10　拼装积木 2

注：换购产品不参与满减和折扣优惠（换购商品数量有限，欲购从速）。活动期间，转发此文章至朋友圈，即可免费到店领取泡泡棒一支。

温馨提示：每人限领一份。仅自己可见或设置分组可见，将视为无效转发。各位家长们，听完介绍，你们心动了吗？快带上娃来××玩具零售旗舰店吧（见图 9-11）！添加客服微信进福利群（见图 9-12）。

图 9-11　××玩具城

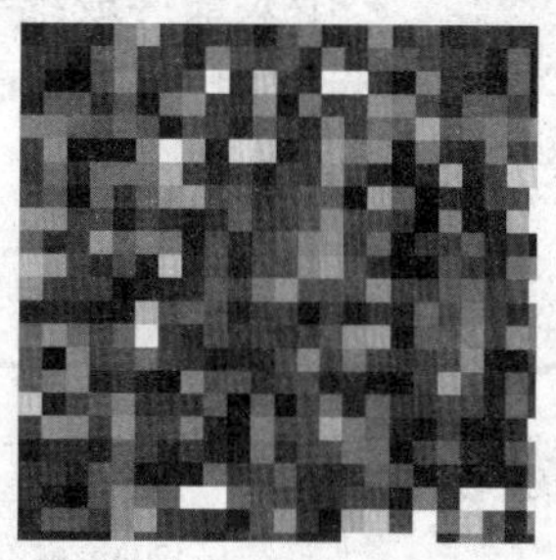

图 9-12　××玩具城二维码

地址：汕头市澄海区金鸿公路与永合路交界处××玩具城四楼玩具零售旗舰店。

（资料来源：根据微信公众号内容改编。）

[实训练习]

1．实训背景

福华科技有限公司主营笔记本式计算机。寒暑假是学生购买计算机的旺季，尤其是暑假。现在的家长，不管是城市的，还是农村的，对小孩的教育投资绝不吝啬。为有效配合国家消费升级的活动，福华公司决定在今年的暑假在京东网上开展一次全面的促销活动。活动主题：福华电脑、快乐学习！活动时间：7 月 15 日至 8 月 15 日；活动对象：大中学生。试根据以上背景资料，为福华公司策划一份暑期计算机网络促销文案。

2．实训组织

1）组建实训小组。将教学班学生按每小组 6～8 人的标准划分成若干课题小组，每个小组指定或推选出一名小组长。

2）确定实训课题。每个小组根据网络促销文案设计的背景资料，设计出一份网络促销文案，并完成网络促销文案设计实训报告以及制作实训报告 PPT 课件。

3）实施实训操作。各小组长根据网络促销文案设计实训的要求，调配资源，明确各组员的任务，并督促大家有效地完成任务。

4）撰写实训报告。每个小组完成一份网络促销文案设计实训的实训报告，并制作成 PPT 课件，实训报告与 PPT 课件通过电子邮件或校园网提交给指导老师。

5）陈述实训心得。由各个小组推荐的发言人或小组长代表本小组，借助实训 PPT 课件陈述本小组的实训报告和实训心得。

6）评价实训效果。各个小组代表陈述后，指导老师点评该次网络促销文案设计实训的情况，并由全班同学无记名投票，评选出该次实训的获奖小组，给予表扬与奖励。

3．实训考核

实训成绩依据学生上课出勤、课堂讨论发言、实训报告的写作和实训报告 PPT 课件制作水平等进行评定。首先由各小组长对组内各成员进行成绩评定，成绩档次分为优秀、良好、中等、及格、不及格 5 档；然后由指导老师对小组提交的实训报告及实训报告 PPT 课件进行评分；最后按照以下公式进行加权计算，计算出每个学生的最终成绩。

个人最终成绩=小组长评定成绩×20%+指导老师评定成绩×80%

其中小组长评定组内成员成绩表见表 9-7，指导老师评定实训报告及实训报告 PPT 课件成绩表见表 9-8。

表 9-7　小组长评定组内成员成绩表

小组成员姓名	小组成员成绩/分				
	优秀（≥90）	良好（80～90）	中等（70～80）	及格（60～70）	不及格（<60）

表 9-8　指导老师评定实训报告及实训报告 PPT 课件成绩表

评价内容	分值	评分
网络促销文案的合理性	30	
网络促销文案的创意性	30	
实训报告的完整性与科学性	20	
实训报告 PPT 课件设计的质量	10	
实训报告表达效果	10	
总体评分	100	

二、实操训练：网络分销手段——网络视频拍摄与剪辑操作

[实训要求]

1）学会短视频拍摄的操作。

2）学会视频剪辑软件运用操作。

3）学会撰写视频拍摄剪辑实训报告。

[实训规程]

1）进入手机桌面并点击相机按钮，拍摄一段视频（见图 9-13）。

2）在手机应用商城搜索并下载短视频软件“抖音”与剪辑软件“剪映”（见图 9-14、图 9-15）。

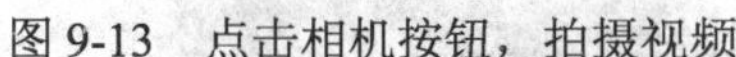

图 9-13　点击相机按钮，拍摄视频

图 9-14　下载短视频软件“抖音”

3）打开剪辑软件“剪映”，并在“剪映”首页点击“一键成片”按键（见图 9-16）。

图 9-15　下载剪辑软件“剪映”

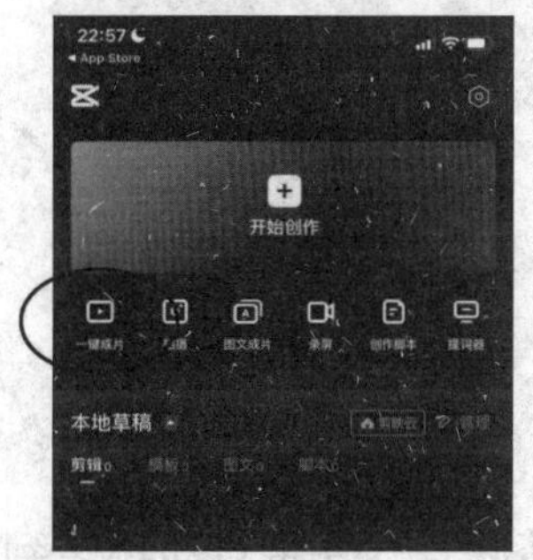

图 9-16　点击“一键成片”按键

4）导入需要剪辑的视频并点击“下一步”按钮（见图 9-17）。

5）在编辑界面，选择剪辑模板（见图 9-18）。

图 9-17　导入需要剪辑的视频

图 9-18　选择剪辑模板

6）在导出设置界面调整视频参数，如分辨率等，点击“完成”按钮，完成参数设置（见图 9-19）。

7）参数设置好后，点击“无水印保存并分享”按钮（见图 9-20）。

图 9-19　设置参数，点击“完成”按钮

图 9-20　点击“无水印保存并分享”按钮

8）“剪映”软件将自动跳转到短视频软件“抖音”，在“抖音”界面中点击“下一步”按钮进入发布界面（见图 9-21）。

9）在“抖音”发布界面进行封面选择、视频文案输入、定位、公开等设置后，点击“发布”按钮即可完成视频发布，在“抖音”软件中“我”的页面可查看视频播放量数据等信息（见图 9-22）。

图 9-21　点击“下一步”按钮

图 9-22　点击“发布”按钮完成视频发布

[实训操作]

1）实践操作下载“抖音”与“剪映”软件。
2）实践操作短视频的剪辑和发布。
3）记录短视频剪辑和发布的各步骤，形成实训报告。

技能拓展——网络广告信息发布操作

以在阿里巴巴网站发布产品信息为例。

1）登录阿里巴巴网站，单击“请登录”按钮（见图 9-23）。

图 9-23　单击“请登录”按钮

2）输入会员登录名和密码，单击“登录”按钮（见图 9-24）。

图 9-24　单击“登录”按钮

3）打开我的阿里，单击左上栏目中的“销售”按钮，进入页面后选择左侧通栏的“供应产品→发布供应产品”选项（见图 9-25）。

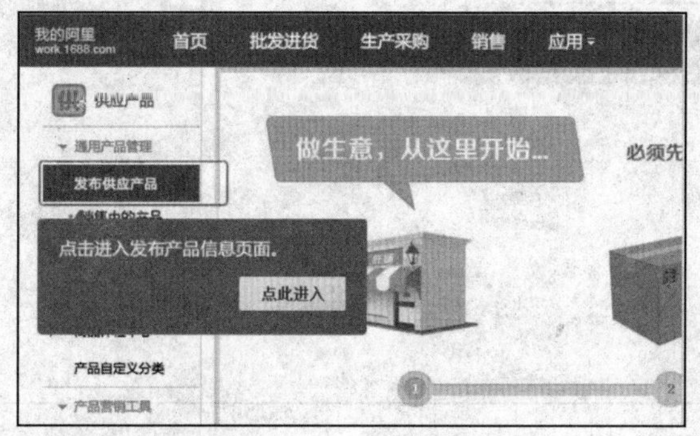

图 9-25　发布供应产品

4）单击“我要发布”按钮，进入发布页面（见图 9-26）。

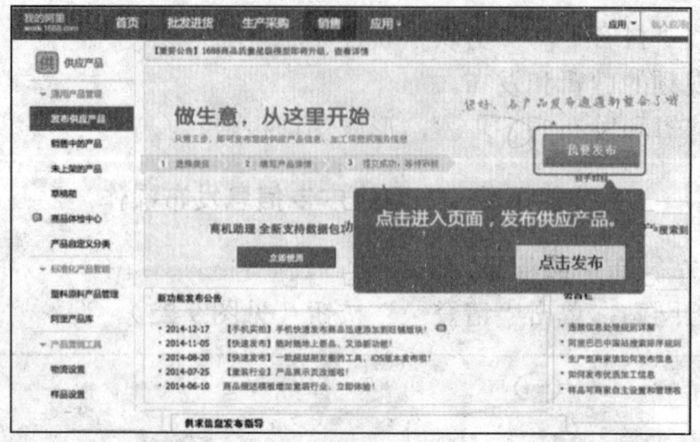

图 9-26　单击“我要发布”按钮

5）按照提示选择产品的类目，建议在搜索框中搜索产品名称（见图 9-27）。

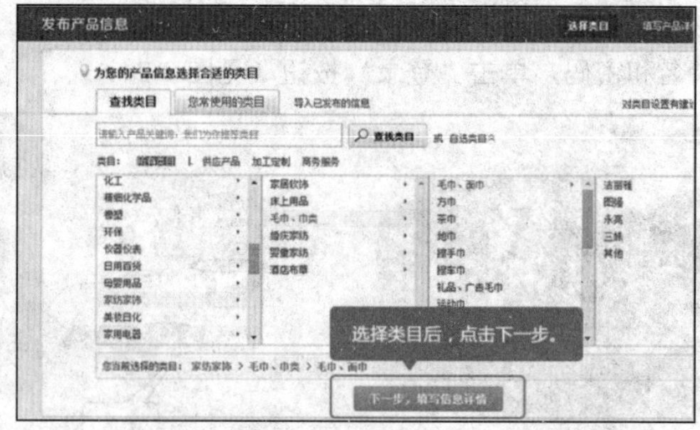

图 9-27　选择产品类目

6）填写详细的产品属性和产品详情，带“*”的为必选项（见图 9-28）。

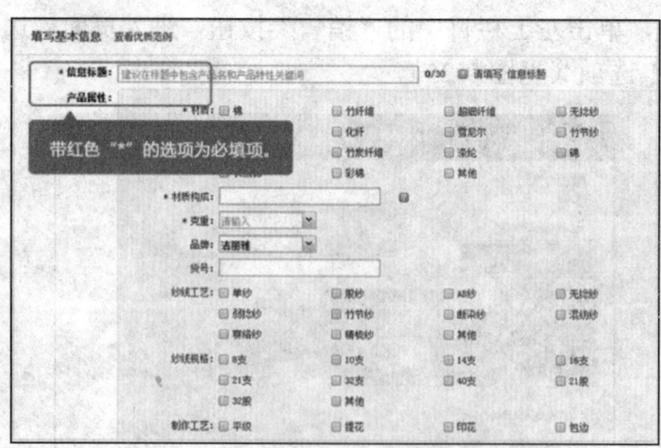

图 9-28　填写产品基本信息

7）填写完成产品详情，单击“同意协议条款，我要发布”按钮（见图 9-29）。

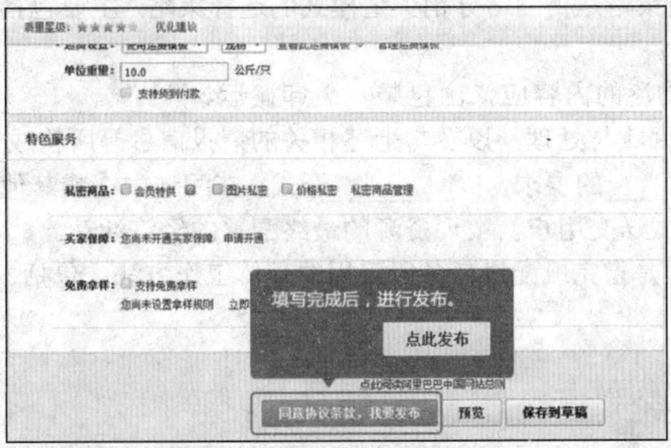

图 9-29　单击“同意协议条款，我要发布”按钮

8）发布完成之后需要经过两个工作小时的审核，审核通过后，发布信息上线（见图 9-30）。

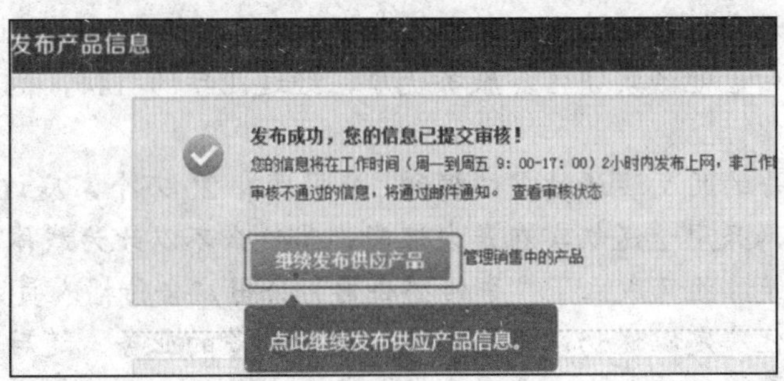

图 9-30　发布成功页面

一、选择题

1．海尔产品在海尔商城（海尔公司的电子商务网站）可以购买到，那么，海尔公司的网络分销渠道模式是（　　）。

A．网络直接分销渠道　　B．网络间接分销渠道
C．宽分销渠道　　D．窄分销渠道

2．阿里巴巴网站是典型的（　　）。

A．网络代理商　　B．网络经销商　　C．网络经纪人　　D．网络零售商

3．物流是指物品从供应地向接收地的实体流动过程，不属于物流的内容有（　　）。

A．运输　　B．流通加工　　C．生产加工　　D．配送

二、填空题

1．网络分销渠道是指借助互联网将产品从________向________或________转移过程中所经过的途径和路线。

2．网络分销渠道的特点包括________、________、________与________。

3．网络分销渠道策略是指网络分销渠道模式的选择策略，主要包括________和________两种。

4．一般认为，物流的内容应该由包装、装卸搬运、________、________、________、________、废旧物的回收与处理，以及与上述相关的情报信息等所构成。

5．配送是按________的要求，以________形式，在配送中心或其他物流据点进行货物配备，以________的方式送交用户，实现资源的最终配置的经济活动。

6．配送作业主要是指完成配送任务所采用的具体工作方法，包括________、________、________等。

职场拓展

机会往往很朴素

一个小伙子到北京打工，凭着一身力气，成为一名送奶工。很快，他靠自己的努力，成立了送奶公司。由于他诚实守信，服务优质，经过几年的打拼，他的公司很快发展到有20万个家庭订户的规模。

他与一位做广告的朋友谈话时突然想到，公司现有20万个家庭订户，不就是一个庞大的网络吗？这张网只用于送奶实在是太浪费，为什么不以此为载体，在送奶的同时兼做广告投递呢？于是，他又成立了广告传播公司。公司广告传播人员由送奶工兼任。

初战告捷后，他决定以送奶网络为载体，兼营更多的业务。随后，他与一些商场合作，进行电子商务配送，还创办广告杂志，新业务都依托于公司这张网铺开，其利润远远高于送奶的利润。

订奶客户很快发展到30万户，员工从最初的3个人，发展到目前的2800人，资产由最初的2000元猛增到现在的1.5亿元。这位已成为亿万富翁的年轻人叫吴作仁，他的公司获得“第三届全国文明社区贡献”大奖，他本人也获得“北京市十佳外来青年”称号。

（资料来源：孙娜，2016．机会往往很朴素[J]．党的生活（河南）(2)：37.）

思考：该故事道出了怎样的人生哲理？

第 10 章

网络促销策略

目的要求

1. 知识目标

1）理解网络促销的概念和特点。

2）理解网络促销组合选择的方法。

3）理解网络广告的构成和特征。

4）了解网络广告的类型。

5）理解网络广告的策划。

6）理解网络公关的概念和特征。

7）了解网络公关传播的渠道和手段。

8）理解网络危机公关的特征和原则。

9）掌握网络危机公关的决策实施。

10）理解网络销售促进的功能和策略。

2. 技能目标

1）会设计网络危机公关方案。

2）会微信视频号运营操作。

3. 素养目标

乐于奉献，积极承担社会责任。

重点难点

1）网络促销组合。

2）网络广告的策划。

3）网络危机公关方案设计。

4）微信视频号运营操作。

情智故事

一顿“价值”千万的食堂便饭

2003 年，潮阳区金浦还没有一所完全中学，教育资源十分紧缺，校舍不足，学位紧张，每年大约有 400 名学生未能读完初中，还有大约 200 名学生必须跑到城里上高中。面对家乡的子弟就学难、升学难的状况，深圳市德惠投资有限公司董事长郑开德萌发了回乡捐资兴学的念头。当在深圳的事业有了发展以后，“穷则独善其身，达则兼济天下”的思想开始在郑开德先生的心中发酵。他于是决定捐出 500 万元资金给家乡建学校，为家乡子弟解决入学难问题。不久，赴深公干的潮阳区领导拜访了他。在经过一番倾心恳谈之后，郑开德又爽快地承诺将建校的捐款增加到 1100 万元。

2003 年 8 月底，郑开德从深圳返回家乡，潮阳区的有关领导得知消息后专门与他见面，并在区政府的机关食堂请他吃了便饭。席间，潮阳区的领导称赞他为家乡捐资建校的善举，诚恳地表示政府部门会全力以赴做好各方面的协调工作，确保学校建设顺利推进。郑开德当即表示：“只要政府在教育规划、师资力量等软件的投入上有保证，我愿意在学校的硬件建设方面做到最好，在原来一千万元捐资的基础上再追加一倍的投资！”

机关食堂的一顿便饭“价值”千万元的佳话，就这样很快流传开来。郑开德自然也是雷厉风行，随即从深圳带来自己的施工队伍，风风火火地投入了学校的施工建设。学校 24000 平方米教学楼的第一期工程于 2004 年 8 月完工并投入使用以后，郑开德又在 2005 年 4 月、2007 年 3 月和 2008 年 11 月，分别展开第二、第三和第四期工程，依次完成了高中部教室、同德礼堂、学生宿舍、学生食堂、田径运动场等项目的建设，使学校的办学条件不断得到完善和提升。

如今，金堡中学已经成为潮阳区乃至汕头市的一道靓丽风景。这所学校的建成不仅为当地有效地解决了初高中学位短缺的问题，还被打造成为一块在全区响当当的教育样板。金浦的群众现在一提到郑开德大手笔捐资办学的故事，都无不称赞他为家乡做了一件功德无量的大好事。

（资料来源：郑鸿奇，陈文兰，陈珊娜．我只是想为家乡做点好事[N]．汕头日报，2022-05-09．）

［**情智点评**］“穷则独善其身，达则兼济天下。”郑开德同志作为社会成功人士，面对家乡子弟就学难、升学难的状况，从 2003 年开始，分四期陆续捐出 2.6 亿元建成颇具规模的金堡中学，解决了金浦教育资源不足的问题。这种积极反哺家乡、勇于承担社会责任的精神，值得我们学习。作为网络营销人员，在事业有成之时，我们应懂得奉献，积极投身社会公益事业，为社会多做贡献。

10.1　网络促销概述

10.1.1　网络促销的特点

网络促销是指企业应用互联网技术手段，向网络目标市场传递企业及其产品或服务的信息，通过信息沟通，使网上目标顾客对企业及其产品或服务产生兴趣，建立好感和信任，进而产生购买行为的活动。

1. 网络促销是通过网络传递企业及其产品的信息

首先，网络促销是建立在网络信息技术基础之上的，需要计算机、网络和数据库等信息技术的支持；其次，网络促销还需要讲究营销的技巧，才能达到促销的目的。

2. 网络促销是在网络虚拟市场上进行的

这一方面表明网络促销不再受到实体市场的限制，促销范围可以遍布全球；另一方面，网络营销将大、中、小型企业推向了统一的市场，使企业之间的竞争更加激烈。

3. 网络促销信息沟通方式发生了变化

网络促销的基础是买卖双方信息的沟通。网络促销可以实现买卖双方双向、快捷的信息沟通，使信息沟通更加方便和深入。

4. 网络促销对象的消费理念发生了变化

网络的出现大幅减少了消费者与企业之间的信息不对称，消费者可以自由、大范围地对商品进行比较选择，消费者的消费理念也趋向于理性地购买。

10.1.2　网络促销的功能

网络促销具有告知、说服、反馈、创造需求、稳定销售等功能，具体见表10-1。

表10-1　网络促销功能作用

功能作用	实践运用
告知	网络促销能够把企业的产品、服务、价格等信息传递给目标公众，引起他们的注意
说服	网络促销的目的在于通过各种有效的方式，解除目标公众对企业产品或服务的疑虑，使其坚定购买信心
反馈	网络促销能够通过电子邮件、网络社区等方式及时地收集和汇总顾客的需求和意见，迅速地反馈给企业管理层，以便及时做出相应决策
创造需求	运作良好的网络促销活动不仅可以诱导顾客需求，而且可以创造顾客需求，发掘潜在的顾客，扩大产品或服务的销售量
稳定销售	企业通过适当的网络促销活动，可以树立良好的产品形象和企业形象，改变顾客对企业产品或服务的认识，使更多的顾客形成对本企业产品或服务的偏爱，从而达到稳定销售的目的

10.1.3 网络促销组合及其选择

1. 网络促销组合

网络促销组合是指企业在网络促销活动中，将网络广告、网络销售促进、网络公关、网络信息服务等网络促销策略有机组合、综合运用，以更好地实现整体效果。网络促销组合方式包括以下几种（见表 10-2）。

表 10-2 网络促销组合方式

促销方式	实践运用
网络广告策略	企业通过互联网在网站上以各种形式发布传播企业及其产品或服务的信息，以吸引网上消费者的注意，激发他们的消费需求和购买欲望，从而促进企业产品销售的策略
网络销售促进策略	企业在营销网站上开展的直接针对购买行为的销售活动，如价格折扣、有奖销售、拍卖销售等，以激发消费者强烈的购买欲望，促进他们迅速做出购买决策的促销策略
网络公关策略	企业为了提高自身的知名度和美誉度，争取社会公众舆论的支持，而有计划地通过互联网开展的各种能增进公众对企业理解、信任、好感和合作的活动，从而实现企业与社会公众双赢的促销策略
网络信息服务策略	企业在开展网络促销活动时，为顾客提供完善的信息服务，包括建立网上虚拟展厅、设立虚拟的组装室、建立自动的信息传递和发布系统，实现与顾客实时的信息沟通的策略

2. 网络促销组合的选择

1）结合企业产品的特点选择恰当的网络促销组合策略。
2）选择合适的互联网信息服务提供商，提高促销资金的使用效果。
3）根据网络促销的目标，选择合适的促销组合策略。
4）根据网络促销的对象，选择合适的促销组合策略。
5）根据产品生命周期所处的阶段，选择适当的促销组合策略（见表 10-3）。

表 10-3 产品生命周期不同阶段的促销组合

产品生命周期阶段	网络促销重点目标	网络促销主要策略
导入期	建立产品的知晓度	网络广告策略
成长期	建立产品的知名度	网络广告、网络销售促进策略（广告重点宣传企业及其产品品牌）
成熟期	建立产品的创新度	网络广告、网络销售促进策略（广告重点宣传产品的改进、特点）
衰退期	建立产品的偏爱度	网络销售促进策略
全周期	建立产品的信任度	网络公关策略

10.1.4 网络促销的实施

根据国内外网络促销的大量实践，网络促销的实施程序由以下 6 个步骤组成。

1. 确定网络促销对象

网络促销对象是针对可能在网络市场上产生购买行为的消费者群体提出来的，主要包括产品的使用者、产品购买的决策者、产品购买的影响者。

2. 制定网络促销目标

网络产品或服务的营销策略是基于网络促销活动能促进产品或服务销售，不同的网络促销目标意味着企业运用不同的促销手段。同时，促销目标制定得是否合理直接关系着企业整体产品营销计划的成功与否。

3. 设计网络促销内容

网络促销的最终目标是使消费者产生购买行为。这个最终目标要通过设计具体的信息内容来实现。消费者的购买过程是一个复杂的、多阶段的过程，因此促销内容的设计，应当根据消费者目前所处的购买决策过程的不同阶段来确定。

4. 确定网络促销组合

网络促销组合包括 4 种组合方式，企业应当根据各种组合方式的特点，结合企业产品的特点、市场情况和顾客情况合理组合，以达到最佳促销效果。

5. 制定网络促销预算

在网络促销方案实施之前，必须对该方案可能发生的各种成本费用进行相应的预算，只有这样才能使有限的资金发挥尽可能好的效果，做到事半功倍。

6. 衡量网络促销效果

网络促销方案实施后，必须对已经执行的促销方案进行评价，衡量促销的实际效果是否达到了预期的促销目标，为做好促销活动的控制提供参考依据。

10.2　网络广告策略

10.2.1　网络广告概述

网络广告是指广告主利用一些受众密集或有特点的网站以图片、文字、动画、视频或者与网站内容相结合的方式传播自身的商业信息，并设置链接到企业网站的活动。

1. 网络广告的构成要素

网络广告的构成要素如表 10-4 所示。

表 10-4　网络广告的构成要素

构成要素	要素内涵
网络广告主体	在网络媒体上投放网络广告的主体，即为了促进企业产品销售或服务提供，自行或者委托他人设计、制作、发布网络广告的法人、其他经济组织或个人
网络广告客体	网络广告活动的受众，是网络广告信息的传播对象，包括工商企业的采购者、流通业者及其他单位用户和个人
网络广告信息	网络广告的具体内容，一般包括商品信息、服务信息和消费观念信息等
网络广告媒体	传播网络广告信息的载体，可以是企业的网站，也可以是提供网络广告服务的网站或其他网络广告媒体

2. 网络广告的特征

网络广告具有经济性、交互性、易统计性、非强迫性、针对性、实时性、广泛性、直观性等特征（见表 10-5）。

表 10-5　网络广告的特征

具体特征	实践运用
经济性	网络广告无须印刷、拍摄或录制，其投入成本低廉，在广告价格上具有极强的竞争优势
交互性	网络广告是一种交互式的，可实现与广告受众一对一的沟通。广告受众可以对感兴趣的广告通过互联网深入了解更多的信息，也可以通过浏览的页面直接向广告主发出 E-mail 进行更详细的查询或直接下订单
易统计性	网络广告可以精确统计其访问量，以及用户查询的时间分布与地域分布。根据这些访问记录，广告主可以了解广告受众的准确信息，随时监测广告投放的效果，并及时调整网络营销策略
非强迫性	网络广告受众可以自由自主地选择，广告受众可以不接受那些不喜欢的网络广告，选择那些喜欢的网络广告
针对性	网络广告主可以有针对性地选择投放广告的目标市场，锁定特定的消费群体，从而增加广告宣传的有效性
实时性	网络广告主可以根据需要随时更新、改动网络广告的信息内容，以增强网络广告的吸引力
广泛性	广泛性体现在网络广告传播范围和内容两个方面。首先，网络广告传播范围广，不受时间和地域的限制，可以迅速地传播到互联网所覆盖的所有目标受众；其次，网络广告的信息内容广泛，包括产品性能、价格、外观、型号等一切有必要向目标受众说明的详细信息
直观性	网络广告可以采用动态影像、全真图像、声音文字、动画、三维空间等表现形式，为消费者提供多感官的信息，让广告受众既满足搜索信息的需求，又得到视觉、听觉的享受

10.2.2　网络广告的分类

1. 根据网络广告的规格型号分类

（1）横幅广告

横幅广告也称网幅广告、Banner 广告，是最常见的网络广告之一，它位于网页页面最上方或中部，因其像一面旗帜，也被称为旗帜广告。

（2）通栏广告

通栏广告一般位于网页页面中部，是一种贯穿整个页面的广告（见图 10-1）。

图 10-1　通栏广告

（3）按钮广告

按钮广告也称 Button 广告，一般位于网页页面两侧，按钮上多为文字标识。根据页面设置有多种不同的规格，其规格一般有 125 像素×125 像素、120 像素×90 像素、120 像素×60 像素、88 像素×31 像素等）。

（4）标识广告

标识广告也称图标广告、logo 广告，一般位于网页页面的两侧，广告多为企业品牌或商标的标识，其规格一般为 120 像素×90 像素、120 像素×60 像素等（见图 10-2）。

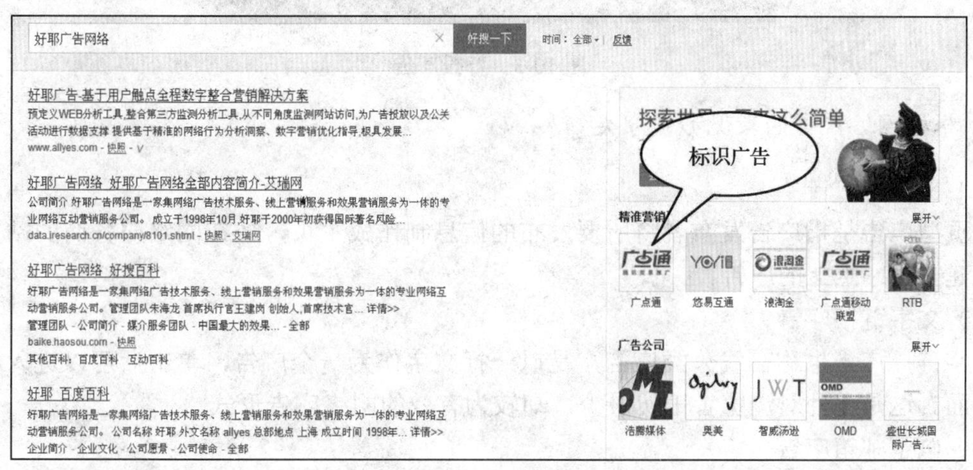

图 10-2　标识广告

（5）浮标广告

浮标广告又称游标广告、悬浮广告，它一般在网页页面上随着页面的滚动而游动，其规格为 80 像素×80 像素。

（6）擎天柱广告

擎天柱广告也称摩天楼广告，一般位于网页页面的两侧，其规格一般为 120 像素×600 像素、160 像素×600 像素。

（7）全屏广告

全屏广告是在用户打开浏览页面时，以全屏方式出现 3～5 秒，再逐渐缩成横幅广告尺寸的广告，全屏广告的宽度大于等于 500 像素，高度大于等于 350 像素。

（8）弹出窗口广告

弹出窗口广告也称插页式广告，是指打开某一网页页面或单击某一链接，在页面转换过程中弹出的广告。其规格一般为 250 像素×250 像素、350 像素×250 像素。

（9）背投广告

背投广告一般是在用户打开某一网页页面或单击某一链接时自动弹出的广告，广告的页面位于打开网页的后面。其规格一般为 750 像素×450 像素（见图 10-3）。

图 10-3 背投广告

2. 根据网络广告的表现形式分类

（1）主页型广告

主页型广告是指广告发布者将所要发布的信息制作成主页，放在网络服务商的站点或企业自己建立的站点上的广告。

（2）文字链接广告

文字链接广告也称在线分类广告，是以一行文字作为一个广告，单击后可以进入相应的广告页面。这是一种对浏览者干扰最少，却较为有效的网络广告形式。

（3）电子邮箱广告

电子邮箱广告是指以电子邮件方式发送给用户或在个人邮箱页面的主页上发布的广告。电子邮箱广告具有针对性强、费用低的特点，企业可以针对具体某一类符合广告主要求的特定属性的用户发送特定的广告（见图 10-4）。

图 10-4 电子邮箱广告

（4）赞助式广告

赞助式广告是指广告主选择感兴趣的网站内容、网站栏目或站点服务进行赞助，赞助形式多为冠名、提供商品或服务等，赞助类型一般有内容赞助、栏目赞助和服务赞助 3 种。

（5）互动游戏广告

互动游戏广告也称网络游戏植入型广告，是指在互联网游戏过程中随时出现或根据广告主的要求制作的专门表现广告主产品或服务的互动式游戏广告。

（6）网视广告

网视广告也称网络视频广告，网络广告服务商利用自身的网络视频播放平台，为广告主的新闻发布会、新品发布会及其他一些地面活动进行网络视频直播或者录播。网视广告比电视台实况报道成本更低，传播范围更广阔，能够为广告主快速、生动地宣传其产品及营销活动。

（7）富媒体广告

富媒体广告也称丰富媒体广告，一般是指综合运用了 Flash、视频和 JavaScript 等程序语言技术制作的，具有复杂视觉效果和交互功能的网络广告。一方面，富媒体广告通过视频或者交互的播放内容容纳更多的广告信息，甚至可以让受众不需要单击到广告主网站上即可了解广告主的企业及产品的详细内容；另一方面，富媒体广告自身通过程序语言设计就可以实现游戏、调查、竞赛等相对复杂的用户交互功能，可以为广告主与受众之间搭建一个沟通交流的平台（见图 10-5）。

图 10-5　富媒体广告

（8）屏保广告

屏保广告也称桌面广告，是指广告商把广告主希望表现的广告内容制作成墙纸或屏幕保护程序，放置在广告商网站的桌面服务栏目中，供用户下载设置为墙纸或屏幕保护程序。

（9）对联式广告

对联式广告是目前非常流行的一种网络广告形式。这种广告位于网页的两侧，以对联形式呈现，广告页面得以充分伸展，同时不干涉浏览者的浏览，注目焦点集中，冲击力强（见图 10-6）。

图 10-6　对联式广告

10.2.3 网络广告的策划

网络广告的策划是指对网络广告的策划与谋划，是网络广告经营单位在接受投放网络广告客户的委托后，对其网络广告活动进行全面策划和部署的工作。网络广告策划是整个网络广告工作的核心，对于确定网络广告的方向，提高网络广告的效果具有重要作用。

1. 网络广告目标的确定

网络广告最终目标是通过网络宣传，提高企业及其产品的知名度，促使消费者在购买同类产品时，能指名购买，达到增加产品销售，提高市场占有率的目的。网络广告最终目标虽然相同，但不同企业在不同时期，其网络广告的具体目标有所不同，通常表现为 3 种类型（见表 10-6）。

表 10-6 网络广告的具体目标

具体目标	目标内涵	广告目的	适用范围
通知性广告目标	也称创牌广告目标，是企业通过对产品的性能、特点和用途等的宣传介绍，提高网络消费者对产品的认识程度，以及对企业网站和品牌的记忆度	目的在于介绍新产品，开拓新市场，刺激消费者的购买需求	适用于产品生命周期的介绍期（导入期）和成长期的前期
劝说性广告目标	也称竞争广告目标，是通过宣传企业产品较同类其他产品的优异之处，使消费者认知本企业产品能给他们带来的好处，从而增强对企业产品的偏爱度	目的在于加强产品宣传，创立企业产品品牌，树立企业形象和产品形象，培养消费者对本企业品牌的忠诚度，确定消费者的购买需求	适用于产品生命周期的成长期后期和成熟期
提示性广告目标	也称保牌广告目标，是企业通过提示性广告的形式，加深消费者对已有商品的认识，使现有消费者养成消费习惯，潜在消费者产生兴趣和购买欲望，保持消费者对广告商品的好感、偏爱和信心	目的在于巩固已有市场阵地，保持消费者的购买需求	适用于产品生命周期的成熟期后期和衰退期

2. 网络广告受众定位

网络广告受众定位是确定企业产品广告或形象广告的对象，以及归属的群体、阶层、区域等。例如，旅游信息广告是面向人们的外出旅游需求，提供交通、景点、旅游产品等信息服务，广告的受众应定位在旅游团体；职业信息服务广告是通过提供招聘和求职信息满足人们求职求贤的需求，广告受众应定位在劳动力市场和人才市场。

网络广告受众定位，关键是要了解企业产品消费对象的需求特征。只有了解了广告受众群体的需求特征，才能使网络广告做到有的放矢，既达到广告的效果，又节约网络广告费用。因此，网络营销人员必须深入调查和分析广告受众群体的性别、年龄、职业、爱好、文化程度、收入、生活方式、消费心理、购买习惯、平时接触网络媒体的习惯等，以明确企业网络广告的目标受众定位。

3. 网络广告主题的选择

网络广告主题是指网络广告的诉求点，即网络广告将对消费者产生预期认识、情感和行为反应。网络广告的主题一般有 3 种形式：理性主题、情感主题、道德主题（见表 10-7）。

表10-7 网络广告的主题

广告主题形式	实践运用
理性主题	直接向目标顾客和公众诉诸某种行为的理性利益，或显示产品能产生的人们所需要的功能利益与要求，以促使人们做出既定的行为反应
情感主题	试图向目标顾客诉诸某种情感因素，以激起人们对某种产品的兴趣和购买欲望
道德主题	以道义诉诸广告主题，使广告接收者从道义上分辨出什么是正确的或适宜的，进而规范其行为

4. 网络广告创意

网络广告创意是指表现网络广告主题的艺术构思。通过广告创意，可将网络广告主题的抽象观念转化为真实、具体的表现形式。网络广告创意的要求如下。

1）有一个符合总体战略的主题。

2）主题集中突出。

3）构思新颖独特。

4）有巧妙的关于消费者利益承诺的提示。

5）具有情感冲击。

5. 网络广告预算

网络广告预算是指企业投入网络媒体广告活动的费用开支计划，它规定了计划期内从事广告活动所需的经费总额和开支范围。各个企业因其市场目标、销售任务、销售范围、销售对象的不同，其网络广告预算的分配标准也不一样（见表10-8）。

表10-8 网络广告预算分配

分配标准	适用范围
按网络广告的产品分配	在网络广告产品种类较少而分配地区又较多的情况下，企业一般按产品种类来分配广告预算
按网络广告的媒体分配	网络广告媒体费用一般占整个广告预算费用的70%～90%，因此按照网络广告媒体的不同来分配广告预算是企业最常用的方法
按网络广告的地区分配	如果企业产品种类较多而销售地区较集中，企业一般可以按网络广告的不同地区分配广告预算
按网络广告的时间分配	对于一些季节性强的产品和新上市的产品，企业可采用按广告的时间分配广告预算
按网络广告的机能分配	按网络广告的不同机能分配广告预算，广告预算分为网络广告媒体费用、网络广告设计费用、网络广告制作费用、网络广告调研费用等

6. 网络广告信息设计

网络广告信息的设计应既能体现出企业文化和产品的特点，又具体生动，具有吸引力。在网络广告信息设计时，应遵循以下原则。

（1）合法性原则

网络广告合法性原则是指网络广告的设计应遵守《中华人民共和国广告法》以及有关法规、规章和规定。网络广告设计合法性的具体要求如下。

1）网络广告信息必须真实。

2）网络广告信息应有益于身心健康。

3）网络广告不得贬低其他生产经营者的产品或服务等。

（2）新颖性原则

网络广告信息设计最基本的要求是能引起消费者的注意，而决定网络广告能否引起消费者注意的内核就是网络广告信息的新颖性。根据心理学原理，传统的东西已经使人产生心理疲劳，只有独特的、新颖的刺激才容易给人留下深刻的记忆痕迹，因此网络广告信息设计应别具一格，具有思维的新颖性品质。

（3）系统性原则

网络广告信息设计应遵循系统性原则。首先，企业采用多种形式宣传同一产品或服务的网络广告时在广告目标、广告策略、广告表现等方面必须协调一致；其次，网络广告信息设计时应保持品牌用词的一贯性，这样的系列网络广告才容易使网络广告受众产生沉稳、和谐和信任的感觉。

（4）适应性原则

适应性原则一方面要求网络广告信息采用大众化语言，以贴近广告受众的需求，另一方面要求网络广告信息应与广告投放环境相适应，与广告投放栏目相关，这样才能吸引更多人来点击和浏览。

（5）简明性原则

网络广告信息不宜过于复杂，简单即丰富，应留给网络广告受众广阔的想象空间。若需要传递复杂的广告信息，可以通过网络广告的链接来实现。

7. 网络广告媒体发布

（1）网络广告的发布形式。

网络广告的发布形式如表 10-9 所示。

表 10-9　网络广告的发布形式

具体形式	适用范围
在企业网站上发布	在企业网站上发布，不仅可以给消费者提供更多的信息，丰富网站的内容，而且可以有效地降低宣传成本，是重要的广告发布形式之一
在专业网站上发布	利用专业网站发布企业及其产品信息，可以有效地捕捉到企业的目标顾客，提高产品宣传的有效性
免费的互联网服务形式发布	利用网站提供的免费服务进行网络广告发布，如有些网站提供免费的电子邮件服务，企业就可充分利用它发布企业的产品信息广告
黄页形式（关键字形式）发布	企业在百度等搜索引擎网站注册购买一些关键字，这些关键字是按类别划分，同电话黄页一样，称为黄页式广告。用户只要输入关键字进行检索，网页页面就会出现企业的广告信息图标或文字
网幅广告交换形式发布	网幅广告交换服务网络以加盟者之间的互惠互利、互相免费为原则，开展广泛的网幅广告交换活动
在网上报纸或杂志上发布	网上报纸与杂志包括传统的印刷报纸与杂志，如《人民日报》《南方日报》等在互联网上建立的网站，和一些新兴的专门在网络上传播的网上报纸与杂志
在网络新闻组或论坛上发布	新闻组或论坛是一种常见的互联网服务，是一种很好的讨论与分享信息的方式。选择在与本企业产品相关的新闻组或论坛上发表自己的公告将是一种行之有效的传播企业及产品信息的渠道
在知名度较高的网站上发布	企业可以选择在访问人数较多、信誉良好、知名度较高的网站上，以横幅、按钮、文字链接等广告形式发布企业及其产品的信息。目前这是一种为广大商家普遍采用的广告发布形式

(2) 网络广告媒体选择

网络广告媒体选择的恰当与否直接影响到网络广告的效果，网络广告媒体的选择应考虑的因素如下。

1）企业站点或企业网络广告页面期待的是目标访问者。目标访问者是指那些不一定会在短时间内购买企业的产品或服务，但至少对该产品或服务有潜在需求的那一部分访问者。这就要求投放广告的站点或栏目要和企业的产品或服务具有一定的相关性。一般来说，在专业性较强的站点或栏目中发布的网络广告，因其投放环境的协调性，可以获得目标访问者集中的、稳定的单击。

2）媒体的可靠性是网络广告媒体选择的重要因素。它一般由以下 4 个因素决定（见表 10-10）。

表 10-10　网络广告媒体可靠性的影响因素

影响因素	对可靠性的影响
页面下载速度	衡量一个网站是否便于浏览的首要因素。如果 20～30 秒内还不能打开一个页面，一般访问者就会失去耐心，更别提注意和点击网络广告了
网站使用的便利性	网站在直观上便于浏览的基本条件是站点设有简明的导航系统、必要的帮助信息、容易使用的 FAQ 页面、快捷的用户注册程序等
系统运行的稳定性	系统稳定运行包含两个方面的内容：一是网站服务器的正常工作；二是网站各栏目和功能的正常运行
站点内容时鲜和丰富	网站的持续吸引力主要来源于站点内容的深度、丰富和更新及时

3）网络广告媒体的组织背景。网络广告媒体的背景包括网络广告媒体（网络广告服务提供商）已经经营了多长时间、是否具有长期经营的能力、注册资本是否雄厚、经营状况如何等。特别要注意的是，网络广告服务提供商必须申请到经过国务院批准的互联网接入代理许可证，并且持有国家邮电部门核发的电信经营许可证（含计算机信息服务、电子邮件服务等），才可以面向社会提供互联网网络广告服务。

4）网络广告媒体的费用。网络广告媒体费用分为绝对费用和相对费用两类。绝对费用是指使用网络媒体的费用总和；相对费用一般是指每千次访问量传播广告信息所支付的费用。网络广告媒体相对费用公式为

网络广告媒体相对费用（千次访问量）=网络广告媒体绝对费用/预计千次访问量

在网络广告媒体费用中，相对费用分析具有更重要的意义。

5）网络广告媒体的威信。影响网络广告媒体威信的因素很多，主要集中于网民和其他广告主对媒体的评价。对于人们比较熟悉的门户网站或其他知名站点，很容易获得关于其口碑、商誉方面的评价。而对于专业性较强或其他原因而不为大多数人所知道的站点，其威信不一定低，因为媒体威信是有范围的，如对攀岩爱好者有威信的站点，对那些喜欢安静读书的人来说就可能没有威信了。网站威信确定的方法如下。

① 在搜索引擎中键入媒体名称，从查询结果中得到的关于该媒体的信息去评价。

② 关注该网站的留言簿、论坛等记录和反映访问者意见和建议的页面，从中得到关于该网站某些方面的评价。

③ 与网站上其他投放广告的企业或网站取得联系，询问他们对在该网站投放广告的评价。

（3）网络广告时间选择

网络广告时间选择是指网络广告发布的时机、时段和时限的选择。

1）网络广告时机选择是指网络广告的发布应抓住有利的时机，以提高网络广告的有效性。

2）网络广告时段选择是指网络广告的发布应选择与目标受众上网较为一致的时间段，将有利于费用的节约和效果的提高。

3）网络广告时限选择是指网络广告持续发布时间的长短选择。网络广告时限分为集中速决型和持续均衡型两种（见表 10-11）。

表 10-11　网络广告时限选择

种类	实践运用	适用范围
集中速决型	在短暂的时间内，向目标市场大量投资，利用各种媒体，发起强大的网络广告攻势	新产品投入期，流行商品的引入期和季节性很强的商品
持续均衡型	有计划地、反复地对目标市场进行网络广告的发布，以保持消费者对产品的持久记忆	产品的成长期和成熟期

8. 网络广告监测评价

（1）网络广告收费模式

网络广告收费模式如表 10-12 所示。

表 10-12　网络广告收费模式

模式	实践运用
千人印象成本收费模式（cost per thousand impressions，CPM）	根据网络广告的每 1000 个广告印象（显示）数的成本收取费用的模式。印象（impressions）指网络广告的显示（ad view），即网络广告被完全下载的次数
千人单击成本收费模式（cost per thousand click-through，CPC）	按照网络广告每被点进 1000 次为计费单位收取费用的模式。单击次数（click）指访问者单击某个网络广告的次数；点进次数（click-through）是指网络广告被用户单击浏览的次数
每次行动成本收费模式（cost per action，CPA）	按照网络用户的每一次交互行动来计算广告费用的收费模式。行动（action）指网络用户单击广告，链接到广告主网页后，填写回复有关调查问卷，则视为一次有效行动
每次购买成本收费模式（cost per purchase，CPP）	广告主为了规避广告费用风险，只有在网络用户单击广告并进行在线交易后，才按销售笔数付给广告站点费用的收取模式
每次销售数量收费模式（cost per sales，CPS）	按照广告主实际销售产品数量（或销售金额）来核算广告费用的收费模式
每次引导成本收费模式（cost per leads，CPL）	按照广告站点为广告主搜集潜在客户的数量来核算广告费用的收费模式
综合固定计费收费模式（cost per time，CPT）	以广告在网站中出现的位置、时间段和广告形式为基础对广告收取固定费用的收费模式。一般为包月收费方式，这是目前我国网络广告的主要收费模式

（2）网络广告效果测定

1）网络广告的效果是指网络广告发布后所产生的各类经济、心理和社会作用，包括网络广告经济效果、网络广告心理效果和网络广告社会效果。网络广告效果的测定是测量上网者对网络广告的反应。网络广告效果的测定标准如表 10-13 所示。

表 10-13　网络广告效果的测定标准

测定标准	实践运用
被动浏览	网络用户以浏览者身份进入广告所在页面的次数
主动单击	网络用户单击网络广告，调出广告主的广告网页并阅读的次数
交互性	网络用户在浏览网络广告的同时，与广告主形成信息交流的次数
销售收入	网络广告的发布引起广告主销售收入的增加额

2）网络广告效果的测定方式

网络广告效果的测定方式如表 10-14 所示。

表 10-14　网络广告效果的测定方式

测定方式	实践运用
通过访问统计软件进行随时监测	通过一些专门的访问统计软件对广告进行分析，利用访问统计软件分析可以生成详细的网络广告评价报表，包括访问对象的数量、访问时间等
通过查看客户反馈量进行监测	通过客户反馈量的变化，如在线表单的提交、客户发给企业的 E-mail 在广告投放后的增加量等来判断广告投放的效果
通过权威的广告评估机构进行监测	企业借助权威的网络广告评估机构对网络广告效果进行评估，也是一种很好的评估方法

10.3　网络销售促进策略

10.3.1　网络销售促进概述

1. 网络销售促进的概念

网络销售促进是指企业运用各种短期诱因，通过互联网技术，实现促进目标顾客对企业产品或服务的购买和使用的促销活动。网络销售促进，根据促销对象的不同，可分为两大类（见表 10-15）。

表 10-15　网络销售促进的类型

种类	具体内容
针对消费者	包括网上折价促销、网上会员积点促销、网上赠品促销、网上抽奖促销等
针对中间商	包括批量折扣、合作广告津贴、中间商销售竞赛、免费咨询服务等

2. 网络销售促进的功能

网络销售促进的功能如表 10-16 所示。

表 10-16　网络销售促进的功能

功能	实践运用
沟通功能	企业通过各种网络销售促进方式，能够起到通知、提醒、刺激消费者的作用，使消费者尤其是潜在消费者获得对产品的更多了解，达到与消费者沟通的目的
激励功能	企业运用网络销售促进方法，向消费者提供某些额外的利益，如样品的赠送、价格的让利等，可以有效地刺激消费者的试用和购买
协调功能	企业运用多种网络销售促进方式，如购买馈赠、价格折扣、批量折扣、经销竞赛等，既可以刺激消费者和中间商的购买，又可以协调企业与消费者和中间商的关系，保持与消费者和中间商，尤其是中间商的稳定购销关系
竞争功能	企业通过网络销售促进方法，可以有效地增强企业产品对消费者的吸引力，促使消费者增加购买数量和购买频率，从而有效地抵御和击败竞争对手

10.3.2　网络销售促进策略

网络销售促进策略一般包括网上折价促销、网上捆绑促销、网上赠品促销、网上抽奖促销、网上积分促销、在线交流促销、文娱作品促销、网上联合促销等（见表 10-17）。

表 10-17　网络销售促进策略

策略	实践运用
网上折价促销	折价促销是目前互联网上最常用的促销方式之一。许多网上商店除了显著地标明市场价格和线上价格的差距，大大小小的折价促销活动更是层出不穷，有的甚至将打折商品汇总为站点的一个固定栏目。如当当网上书店设置了图书特卖场
网上捆绑促销	消费者在购买企业的核心产品时，可以以相对便宜的价格购买其他相关产品。如贝塔斯曼线上的捆绑促销活动中，它允许消费者在购买两部电影之后，只花一元钱便可在指定的电影中再选取另外一部
网上赠品促销	企业在新产品试用、对抗竞争品牌、开辟新市场时采用的一种促销方式。网上赠品促销可以提升企业品牌的知名度，起到很好的网站推广作用，通过对获取赠品的资格附加条件，企业还能够及时地收集到真实、详细的产品反馈信息和目标顾客的个人信息
网上抽奖促销	网上抽奖促销已被很多网站广为采用，但随着各种名目的抽奖活动此起彼伏，抽奖的真实性和公平性越来越受到消费者的质疑，因此网上抽奖活动必须做到以下几方面：①抽奖活动的公正性；②抽奖活动的简洁性；③抽奖活动的趣味性；④抽奖进度的及时通报
网上积分促销	网上积分促销是一个较长期的活动，积分的多少往往对应着不同等级的产品优惠政策或是价值不同的奖品，它有利于建立对企业产品的好感、对企业站点的忠诚。积分增减的形式多样，包括购买产品数额、提出产品改进意见、在企业论坛发表文章、正确回答与企业相关的问题等
在线交流促销	企业利用聊天室、即时通信类软件、企业论坛、留言簿等在线交流手段组织消费者联谊活动或产品展销推广活动。如美国亚马逊公司在其网站下分门别类地开设聊天区，引导网民进行相关讨论，并适时地推出对口图书，起到了很好的促销效果
文娱作品促销	企业通过提供免费观赏或下载将企业宣传推广内容与电脑游戏、Flash 软件等紧密复合的版权作品，实现促销目的的促销方式。例如，三星电子在其会员俱乐部的网页中放置了大量趣味性很强的网络 Flash 游戏，游戏的各种形象都是三星的标识、产品图片等，且很多游戏都与三星最新的推广活动相配合
网上联合促销	企业与非竞争性的企业或其他组织结成促销联盟，共享信息资源和宣传推广途径，增加与潜在消费者的接触机会的促销方式。网上联合促销的产品或服务可以是互为补充的，可以起到相互提升自身价值的效应，进而获得良好的促销效果，如 DVD 播放机销售商和音像产品销售商之间进行网上联合促销

10.3.3 事件营销

事件营销是指企业通过策划、组织和利用具有新闻价值、社会影响以及名人效应的人物或事件，吸引媒体、社会团体和消费者的兴趣与关注，以求提高企业或产品的知名度、美誉度，树立良好的品牌形象，并最终促成产品或服务的销售的手段和方式。简单地说，事件营销就是通过把握新闻的规律，制造具有新闻价值的事件，并通过具体的操作，让这一新闻事件得以传播，从而达到传播的效果。

1. 事件营销的特征与原则

（1）事件营销的特征

1）对外部事件的依托性。无论是借助已有的事件，还是自行策划事件，事件营销自始至终围绕着同一个主题运作，敏锐地抓住公众关注的热点并进行创造性的对接，从消费者利益和社会福利的角度出发，从而实现营销的目的。在营销过程中，营销者要通过事件进行有新闻价值的传播活动，把产品、服务和品牌传递给已有和潜在的顾客，从而建立品牌美誉度和企业良好的形象。

2）第三方公正性。事件营销的砝码在于能够抓住亮点、热点和记忆点，从而带动卖点。一个品牌的推广带有极强的功利性，其目的在于吸引消费者的眼球，刺激购买欲望。但这种“眼球经济”的泛滥导致的信息失真，扰乱了消费者的视线，企业只有借助第三方公正组织或权威个人，将其理念、产品与服务质量传播给目标市场，而事件营销正具有这一优势。

3）双重目的性。事件营销的目的表现在产品或服务销售和形象塑造两个方面，借助一个事件进行有针对性的营销传播，能够有效提升企业品牌的注目率；同时，以新闻事件的方式进行的宣传和销售促进，能够避开媒体的高收费，从而获得较高的利润。

（2）事件营销的原则

1）熟悉新闻工作规律。事件营销人员必须了解新闻媒介的特点，掌握新闻工作的规律，具备更多的新闻知识。只有了解了新闻工作的规律，事件营销人员才能在与新闻界人士打交道过程中找到共同语言，才能按照自已的需求对新闻媒介做出不同的选择。

2）坦率真诚地合作。事件营销人员应该相信新闻工作者能以公正的立场处理搜集到的各种新闻材料。在向新闻界人士提供材料或制造新闻时，应尽量让他们了解事实的真相，坦率真诚的合作态度是赢得信任的基础。

3）及时主动地提供方便。事件营销人员应及时主动地向新闻媒介提供稿件和采访机会。在平时工作中应经常为新闻媒介撰写稿件，或提供采访机会，在新闻工作者需要时及时提供有价值的、能引起公众兴趣的新闻报道和图片。

4）尊重新闻职业道德。新闻界最重视新闻的真实性和不受其他势力的摆布，以保持公正。事件营销人员在与新闻媒介打交道时，切忌用不正当的手法走后门，拉关系，要求记者撰写有利于企业或不利于竞争对手的新闻报道。

2. 事件营销的要素与要求

（1）事件营销的要素

一个成功的事件营销必须包含下列 4 个要素之中的一个，这些要素包含的越多，事件营销成功的概率就越大。

1）重要性。重要性指事件内容的重要程度。判断事件内容重要与否的标准主要看其对社会产生影响的程度。一般来说，对越多的人产生越大的影响，新闻价值就越大。

2）关联性。越是心理上、利益上和地理上与受众关联的事实，新闻价值就越大。心理关联包含职业、年龄、性别诸因素。一般人对自己的出生地、居住地和曾经给他留下过美好记忆的地方总怀有一种特殊的依恋情感。因此，在策划事件营销时必须关注到企业受众的关联性。通常来说，事件的关联点越集中，就越能引起人们的注意。

3）显著性。新闻中的人物、地点和事件的知名程度越高，新闻价值也越大。如国家元首、政府要人、知名人士、历史名城、古迹胜地往往具有很大新闻价值。

4）趣味性。大多数受众对新奇、反常、有趣味的东西比较感兴趣。策划事件营销必须要有较新的内容，带有新的信息和情报，令人耳目一新。

（2）事件营销的要求

1）简明扼要。新闻稿的语言必须准确精练，自然段落及句子要短，避免堆砌华丽的辞藻，不要使用含糊不清的语言和技术性太强的专用名词，使公众好读易懂，一目了然。

2）突出关键词。突出关键词可以抓住公众的注意力，吸引公众继续阅读。另外，新闻稿的主语应该是公众所关注的事实，而不是某公司的名称。如“西南航空公司开辟了一条由成都到北海的新航线”，应该改为“一条由成都通往北海的新航线已由西南航空公司开航”。

3）先概述后展开。新闻稿的第一段常常是整个新闻事件的概述，后面各段再展开详细说明。这样既可在新闻开头就让读者对整个内容有一个大致的了解，又可增加新闻刊出的机会。在版面不够的情况下，编辑可采用前面一段作为短讯刊出。

案例 10-1

网易云音乐“起飞吧，音乐的力量”

2017 年 6 月 5 日，由网易云音乐和扬子江航空联合打造的网易云音乐“音乐专机”首度亮相上海浦东国际机场，本次活动的主题为“起飞吧，音乐的力量”。在这架飞机上，印有从网易云音乐 4 亿个 UGC 歌单中精选出来的 18 个歌单，平均播放量超过一千万次。这些歌单还与飞机上的 Pad、耳机等多媒体设备深度结合，Pad 中有提前下载的网易云音乐精选歌单中的代表曲目，方便乘客在飞行途中随时听歌。另外，在“音乐专机”上的座椅头巾、水杯、垃圾袋等上面，也都有音乐元素的加入。当天，“音乐专机”从上海浦东国际机场首度启航，飞往海南三亚凤凰国际机场，几个小时的飞行航程，对电子设备的使用限制，在很多乘客心中，选择飞机出行多少有些无奈，但网易云音乐和扬子江航空共同推出的“音乐专机”，却以优质歌单、充满设计感的元素等，改变了乘客的乘机体验，令人欣喜。“音乐专机”一时成为媒体报道的热点，而网易云音乐也顺势登顶 App Store 音乐类别排行榜的首位。

（资料来源：何晓兵，何杨平，王雅丽，2020．网络营销：基础、策略与工具[M]．2 版．北京：人民邮电出版社．）

10.3.4 饥饿营销

饥饿营销是指企业有意调低产量，以期达到调控供求关系、制造供不应求“假象”、以维护产品形象并维持商品较高售价和利润率的营销策略。饥饿营销是在产品极大丰富的今天，产品处于供过于求、买方占有足够多的主动权的状态下，卖方为了重新占有主动权，人为地制造产品短缺，吊足消费者的胃口，让其购买欲望达到极点，以期达到调控供求关系，制造供不应求“假象”的营销策略。

1. 实施条件

（1）市场竞争不充分

饥饿营销的成功需要一定的市场环境——市场竞争不充分。在这种环境下，企业处于市场主导地位，即使企业供货不足，消费者也无法转去消费其他产品，只能加剧消费者占有这种商品的欲望。

（2）消费者心理不成熟

饥饿营销能否成功的关键——消费者的购买动机不理性，可以被企业的人为造势所影响。企业可以利用消费者的求新、攀比、从众等心理，诱导或刺激消费者的购买欲望，为饥饿营销的有效实施提供市场基础。

（3）产品综合竞争力强

企业生产的产品质量优越、独具特色、性价比高，综合竞争力强，这是企业饥饿营销策略运用的物质基础，是企业饥饿营销成功实施的前提。

（4）品牌为消费者认可

能够采用饥饿营销的产品通常都是一些品牌效应很强的产品，产品声望高、品牌知名度高、被消费者认可和信赖，这是企业实施饥饿营销的市场基础。

2. 实施方法

（1）引起消费者广泛关注

新产品上市前，企业可以利用报纸、杂志、电视、网络等多种媒体进行强势宣传，结合消费者的心理来打造卖点，适量地提供信息，绝不泄露关键内容，吊足消费者胃口；新产品上市后，企业应利用社交媒体、大众传媒等实时传播消费者的抢购情况，烘托新产品供不应求的气氛，刺激消费者的购买欲望。

（2）帮助消费者建立需求

引起消费者广泛关注后，企业还要让消费者发现自己对产品有需求。在营销过程中，企业要注重与消费者之间的互动沟通，使消费者了解、认同企业产品，乐于接受企业产品的独特优势。

（3）促使消费者产生购买欲望

当消费者开始对企业产品产生需求时，企业要再接再厉，通过产品性能介绍和独特功能展示等，使消费者对产品产生一定的期望，让消费者对产品的兴趣和购买欲望越来越强烈。

（4）限量销售促使消费者抢购

通过人为制造产品供不应求的现象，适度控制产品供应量，在更新的产品上市前，让消费者不断处于缺货等待之中。当消费者的购买欲望达到顶峰时，顺应时势限量销售，促使消费者快速抢购。

案例 10-2

小米手机的饥饿营销

小米手机早在 2011 年 12 月 18 日上市之前，就已经在网上引发了各种热议。发布会、微博、网站、媒体都成为小米手机的传播渠道。截至 2012 年 10 月底，百度搜索“小米手机”相关关键词约 2160 万个，谷歌搜索相关结果已达 1.39 亿个，微博搜索也不下百万。这些都来源于小米手机超高的性价比。当时，小米手机使用高通 APQ8064 四核 1.5GHz 处理器，被认为是当时全球最强大的手机 CPU 之一，而且小米手机的电池耐久性、手机显示精度、手机分辨率、手机内存明显优于其他手机。这就是小米手机上市不久就非常火爆的原因之一。

小米手机的饥饿营销体现在整个产品发售过程中，产品分时段、限量供给，频繁出现产品瞬间抢空的现象，从而引发消费者更多的抢购热情。小米手机并未投放大量广告，仅仅凭借网络口碑，在病毒性营销中添加“饥饿”因素，使传播速度更快，造势更强，更能激发潜在消费者的购买欲望。

（资料来源：何晓兵，何杨平，王雅丽，2020．网络营销：基础、策略与工具[M]．2 版．北京：人民邮电出版社．）

10.3.5 直播营销

直播营销是指以直播平台为载体，在现场随着事件的发生、发展进程同时制作和播出节目，以达到提升品牌形象、促进产品销售的营销方式。直播营销是营销形式上的重要创新，能体现互联网视频的特色，有着极大的优势。

1. 能体现出用户群的精准性

用户观看直播视频需要在一个特定的时间进入直播间，这些进入直播间的用户就是对企业或产品具有忠诚度的精准目标消费者群。

2. 能够实现与用户的实时互动

在直播间，用户不仅仅是单向观看，还能一起双向互动，甚至还能动用民意的力量改变节目进程。

3. 深入互动沟通引起情感共鸣

带有仪式感的内容直播能让一批具有相同志趣的人聚集在一起，聚焦共同的爱好，情绪相互感染。如果品牌能在这种氛围下做到恰到好处的推波助澜，其营销效果一定是四两拨千斤。

案例 10-3

“东方甄选”主播双语带货上热搜

近日，新东方旗下东方甄选账号于某直播间带货的新闻引发了广泛关注。2022 年 6 月 10 日，中国经济导报网转发咸宁新闻网新闻《“在带货直播间学英语”火了！新东方旗下东方甄选带来双语购物体验》。文章内容显示：“在网友们热烈的讨论中，‘新东方主播’冲上热搜，‘从没想过能在带货直播间学英语’话题登榜。”

东方甄选是新东方在线控股的公司——东方优选（北京）科技有限公司开设的直播带货平台。据了解，东方甄选直播间于 2021 年首次开播，主要带货农产品等商品。6 月 11 日，东方甄选直播间冲进“带货”排名榜第八位，实时观看人数超过 3 万人。

中国新闻网报道称，5 月 11 日，俞敏洪曾在与润米咨询创始人刘润的连线直播中透露称，当前东方甄选平台单日 GMV（gross merchandise volume，成交总额）已突破 100 万元。在 6 月 2 日俞敏洪亲自参与的东方甄选直播中，当天的 GMV 接近 200 万元。

是什么因素让东方甄选脱颖而出，成为受观众喜爱的带货直播间？“双语带货”是直播间受关注的重要因素。

进入东方甄选的直播间，布置与其他带货直播间无异，但主播会以中英双语进行直播。在介绍产品时，熟练掌握英语的主播也会同时介绍该产品有关的英语知识以及运用方法。

在一位男主播介绍陕西水蜜桃产品时，他不光向观众介绍了水蜜桃的英语名称“honey peach”，还向观众介绍了跟水果有关，可能会运用到的英语表达方式，如“seasonal”（季节性的）、“fragrant”（芳香的）、“juicy”（多汁的）等诸多英语生活词汇。

除了讲解英语日常用法，有时，东方甄选直播间的主播还会向观众讲解一些美妙的英语句子。如一名叫作董宇辉的东方甄选直播间主播在直播时写出了“What does not kill you makes you stronger.”（那些杀不死你的会使你更强大。）这样的句子，吸引观众们的关注。

有的主播也会讲一些妙趣横生的俏皮话，如“Can you can a can as a canner can can a can？”（你能像罐头工人一样装罐头吗？）。

不论怎样，使用英语带货为东方甄选直播间吸引到了大量观众。有许多观众直接或间接地表示自己被东方甄选直播间的带货形式所吸引。一名微博用户在微博评论道：“东方甄选开启了带货的新模式，在这里诗词英语都可以学到，我看直播看了很久。”还有微博用户表示：“这就是知识的力量。”从用户的评论来推测，东方甄选直播间之所以在短时间吸引了大量的用户，靠的是英语直播带来的“学习式体验”以及新直播形式带来的新鲜感。

（资料来源：看热点｜“东方甄选”主播双语带货上热搜，教育企业创新转型？[EB/OL].（2022-06-11）[2022-12-20]. https://new.qq.com/omn/20220611/20220611A0831J00.html. 有删改。）

10.4 网络公关策略

10.4.1 网络公关的内涵

网络公关（public relations on line）是指企业利用网络信息传播的个性化、互动性、共享性和资源无限性等特点，采用微信、微博、新闻组、论坛、电子邮件等多种方式有意识地、有计划地与网络公众增进了解，维持与网络公众的良好关系，塑造企业的良好形象，从而促进企业的经营目标有效实现的活动。网络公关的内涵体现在以下几个方面。

1. 网络公关的根本目标是树立企业良好的形象

网络公关是一门“内求团结，外求发展”的经营管理艺术，它通过建立和维护各种关系，建立和保持与公众的良好沟通，赢得公众的理解、信任和支持，对内形成强大的凝聚力，对外形成强大的吸引力。

2. 网络公关的沟通对象是社会公众

社会公众是指与企业相互联系、相互作用的个人、群体或组织的总和，包括政府、社区、社会团体、顾客、新闻机构、银行、竞争对手、企业内部员工等。网络公关的沟通对象就是社会公众，网络公关就是要维护好企业与社会公众之间的相互合作、相互促进、共同发展的关系。

3. 网络公关的基本手段是双向沟通的传播方式

网络公关的本质就是企业与其相关公众之间的有效信息沟通。网络公关传播是一种信息的双向沟通，一方面将有关社会公众意愿的信息传递给企业，另一方面将企业的信息传播给社会公众，树立企业的良好社会形象，以求得社会公众的信任与合作。

4. 网络公关的基本方针是持之以恒、不断努力

企业要同社会公众建立和保持良好的关系，需要付出艰辛的劳动，需要长期地、有计划地、持续不懈地努力。企业网络公关应着眼于企业的长远利益，不计一时得失，更要着眼于平时的努力，要通过平时为社会公众谋利益的工作，逐渐建立良好的形象。

5. 网络公关的基本原则是真诚、互利互惠

企业网络公关需要奉行真诚的信条，企业只有为自己塑造一个坦诚的形象才能取信于社会公众。网络公关活动的开展必须贯彻真诚原则，企业只有真诚坦白才能赢得社会公众的信任合作，才能实现与社会公众的双向沟通，维持和巩固企业形象。另外，网络公关必须坚持互利互惠原则，企业与其相关公众都有各自的利益，企业只有在满足社会公众利益的基础上实现企业的利益，才能促进企业与社会公众的关系得以长期、稳定、健康发展。

10.4.2 网络公关的特征

1. 网络公关主体的主动性增强

网络公关的主体是在网络上开展公关活动的社会组织，主要是指网上企业。网络所特有的互动性使企业在网络公关中的主动性得以凸显，网上企业几乎在网络公关活动的任何环节都可以拥有主动权。

2. 网络公关客体的参与性增强

网络公关客体是指与网上企业有实际或潜在的利害关系或相互影响的个人或群体，即网上公众。在网络公关中，网上公众不是消极的、被动的、被作用的对象，他们的主动参与性大幅增强，他们对网上企业的影响变得更直接、更迅速，表现在两个方面：一方面是网络信息的传播与反馈速度快、范围广，有关企业的消息可以迅速传遍整个网络，引起公众的关注，导致企业公众环境的变化；另一方面是公众的意见、态度、观点和行为也会迅速在网络上扩散，对企业产生重大影响，甚至会决定着企业的成败。

3. 网络公关个性化水平增强

随着网络技术迅速向宽带化、智能化、个性化方向发展，网民可以在更广阔的领域内实现声、图、像、文一体化的多维信息共享和人机互动。互动性和个性化把“网络公关到群体”推向了“网络公关到个人”。网络公关具有了创建企业与顾客“一对一”关系的能力，网络公关使企业可以方便地针对个别消费者的特定需求开展一对一的公关活动。网上受众在阅读企业信息的同时，可以发表意见，并就关心的问题展开讨论，企业可以根据受众的不同需要做出不同的反应，提供个性化的信息服务，甚至利用电子邮件进行个别公关。网络公关个性化水平的增强大幅提高了网络公关的效果。

4. 网络公关传播时空不受限制

网络公关的传播时空由于网络本身的特征而大为扩展。从传播空间来看，网络公关的新闻信息不会受到诸如版面、栏目等的制约，企业有足够的空间传播内容详尽的信息，并实现企业与公众之间的即时互动；从传播时间来看，网络公关没有时间限制，企业可以在网络上全天 24 小时随时发布新闻，消息一经发布，即被传播，而且消息可及时更新播出，增强了网络公关的时效性。

10.4.3 网络公关的传播

1. 网络公关传播的渠道

1）传统印刷媒体包括报纸、杂志等，它们的纸质印刷物在网络上传播，形成传统印刷媒体电子版。例如，《人民日报》电子版，主要栏目有今日要闻、今日照片、人民日报海外版、华东新闻、华南新闻、市场报等。

2）网络媒体出版物只在网上存在，它们的读者群有大有小。很多大企业的网站都定期或不定期发布电子期刊，刊登企业新产品信息、技术支持信息、培训信息或企业文化信息等，重点在于传播企业文化。例如，中国南山开发（集团）股份有限公司的《赤湾月刊》就是网上出版的电子出版物。

3）广播是用声音和语言作为媒介，大多数情况下使用通俗易懂的口头语言进行信息传播。网络广播节目继承和发扬了传统广播节目的特点，并更具有吸引力、即时性、互动性。例如，北京音乐广播电台网络版（http://fm974.rbc.cn/），包括 24 小时的普通话广播、每时每刻的新闻报道、电台频道、电视频道等。

4）网络电视是网络服务与电视节目的结合，它实现了音频、视频、网络技术的融合，综合了多种媒体的信息优势，是企业网络公关传播最能体现动态和互动双重效果的网络媒体之一。

5）网络论坛是一个多人参与、多方交流的网络大论坛，它把世界上具有相同兴趣的人们组织起来交流各自的看法。在网络论坛上常有各方面专家主持的专题讨论会，给企业公共关系提供了良好的机会，企业可通过出席会议引发讨论、做客串主持人等方法提高企业的形象与知名度。

2. 网络公关传播的手段

（1）企业站点宣传

网络公关的主要任务之一就是宣传企业网站，提高企业网站的知名度。这对企业有如下要求。

1）要在有影响力的网络新闻媒体上宣传企业网站，提高公众的知晓度。

2）要不断更新企业网站的内容，提高网站对公众的吸引力。

3）要鼓励其他网站复制企业网站的内容或创建到企业网站的链接。

（2）网上新闻发布

企业不仅应重视在企业网站上发布新闻，更应重视不断挖掘、创造有价值的企业新闻在其他网络新闻媒体上发布。网上新闻发布方式如下。

1）通过企业网站发布新闻。

2）通过相应的新闻组或邮件列表发布新闻。

3）通过网络新闻服务站点（包括门户网站、专业网站、社区网站、地方网站等）发布新闻。

（3）网站栏目赞助

企业可以通过对知名网站的某些栏目提供赞助，开展网络公关，访问者通过赞助页面直接链接到企业的页面，从而扩大企业网站的知名度。例如，赞助一个电视剧播出的页面，赞助奥运会或世界杯足球赛的页面等。

（4）参加或主持网上论坛

企业在网络论坛上参与或主持一些与企业有关的专题讨论，包括专题的新闻事件、特定的共同话题等。

（5）发送电子推销信

企业可以给网络新闻记者编辑发送电子推销信（电子新闻稿），在信中简述企业新闻的内容及对他们的请求，请求他们发新闻或根据提供的信息撰写新闻、采访有关人员、参观企业等。写电子推销信要求做到主题明确、标题鲜明、内容简洁，并根据记者或编辑的需要对内容进行合理的安排，以求具有一定的新闻价值。

3. 网络公关传播的实施

（1）确定网络公关传播目标

网络公关活动的开展，总的来说就是要树立企业及其产品、品牌的良好形象。但是在不同的场合，企业网络公关活动又有着不同的具体目标。

1）企业在网络上制造一些公关事件，吸引公众对企业、品牌、产品、人员的注意，以提高企业的知晓度。

2）企业在网络上开展一些公益性质的公关活动，打造企业良好的口碑，增加企业的美誉度，树立企业及其产品的可信度。

3）企业通过网络公关活动的开展，加强与顾客的沟通交流，创造和维系企业的忠诚顾客。

4）当面临网络危机将对企业形象造成不利影响时，企业利用网络开展公关活动，以化解网络危机、消除不良影响。

（2）确定网络公关传播内容

企业日常网络公关传播的内容表现在两个方面：一是企业层面的，宣传企业文化、精神和理念，塑造企业的良好形象；二是产品层面的，宣传企业的产品特色、优势，促进企业产品的销售。

（3）明确网络公关传播受众

不同的目标受众对网络公关传播的具体操作也会有不同的要求。一般来说，企业网络公关传播的目标受众包括消费者、股东、合作伙伴、政府人士、新闻媒体人士等，而不同的目标受众对网络媒体的阅读习惯是很不一致的，为了有效地进行公关传播，网络公关对不同的受众应该选择合适的网络媒体进行投放，而不是简单地把希望传达的公关信息随意地在网络媒体上投放传播。

（4）选择网络公关传播媒体

随着互联网的发展，网络媒体越来越丰富，而不同的网络媒体对不同的传播受众有着不同的影响力和传播力。具体来说，除了综合门户网站（如新浪、搜狐等），本行业内的专业网站（如信息技术行业中的天极网、房地产行业的搜房网、金融证券行业的和讯网等）、传统媒体的网站（如人民网、南方网等）、社区类网站（如天涯社区等）、搜索引擎类网站（如搜狗、百度等）、地方网站（如上海热线、古城热线等）等都需要纳入企业网络公关人员的视野，进行必要的日常沟通与维护，在网络公关传播工作中，根据不同的目的和需求，进行合理的媒体选择。

（5）执行网络公关传播计划

大部分企业的网络公关人员认为执行网络公关传播的计划，就是把企业的新闻稿在网站上登出来。其实不然，要想收到最好的网络公关效果，网络公关计划的执行应体现出活动的系统性。

1）企业高层应主动参与并推动。网络媒体多以转载平面媒体报道为主，原创的内容比较少，但网络媒体对于原创新闻，尤其是高质量的原创新闻非常重视，包括新浪在内，对于有新闻价值的独家采访机会就特别重视，并愿意用重要位置来体现。因此，对于企业，尤其是企业高层应充分利用这些机会，在网络新闻互动、直播、总裁在线及其他专题栏目中进行公关宣传和推广。

2）注重与网民的即时互动。互动性是网络媒体最大的特点，企业的网络公关活动也应充分利用这一优势，达到与公关受众的最佳互动。网络受众具有很强的选择性和主动性，因此受众参与企业网络公关活动的针对性、目的性会更强，企业应密切注意来自受众的各种反馈，也可以对企业的网上公关活动及时做出调整与修正，以更好地适应网民的要求。企业网络公关活动的策划也应注意考虑企业与受众互动环节的设计，以更好地调动网民参与互动的积极性，获取有效的反馈数据。

3）注意与传统公关活动的配合。由于上网人群的基数、网民地域以及网民上网水平等的局限，网络公关的效果往往也会受到影响，企业应注重网络公关开展与线下资源的结合、网络媒体与传统媒体的配合、网络宣传与线下活动的配合等，实现优势互补，发挥整合传播的效应。

（6）评估网络公关传播效果

网络媒体具有可监控的特点，主要反映在网络活动效果的可监测上。企业可利用互联网技术准确统计参与活动的人数、地域，以及参与受众的个性信息，形成相关的统计报告，以评估网络公关活动的效果，并为以后的公关活动开展提供有价值的参考。

评估网络公关传播的效果一般应考虑以下指标（见表 10-18）。

表 10-18　网络公关传播效果的评估指标

评估指标	实践运用
主流网络媒体发布的位置	一般来说，网络新闻都分为几类，头条和要闻、一类、二类，然后就是三类、滚动。头条和要闻、一类一般首屏可见；二类在一类之下，分类更细致，如“国内新闻、国际新闻”等；三类、滚动一般就只能进二级页面。从效果上来说，头条和要闻、一类最好，然后是二类、三类
新闻转载次数	一篇好的公关文章或是一个好的新闻事件会在很长时间内被反复转载，也会因为快速地切入而吸引不少传统媒体的跟进。记录一个时间段新闻被转载的次数应是一个有效评价网络公关传播效果的指标
新闻的访问和评论数量	一些新闻网站都制定有新闻排行榜，根据 48 小时内各条新闻的访问流量而自动排序。新闻的访问和评论数量越多，一般来说意味着阅读它的网民数量越多，其传播效果越好

10.4.4　网络危机公关

网络危机公关是指当企业遭遇突发网络公关危机，其正常生产经营活动，尤其是原有的良好企业形象将受到影响时，企业借助网络公关活动的开展来应对和处理，使企业以尽可能低的成本度过经营危机的网络公关活动。

1. 网络公关危机的特征

网络公关危机的特征如表10-19所示。

表10-19 网络公关危机的特征

特征指标	实践运用
偶发性	企业网络公关危机事件的发生一般都是突如其来的，发生之前没有任何征兆，企业也无法进行预测
危害性	网络公关危机事件的发生，企业如果没能及时有效地进行处理，将会给企业带来严重的后果，甚至损害企业原有的良好形象
普遍性	市场经济的深入发展，市场经济规则不断变更，企业经营环境不确定性逐日增强，企业稍有不慎就有可能陷入网络公关危机的漩涡。这就要求企业必须树立网络危机公关的意识，在企业遭遇突发网络公关危机时能化险为夷
复杂性	网络公关危机事件的发生一般都是基于比较复杂的社会背景，而且处理网络公关危机所需做的事情也是很复杂的，需要企业综合运用网络公关的方法和措施从多角度、多层次处理网络公关危机事件

2. 网络危机公关的原则

网络危机公关的原则如表10-20所示。

表10-20 网络危机公关的原则

原则	实践运用
诚信性原则	诚信是社会主义核心价值观的重要组成部分，是我国优秀的传统文化，是备受推崇的美德，是各行各业的生存之道，是维系良好的市场经济秩序必不可少的道德准则。企业应坚持诚信原则，积极践行社会主义核心价值观，贯彻新发展理念，强化企业信用建设，凝心聚力，着力推进高质量发展。面对突发的网络公关危机，赢得社会公众的理解与同情的最有效的手段是通过有效地沟通向公众传递企业的善意、诚信和责任心，让公众感觉到即使企业在最困难的时候，他们的利益仍然是企业关注的根本，企业绝不可掩盖危机事实，推诿扯皮，怨天尤人
责任性原则	对网络公关危机事件所造成的损失和伤害，企业要勇于承担责任，并尽力争取公众和当事人的原谅。危机事件发生时，企业就是舆论的中心，这时的一举一动都会引起公众的关注，如果采取逃避或推卸的态度，必然引起人们的反感，并造成媒体的大范围报道，使负面影响扩大。树立负责任和坦诚面对事实的态度，通过负责任地坦诚面对消费者，使用一切可利用的手段来加强与消费者的沟通，从而获得消费者的理解和宽容
及时性原则	网络公关危机事件一旦发生，企业必须立即，一般不超过12小时就要成立网络公关危机控制小组，制定应对策略，并及时做出回应，以扼住网络危机给企业带来损害的迅速扩大，减少网络危机给企业带来的消极影响
冷静性原则	企业面对突发的网络公关危机，必须正视问题，临危不乱，沉着冷静，有条不紊地采取积极措施解决问题，要相信企业虽不可能改变已发生的网络危机事实，但有效的网络危机公关是可以改变市场、消费者对企业的看法的
全面性原则	面对网络公关危机，企业不仅要正视危机，而且要全面地分析危机产生的原因以及对企业的影响，制定并实施针对所有网络危机公关对象的网络危机公关举措，包括企业内部员工、企业的顾客、网络媒体、政府部门等。企业在处理网络公关危机时还要注意网络危机公关的每个细节，关注网络上口碑的"乘数"效应，要防止网络危机的"非典"效应（小报新闻迅速上升为全国新闻）、"滚雪球"效应（不断衍生新的报道）、"野草"效应（网上的负面报道无法根除）
形象性原则	在网络公关危机处理过程中，企业通常需要付出高额的资金成本，企业近期的效益将受到严重的损害，但企业一定要有长远眼光，放弃眼前利益，坚持形象高于成本的原则，维护企业良好的公众形象

案例 10-4

张小泉因“拍蒜断刀”陷舆论危机

最近，“张小泉菜刀不能拍蒜”的话题在社交平台闹得沸沸扬扬，引发了大量网友关注。起因是 7 月 14 日广州一位消费者在使用张小泉菜刀拍蒜后，刀面竟发生断裂，消费者联系张小泉京东渠道经销商反映问题后，售后客服对此情况的回应是“菜刀不能拍蒜”。

这一回应无疑戳中了广大消费者的痛点：拍蒜本就是大众日常做菜中的一个常见环节，别的品牌都能拍蒜，而拥有百年历史的张小泉却不行，难道买个菜刀还要分三六九等？不能拍蒜的菜刀买来难道要当作摆设吗？

话题舆论通过社交媒体传播飞速发酵，第二天，张小泉官方微博发布长文回应此事，称该消费者 2020 年 9 月购买了张小泉龙雀斩切两用刀，售价 99 元；2022 年 7 月 6 日联系经销商，反映刀面断裂问题，7 月 7 日公司经销商客服回复不当引发舆论关注。7 月 14 日公司官方客服再次联系该事件消费者，为客服不恰当的沟通方式表示歉意，并赠送一把新刀具以表诚意，由消费者在品牌旗舰店自选一款（已发货）。

由于事件本由一把影响不大的断刀而起，品牌方整体认错态度诚恳且声明发布及时，大众对此也没有过分追究，话题在两天内已有了渐渐平息的迹象。就在话题即将偃旗息鼓之际，张小泉总经理有关菜刀使用方法的采访言论又将这一品牌送上了风口浪尖。

采访中，张小泉总经理表示：“所有的米其林厨师都不是中国人这种切菜方法，为什么米其林厨师切的肉片更薄，黄瓜片更透明，是因为前面有个支点。我们把刀前面的头斜过来，那不是设计感，那是消费者教育。”

由此采访视频引发的#张小泉总经理称中国人切菜方法不对#词条在当日迅速登上热搜。不少网友表示：“这是一种傲慢的说教，企业只是不想负责任。”“菜刀是不配拍蒜吗？”“断的不是菜刀，是脊梁。”该词条当日阅读量达 1.4 亿人次，讨论量达 6443 人次。

面对舆论的发酵，7 月 18 日晚，张小泉总经理不得不亲自下场进行道歉。“此视频是很久之前的采访视频，且并非视频的全部，现传视频中并未根据当时的情境和语境进行描述，从而导致大家对此产生极大的误解……我为自身的不当言论对消费者理解造成的错误引导，表示诚挚的歉意。”

在深圳市思其晟公司 CEO 伍岱麒看来，舆论的发酵，侧面反映出了张小泉缺乏较好的危机公关方案。相关采访回应，通过不断发酵形成了对国人感情的伤害，一定程度上引发了消费者的反感。对于专业刀具品牌来说，可能产品分类较细，有专刀专用的情况。如果企业能第一时间对消费者给予安抚、退换的话，可能不会引发这么大的负面舆论影响。

（资料来源：张君花．热锅上的张小泉[N]．北京商报，2022-07-20（5）．有删改。）

3. 网络危机公关的实施

（1）成立机构，落实责任

在网络公关危机发生后的 12 小时内，企业必须成立由企业多个相关部门组成的网络公关危机管理机构（网络公关危机控制小组），各部门各司其职，各负其责，尽快拿出应对措施，以防危机扩大化。

（2）深入现场，了解事实

网络公关危机的发生是有其根源的，企业必须立即深入现场，弄清危机事件的源头，利用事实和数据来阐述清楚事实的真相，为制定有效地应对策略提供详尽的事实依据。

（3）分析情况，确定对策

依据对网络公关危机事实真相的调查，企业必须全面地分析网络公关危机产生的深层次原因以及对企业可能产生的影响，有针对性地制定相应的策略，以把网络公关危机的影响降到最低。

1）表明企业应对网络危机的立场。企业在网络危机发生后，必须立即表明企业的立场态度，坚决执行政府的命令，坚定维护消费者的利益等。

2）实行统一的应对提问的口径。网络危机发生后，企业应立即对所有客户服务人员和公关人员以及一线员工进行应对消费者提问的标准化训练，实行统一口径，并强调一线的服务人员和员工不要接受任何媒体的采访，由企业总部统一接受采访。

（4）组织力量，有效行动

企业应对网络公关危机的策略一旦制定，应立即组织力量，全面有效地实施。

1）加强与企业员工的沟通。员工是企业危机公关的重要对象，员工的理解与配合是企业顺利度过危机的重要条件。网络公关危机发生后，企业必须及时召开员工大会，告知员工网络危机事件的经过、企业解决危机的对策，统一认识、稳定情绪，争取员工的理解、配合与支持。

2）加强与政府部门的沟通。政府是企业依法竞争的监督者，企业必须不折不扣地执行政府的命令，从而在政府和公众面前展示企业守法经营的良好形象。

3）加强与消费者的沟通。消费者是企业的衣食父母。如果网络危机的发生对消费者利益产生影响，企业必须勇于承担责任，承诺企业不惜一切代价保证消费者的利益，争取消费者和社会公众的理解。同时，用更强的新闻发布转移消费者和社会公众的注意力，如企业参加公益活动、关注社会责任等。

4）加强与网络媒体的沟通。企业在网络危机事件处理过程中必须以一种坦诚而理性的态度处理与网络媒体和传统媒体的关系，不遮掩、不回避，立即举行网络媒体沟通会，表明企业立场，努力揭开网络危机事件的真相，用事实说话，用权威的检测报告说话。

5）加快企业网站信息的更新。网络危机处理过程中，企业必须及时借助网络的传播速度和力度，把正确的可靠的信息传播出去，尤其是企业网站信息要快速更新。消费者，尤其是网络媒体，一定都会在短时间内跟踪企业网站，企业必须及时将最新的新闻稿、权威的报告、有说服力的证据、企业的立场以及内幕故事传播到网站上，以满足大家的需求，为网络危机的处理赢得主动权。

（5）全面总结，吸取教训

网络公关危机成功处理后，企业应该进行全面总结，不仅要总结评估网络公关危机给企业带来的实际损失和形象损失，更要总结企业处理网络公关危机措施得利的一面，吸取教训，并制订和完善相应的预防措施和危机处理机制，防患于未然。

实训训练

一、策划训练：网络危机公关方案设计

[实训目的]

1）培养学生设计网络危机公关方案的能力。
2）培养学生组织分工与团队合作能力。
3）培养学生整理分析资料与写作的能力。
4）培养学生计算机软件应用的能力。
5）培养学生积极讨论与口头表达的能力。

[实训要求]

1）能依据背景设计出一份有效的网络危机公关方案。
2）能清晰地表达出网络危机公关方案的内容。
3）能撰写出网络危机公关方案设计的实训报告。
4）能依据实训报告制作出实训的 PPT 课件。

[实训例讲]

张小泉股份有限公司有关本次“广州客诉事件”的情况说明

近日有关我司“广州客诉事件”引起了社会舆论的广泛关注，消费者纷纷加入了有关“菜刀究竟能不能拍蒜”“是不是好的菜刀就不能拍蒜”“不能拍蒜的菜刀质量合格与否”等有关话题的讨论中。公司对于广大消费者对于产品的建议、质疑和批评表示诚挚的感谢，这些是我们企业前进的原动力。为了便于关心我们的消费者了解事实的真相，公司经过仔细调查了解，将事件的实际情况作出如下说明：

本次事件中消费者购买的我司产品名称为“龙雀斩切两用刀”，该产品售价为 99 元，刀身选用 50Cr15MoV 不锈钢，刀柄选用 430 材料及 ABS 填充，适用普通家庭厨房日用，是一柄性价比较高的家用刀具。产品特色在于锋利度较高，耐用性较好，长于食材的片、改刀。

“龙雀斩切两用刀”自 2018 年上市销售，截至 2022 年 6 月底，销售数量超 60 000 余柄，自上市至今，收到消费者正式客诉 11 起，客诉率约为 0.0183%。本次消费者在 2020 年 9 月购买我司“龙雀斩切两用刀”，并于 2022 年 7 月 6 日联系我司京东渠道经销商，反映刀面断裂问题。7 月 7 日我司经销商客服回复不当引发舆论关注。7 月 14 日我司官方客服再次联系消费者，为客服不恰当的沟通方式表示歉意，并赠送一把新刀具以表诚意，由消费者在品牌

旗舰店自选一款（已发货）。至7月14日夜间，赠品发出后，公司安排电话回访并告知刀具使用、保养的相关知识。

网络上有关媒体（包括自媒体与竞品的公众渠道）关于本次我司“广州客诉事件”的报道，我司的态度是诚恳接受所有相关的质疑与批评，尤其在退换货流程、客服专业素养上需要加大培训和提升的力度。在张小泉一贯的企业文化中烙印着“有缺点先看自己，有优点先看别人”的深深印记。作为一家普普通通的制造型企业，不争辩、不解释，埋头做难而正确的事是我们的追求。近四百年来，“良钢精作、创艺生活”是张小泉基业长青的保障和信仰。张小泉作为国内刀剪企业中唯一的一家A股上市企业，有着自己“为往圣继绝学”的责任和担当，亦有着现代企业管理所必需、完善的全程质量控制体系，通过了国际国内多项严苛的体系认证，公司可以负责任地说，张小泉每年服务数千万消费者，产品质量是有保障的。

张小泉的刀具究竟能不能拍蒜？一般而言，张小泉的常规刀是可以拍蒜的。与此同时，公司也友善地提醒消费者，并不是所有的刀具都适合用来拍蒜，一些硬度较高或者有专用用途的刀具如果用来拍蒜的话，有断刀的风险。作为中华老字号企业，公司的产品设计充分考虑了国内消费者的使用习惯，这也是我们相比国外众多品牌的优势所在。我们将持续研发，力争在刀具产品方面，不仅以锋利见长，更能充分考虑中国消费者的实际，真正做到“更懂中国厨房”。

我们愿意与相关媒体、行业同行一道，共同普及刀具正确使用的方式，共同提高消费者对于工具精细化的认知，满足广大消费者对于中式烹饪的需求，致力于推动中国刀剪产业的发展与进步，将中华制刀制剪的技艺在国际舞台上发扬光大。

张小泉股份有限公司

2022年7月15日

（资料来源：https://weibo.com/hzzhangxiaoquan.）

[实训练习]

1．实训背景

福华科技有限公司主营笔记本式计算机。近期有消费者向京东网客服反映公司计算机在充电过程中发现自燃，公司已同意向顾客赔付一台新计算机，但顾客认为自燃造成家庭财产损失，双方就赔偿问题没能达成一致。此事已形成一定的网络舆情，造成比较大的负面舆论影响。该台充电自燃的笔记本式计算机于2020年6月在京东网售出，顾客已使用三年多时间。请为该公司设计一份网络危机公关方案。

2．实训组织

1）组建实训小组。将教学班学生按每小组6～8人的标准划分成若干课题小组，每个小组指定或推选出一名小组长。

2）确定实训课题。每个小组根据网络危机公关方案设计的背景资料，设计出一份网络危机公关方案，并完成网络危机公关方案设计实训报告以及制作实训报告PPT课件。

3）实施实训操作。各小组长根据网络危机公关方案设计实训的要求，调配资源，明确各组员的任务，并督促大家有效地完成任务。

4）撰写实训报告。每个小组完成一份网络危机公关方案设计实训的实训报告，并制作成PPT课件，实训报告与PPT课件通过电子邮件或校园网提交给指导老师。

5）陈述实训心得。由各个小组推荐的发言人或小组长代表本小组，借助实训PPT课件陈述本小组的实训报告和实训心得。

6）评价实训效果。各个小组代表陈述后，指导老师点评该次网络危机公关方案设计实训的情况，并由全班同学无记名投票，评选出该次实训的获奖小组，给予表扬与奖励。

3．实训考核

实训成绩依据学生上课出勤、课堂讨论发言、实训报告的写作和实训报告PPT课件制作水平等进行评定。首先由各小组长对组内各成员进行成绩评定，成绩档次分为优秀、良好、中等、及格、不及格5档；然后由指导老师对小组提交的实训报告及实训报告PPT课件进行评分；最后按照以下公式进行加权计算，计算出每个学生的最终成绩。

个人最终成绩=小组长评定成绩×20%+指导老师评定成绩×80%

其中小组长评定组内成员成绩表见表10-21，指导老师评定实训报告及实训报告PPT课件成绩表见表10-22。

表10-21　小组长评定组内成员成绩表

小组成员姓名	小组成员成绩/分				
	优秀（≥90）	良好（80～90）	中等（70～80）	及格（60～70）	不及格（<60）

表10-22　指导老师评定实训报告及实训报告PPT课件成绩表

评价内容	分值	评分
网络危机公关方案的完整性	30	
网络危机公关方案的合理性	30	
实训报告的完整性与科学性	20	
实训报告PPT课件设计的质量	10	
实训报告表达效果	10	
总体评分	100	

二、实操训练：网络促销手段——微信视频号运营操作

[实训要求]

1）学会微信视频号的创建。

2）学会微信视频号视频的发布。

3）学会撰写微信视频号操作实训报告。

[实训规程]

1）打开微信后，点击“发现”，在“发现”页面，点击“视频号”超链接（见图 10-7）。

2）在“视频号”页面中，点击右上角的“个人页面”超链接（见图 10-8）。

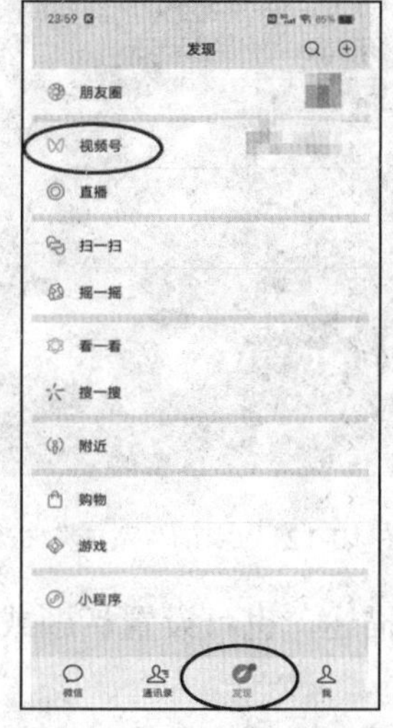

图 10-7　点击“视频号”超链接

图 10-8　点击“个人页面”超链接

3）在个人页面中，点击“发表视频”超链接，进入创建视频号页面（见图 10-9）。

4）在创建视频号页面中，输入名字、性别等后，点击“创建”按钮（见图 10-10）。

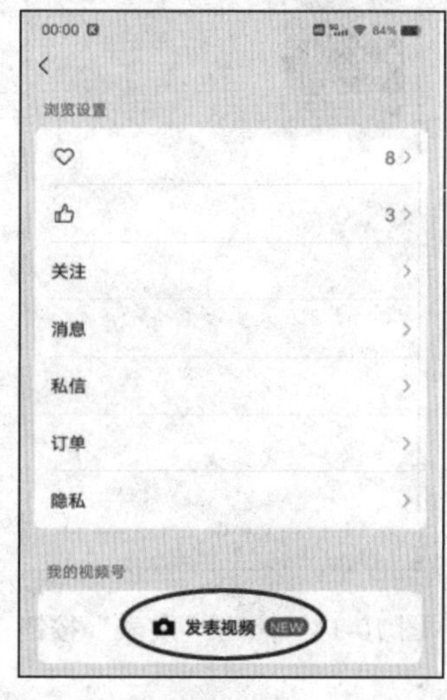

图 10-9　点击“发表视频”超链接

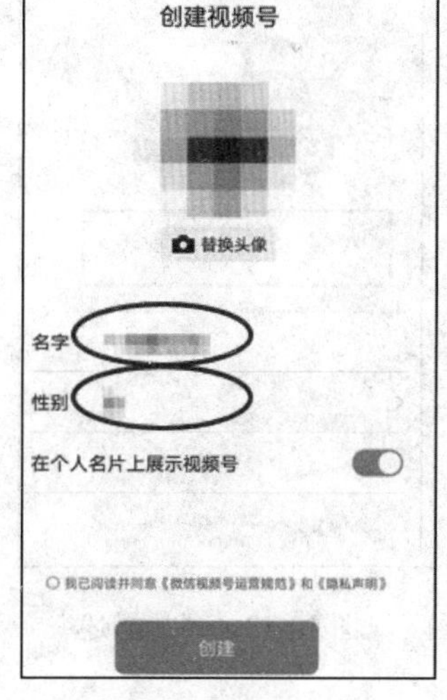

图 10-10　点击“创建”按钮

5）选择视频来源方式，如拍摄、从相册选择，进入下一步（见图 10-11）。

6）如果点击“从相册选择”，可从已拍摄的视频中挑选视频上传，点击“完成”按钮（见图 10-12）。

图 10-11　选择视频来源方式

图 10-12　点击“完成”按钮

7）在“添加描述”文本框中可为即将上传的视频添加描述，也可设置话题或者@相关用户（见图 10-13）。

8）点击“发表”按钮，即可完成视频的发布。温馨提示：视频号尽量发布竖版视频（见图 10-14）。

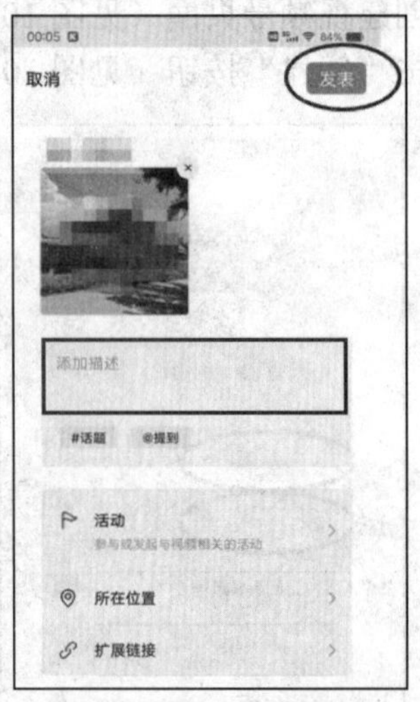

图 10-13　添加描述

图 10-14　点击“发表”按钮

[实训操作]

1）实践微信视频号的创建。

2）实践微信视频号视频的发布。

3）记录微信视频号操作的各步骤，形成实训报告。

习　题

1. 网络促销是指企业应用________手段，向________传递企业及其产品或服务的信息，通过________，使网上目标顾客对企业及其产品或服务产生________，建立好感和信任，进而产生________的活动。

2. 网络广告的构成要素包括________、________、________、________。

3. 网络广告信息的设计应既能体现出企业文化和产品的特点，又具体生动，具有吸引力。在网络广告信息设计时，应遵循的原则有________、________、________、________、________。

4. 网络公关是指企业利用________传播的个性化、互动性、共享性和资源无限性等特点，采用微信、微博、新闻组、论坛、电子邮件等多种方式有意识地、有计划地与网络公众增进了解，维持与网络公众的________，塑造企业的________，从而促进企业的________有效实现的活动。

5. 网络危机公关是指当企业遭遇突发________，其正常生产经营活动，尤其是原有的________将受到影响时，企业借助________的开展来应对和处理，以使企业以尽可能低的成本度过经营危机的网络公关活动。

6. 网络公关危机的特征有________、________、________、________。

7. 网络危机公关应遵循的原则有________、________、________、________、________、________。

8. 网络公关的特征有________、________、________、________。

职场拓展

高度的责任心

纪萌和小西同时入职，接受的考核是分别到两个物业公司做代理经理。小西知道自己只是临时代理经理的身份，觉得只要工作不出错就可以了，于是就按部就班打卡上班，象征性地做一些辅助工作。

纪萌到岗后却有所不同，她积极了解各个部门的情况，遇见问题会冷静分析，并给出合理的建议和意见，有人说她是“流水官”，何必如此较真得罪人，面对别人的冷嘲热讽，纪萌不为所动，她说：“领导既然安排我到这个位置，我就要把这个岗位的工作做好，这是我该有的责任心。”

一个月后，在公司报告例会上，小西讲述了自己在代理工作的过程中，没有出现什么纠纷和事故，以及自己学习到的一些东西。纪萌的报告中，却详细地汇报了自己在工作中搜集到的各种数据，还有在工作中已解决的问题及发现和需要解决的难题。纪萌的汇报结束后，在场的领导纷纷为其高度的责任心点赞。会后，纪萌顺理成章地被委以重任，赢得物业公司经理之职。

无论你所在的岗位是否重要，高度的责任心都是一个职场人必备的品质。有责任心的人不管在哪里都会把工作做到极致。责任心决定了你行事时的细节，而细节决定成败。具有高度责任心的员工会把企业目标当成自己的目标，领导会把是否具有责任心作为衡量员工是否敬业，是否具有培养价值的标准。

（资料来源：刘学菊，2020．培养你的“培养价值”[J]．演讲与口才（10）：46.）

思考：该故事道出了怎样的人生哲理？

参 考 文 献

何晓兵，何杨平，王雅丽．2020．网络营销：基础、策略与工具[M]．2 版．北京：人民邮电出版社．
谭贤，2015．新网络营销推广实战从入门到精通[M]．北京：人民邮电出版社．
魏兆连，杨文红．2021．网络营销[M]．3 版．北京：机械工业出版社．